KB110593

과학자를 꿈꾸는 학생들을 위한
카이스트 수업 맛보기

카이스트 명강의

카이스트 명강의

**과학자를 꿈꾸는
학생들을 위한
카이스트 수업 맛보기**

박은지·김건하·김도영·박희정·엄민영·윤지환 외 카이스트 학생들 지음

살림Friends

PART 3 교양 강의

PART 4 강의에 얽힌 이야기들

다시 겨울을 맞는 카이스트에서

어느 덧 다시 겨울입니다. 작년 이맘때 『카이스트 공부벌레들』이 세상에 나왔었지요. '꿈꾸는 천재들의 리얼 캠퍼스 스토리'라는 부제처럼 카이스트 학생들이 살아가면서 느끼는 소소한 이야기를 엮어서 책으로 냈었습니다. 책이 나오자 주위의 반응은 매우 뜨거웠습니다. "공부만 하면서 세상과는 담을 싸고 살 것만 같던 카이스트생들도 실제로는 좌충우돌하면서 살고 있구나.", "카이스트 기숙사에서 땀 냄새를 폭폭 풍기면서 사는 학생들의 모습을 보니 무척 정겹고 살갑게 느껴졌다.", "카이스트 학생들의 인간미를 느낄 수 있어 좋았다." 등등. 카이스트 학생들은 냉철하고 심각하기만 할 것이라는 고정관념(?)이 책을 통해 조금은 바뀐 것 같아 좋았습니다.

작년에 이어 올해도 『카이스트 명강의』를 세상에 내놓게 되었습니다. 참신한 원고를 모집하기 위해 '내가 사랑한 카이스트 나를 사랑한 카이스트'라는 주제의 글쓰기 공모전을 열었고, 264개의 원고가 모였습니다. 올해의 주제는 '강의와 강의실'로 잡았습니다. 카이스트 강의 중에 기억에 남는 강의, 가슴 한 구석을 쿡 찔렀던 명강의, 강의실에서 만난 인연, 10년 후에 내가 만약 카이스트 강단에 선다면……. 학창 시절, 강의실은 수업하는 공간이기에 앞서 친구와 눈인사하고, 교수님과 소통하고, 치열한 논쟁을 통해 생각을 키워가는 '광장'과도 같은 곳입니다. 이와 더불어 사랑과 우정이 싹트는 '샘물'과도 같은 곳이기도 하지요. 이번 책에는 이렇게 강의나 강의실과 얽힌 재미있고 감동적인 이야기를 모아 보았습니다. 지난번 책에서 카이스트 학생들의 진솔함과 낭만을 엿볼 수 있었다면, 이번 책에서는 카이스트 학생들의 열정과 꿈과 사랑을 만날 수 있지 않을까 생각합니다.

카이스트 학생들의 이야기를 예쁜 책으로 엮어내는 사업은 카이스트 동문의 후원으로 이루어지고 있습니다. 선배의 후배에 대한 사랑이 해마다 예쁜 책으로 하나씩하나씩 결실을 맺고 있는 셈이지요. 이 자리를 빌려 ㈜이엘케이 신동혁 대표님께 깊은 감사의 말씀을 드립니다. 선배의 귀한 뜻을 소중히 담아내려는 학생편집자들의 노력도 참 보기가 좋았습니다. 좋은 책을 만들기 위해 바쁜 시간을 쪼개어 한 글자 한 글자에 열과 성을 다했습니다. 뜨거운 눈빛으로 한 학기 동한 굵은 땀방울을 흘린 학생편집자에게 고마운 마음을 전합니다. 그리고 기획 단계부터 머리를 맞대고 좋은 책을 만들기 위해 함께 노력해 준 살림출판사에도 감사의 마음을 전합니다.

이 겨울이 지나면 다시 생명이 움트는 봄이 오겠지요. 그러면 나무도 한 뼘 더 키가 클 것이고요. 이제 우리의 두 번째 책도 마무리를 하고 있습니다. 내년에는 또 다른 이야기가 여러분을 찾아가겠지요. 책이 나올 때마다 카이스트 학생들도 그리고 책을 읽는 여러분의 마음도 한 뼘씩 커져갈 것이고요. 벌써 세 번째 책이 기다려집니다.

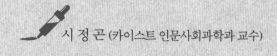

시 정 곤 (카이스트 인문사회과학과 교수)

명강의 그리고 평범한 학생들의
울고 웃는 일상 이야기

'명강의'라고 하면 흔히들 유명한 교수의 강의를 떠올리곤 한다. 하지만 이 책에선 '명강의'를 조금은 다르게 해석해야 하지 않을까하는 생각이 든다.

카이스트의 명강의에는 지식 습득뿐만 아니라 학생들의 울고 웃는 여러 에피소드들이 녹아 있다. 교수님들의 제자 사랑, 친구들과의 우정, 사랑, 인간적인 고뇌 등 밖에서는 볼 수 없는 카이스트 내부의 이야기들을 이 책을 통해 전달하고자 한다. 흔히 카이스트 학생이라 하면 공부만 하는 재미없는 이미지를 떠올리는데, 가까이에서 보면 그들도 게임 좋아하고 연애에 목말라하는 영락없는 대학생들이다. 이런 대학생들의 일상이 녹아 있는 이야기들을 통해 독자들에게 카이스트가 좀 더 친근하게 다가갔으면 좋겠다.

접할 수 없었던 카이스트의 강의들을 맛볼 수 있는 경험이 될 것이다. 또한 이 책엔 일반고, 과학고, 자사고, 영재고 등 각 학교 출신들의 경험담과 노하우가 담겨 있다. 공부 방법과 진로에 고민이 많은 청소년들에게 도움이 되었으면 한다.

이 책이 나오기까지 도움을 주시기 위해 인터뷰에 응해 주신 교수님들, 출판사 관계자분들 그리고 저희를 이끌어주신 시정곤 교수님과 전봉관 교수님께 감사드립니다. 저희 학생들이 택하고 모은 가장 소중했던 학기들이 독자분들에게도 큰 의미로 다가갔으면 합니다.

PART 1
기초 개론 강의

캠퍼스의 나무들을 만나다
「식물학」

생명과학과 09 박희정

"저기에 있는 저 나무가 우리 학교에서 몸값이 제일 비싼 나무야. 정
말 멋있게 생겼지?"

내가 지인들과 함께 카이스
트 본관 앞을 지날 때면 잊지
않고 소개하는 나무 두 그루가
있다. 본관 입구의 양쪽에 서
있는 배롱나무 두 그루이다.
카이스트에서 가장 값비싼 나
무답게 매끄럽고 균형 잡힌 몸

▶ 배롱나무

매를 자랑한다. 이 엄청난 비밀을 알려준 사람은 바로······ 카이스트에서 식물학 분야를 연구하고 계신 최길주 교수님이다. 재작년 가을에 수강하였던 최길주 교수님의 식물학 강의는 나에게 전공과목 이상의 의미가 있었다.

식물학 수업을 듣다

카이스트 캠퍼스에 처음 발을 들였을 때 받았던 첫인상은 곳곳에 꽃과 나무들이 예쁘게 가꾸어져 있다는 것이었다. 그리고 4년 가까이 지켜본 캠퍼스는 더욱 아름다웠다. 카이스트 캠퍼스는 봄이 오면 꽃과 새싹으로 알록달록 물들고, 여름에는 싱그러운 초록빛으로 뒤덮인다. 가을이 되면 형형색색의 바람이 불고 겨울이 되면 새하얀 눈에 덮여 반짝인다.

캠퍼스의 꽃과 나무들은 때로는 안정감을, 때로는 설렘을, 또 때로는 시원함을 준다. 나는 카이스트 생활에 마음이 지친 날이면 나무들로부터 위안을 얻곤 했다. 변함없는 모습으로 서 있는 그들을 보고 있으면 왠지 모르게 마음이 편안해졌다. 봄이 오면 앙상한 나뭇가지에 어김없이 꽃을 피워내는 나무들. 정해진 자리에서 한결같이 자신의 도리를 다하고 있는 그들의 모습이 참 아름다워서 그 앞에 서 있는 내 모습이 부끄럽게 느껴지곤 했다. 멀리 보지 못하고 당장 눈앞에 닥친 일로 절망했을 때, 과정보다 결과에 치중하여 속상했을 때, 나는 '저 나무들처럼 지금의 내 자리에서 최선을 다하는 것만으로도 아름다운 거야.' 하고 나를 위로했다. 캠퍼스의 나무들은 나에게 인생의 교훈을 가르쳐 주는 선생님이자 힘들 때면 기댈 수 있는 친구들이었다.

2011년 가을, 생명과학과에서 최길주 교수님의 식물학 강의가 개설되었다. 과목 이름에 이끌려 강의 계획서를 읽어 보았더니 '평소 식물에 관심 있는 학생들을 위한 강의!'라고 소개되어 있었다. 주로 한 학기의 교과 과정을 적어두는 여느 수업 계획서와 달랐다. 나는 1년 전 교수님의 분자생물학 강의를 재미있게 듣기도 하였고, 또 어느새 나에게 특별한 존재가 된 캠퍼스의 식물에 대해 더 알고 싶다는 생각에 수강을 결심하였다. 하지만 수업에 대해 어떤 특별한 기대를 한 것은 아니었다. 2학년 때의 전공과목과 마찬가지로 이론적인 내용을 다루는 딱딱한 수업이겠지만, 그나마 내가 관심 있는 식물에 대한 수업이니 덜지루할 거라 생각했었다. 그런데 뜻밖에도 캠퍼스 나무들의 이름을 배울 기회가 왔다. 교수님께서는 수업이 끝나면 학생들과 함께 캠퍼스를 둘러보시며 캠퍼스 곳곳의 나무 한 그루 한 그루를 직접 소개해 주셨다. 상상조차 하지 못했던 일이었다.

캠퍼스 안의 나무들을 만나다

교수님께서 이름을 가르쳐 주신 나무들 중에는 눈에 익숙한 나무들도 있었지만, 가까이에서 살펴본 적이 없는 나무들도 많았다. 동글동글하게 다듬어진 가이스카 향나무, 얼룩덜룩 점박이 무늬를 뽐내는 모과나무, 반질반질해서 귀여운 레고 장난감을 연상시키는 회양목, 매끈한 몸매와 탐스런 붉은 꽃이 매력적인 배롱나무, 줄기가 화살처럼 뾰족뾰족 솟아난 화살나무, 눈 덮인 크리스마스트리를 닮은 히말라야시다, 핀란드의 숲에나 있을 법한 하얗고 가느다란 줄기의 자작나무, 이 외에도 감나무, 구상나무, 무화과나무, 스트로브 잣나무, 느티나무, 산사나무, 칠엽수, 전나무, 실화백, 팽나무, 산딸나무, 대추나무, 서양보리수, 누운 향나무, 상수리나무, 섬잣나무 등 40여 종류의 나무를 만날 수 있었다. 나는 캠퍼스 안에 이렇게나 다양한 나무들이 있다는 사실에 깜짝 놀랐고, 교수님께서 이 나무들을 모두 알고 계시다는 사실에 더 크게 놀랐다. 교수라고 하면 주로 실험실 안에서 연구하는 모습이 떠올라 일상생활에서 마주치는 식물과는 거리가 멀 것만 같았기 때문이다.

어느 날은 한 학생이 교수님께 질문을 하였다.

"제 눈에는 모든 나무가 비슷해 보입니다. 어떻게 하면 나무들을 잘 구별할 수 있을까요?"

그러자 교수님께서 말씀하셨다.

"사람을 사귀는 것과 똑같단다. 새로운 사람과 친해지려면 자주 만나서 서로의 얼굴을 익히고 이야기도 많이 나누어야 하지 않니? 식물과 친해지는 방법도 마찬가지란다. 나무들과 자주 만나서 얼굴을 익혀 보렴. 나무와 친구가 되면 굳이 외우려 하지 않아도 이름을 불러줄 수 있게 될 거다."

옆에서 이 이야기를 듣는 순간 마음 한 구석이 따뜻해져 왔다. 식물에 대한 교수님의 진심 어린 애정이 전해지는 것 같았다. 교수님의 이런 마음을 느꼈기 때문일까? 그 후 나는 교수님의 부드러운 미소에 숨겨진 학자로서의 열정을 느낄 수 있었다. 그리고 진심으로 식물학을 즐기시는 그 모습에 나도 덩달아서 식물학을 즐기게 되었다. 시험공부를 할 때에도 스트레스를 받으며 암기하기보다는 새로운 지식을 배워가는 순수한 즐거움 속에서 공부를 했던 것 같다. 카이스트에서 참으로 오랜만에 공부를 즐겨 보았다.

교수님께서는 카이스트 캠퍼스 안에 숨겨진 재미있는 이야기도 많이 해주셨다.

"카이스트에서 제일 고가인 나무가 무엇인지 아니? 총장실이 있는 본관 입구에 있는 배롱나무 두 그루, 그리고 자연과학동 쪽에 있는 금송이라는 나무

▶금송

란다. 나중에 돈이 급하게 필요할 때 이 나무들을 뽑아다가 팔면 아마 어느 정도는 마련할 수 있을 거다, 하하."

"혹시 학교 안에서 노란색 철쭉을 본 적이 있니? 노란색 철쭉은 두 군데에서 피는데, 그중 하나가 여기, 동측 식당 앞에 있는 이 나무란다."

철쭉이 노란색이라니? 깜짝 놀란 나는 이듬해 봄이 오길 기다렸다가 꽃 색깔을 직접 확인해 보았다. 정말로 노란색이었다. 신기했다. 배우는 것이 정말 오랜만에 즐거웠다. 머릿속에 지식을 집어넣으려 애쓰는 공부가 아니라, 내가 알고 싶은 것을 직접 마음으로 익히는 공부라

는 생각이 들었다. 그래서일까? 1년 반이나 지난 지금까지도 교수님께 들었던 이야기들은 내 머릿속에 남아 있다. 식물학 수업에서는 식물에 대한 지식뿐만 아니라 진정한 배움이 무엇인지, 배운다는 것이 얼마나 즐거운 일인지를 마음으로 경험할 수 있었다.

카이스트 나무 지도를 그리다

나무 이름을 모두 배운 뒤, 교수님께서 학생들에게 두 가지 과제를 제안하셨다. 한 가지는 사진으로 식물 이름을 검색할 수 있는 어플리케이션을 개발하는 것이었고 다른 하나는 캠퍼스 내 나무들의 위치를 지도로 옮기는 것이었다. 카이스트 나무 지도! 이름만으로도 정말 매력적이었다. 나는 이메일을 통해서 수업을 함께 듣는 학생들 중 카이스트 나무 지도에 관심이 있는 멤버 10명을 모았다. 그리고 캠퍼스 지도를 10곳으로 나누어 각자 맡은 구역에 있는 나무들의 위치를 기록하기 시작했다.

그런데 미처 생각지 못했던 어려움에 부딪혔다. 11월, 12월에 본격적으로 지도를 그리기 시작하였는데 계절이 계절인지라 대부분의 나뭇잎이 떨어져 버린 것이다. 이제 막 나무 이름을 익히기 시작한 초보자가 앙상한 나뭇가지만 남은 나무들을 알아보기란 쉽지 않았다. 껍질 색깔과 질감, 열매, 가지의 모양, 심지어는 땅에 떨어져 말라버린 낙엽을 보고서 나무를 구분해야 했다. 크게 눈에 띄는 특징이 없는 나무는 오랜 인터넷 검색 끝에야 겨우 이름을 알아내기도 했다. 나무 친구를 사귀는 일은 생각보다 힘들었다. 나무를 만나기 위해 넓은 캠퍼스 곳곳으로 직접 찾아가야 한다는 점도 한몫했다. 하지만 얼굴을 익히는 데에 어려움이 많을수록 나무들과 가까워질 수 있었다. 겉모습이 비슷해서 구분이 어려웠던 나무들도 관심을 갖고 살펴보니 저마다의 독특한 개성이 있었다. 이렇게 사귄 나무들은 지금까지도 좋은 친구로 남아 있어 캠퍼스에서 마주칠 때마다 반갑게 인사를 나누곤 한다.

식물학 수업은 여느 전공 수업과 달랐다. 보통의 전공과목을 공부할 때는 종이 한 장 한 장에 적혀 있는 지식을 머릿속에 입력하기 바빴다. 하지만 나무 지도를 그리는 일은 이와 달랐다. 나무를 익히기 위해서는 직접 눈으로 보고 손으로 만지며 전체적인 느낌을 마음에 담아야 했다. 나는 책상 앞에서 머리를 쓰는 것에만 익숙했기에 이런 방식의 공부에 어려움이 많았지만, 머리로 익히는 것보다 몸과 가슴으로 익히는 것이 진정한 배움이라는 것을 깨달았다. 식물학 책을 통해 배웠던 지식은 머릿속에 오랫동안 머물진 못했다. 하지만 새롭게 친구가 된 나무들의 얼굴은 쉽게 잊혀 지지 않았다. 이렇게 식물학 강의를 통해 얻은 배움의 교훈은 이후 나의 공부 습관을 바꾸어 놓았다. 외워야 한다는 강박관념에서 벗어나 순수한 호기심과 더 알고자하는 열정으로 공부하는 법을 배웠다.

행복의 열쇠를 찾다!

카이스트 나무 지도를 완성하고 나니 캠퍼스 생활에서 나무들을 빼놓을 수 없게 되었다. 봄이 와서 꽃이 피기 시작하면 나는 지인들에게 산수유, 벚꽃, 매화, 개나리 등의 군락지를 알려준다. 또 학교에 처음

오는 손님들에게 멋진 나무들을 소개하기도 한다. 그러나 무엇보다도 즐거운 것은 나무의 이름을 불러줄 수 있게 되었다는 점이다. 이름만 알았을 뿐인데도 얼굴만 알고 지낼 때와 사뭇 달랐다. 신기했다. 평소 눈에 익숙하던 나무인데도 그 이름을 부르게 되니 다른 나무로 다가왔다. 내가 좋아하던 나무의 이름을 불러주게 되었을 때의 기쁨. 얼굴조차 알지 못했던 나무에게서 느껴지는 친밀감. 이름을 아는 것만으로도 나무들이 내 안에서 특별한 존재가 되어 갔다. 그저 스쳐 지나갈 수도 있는 푸른색 배경에서 그들의 얼굴이 하나둘씩 보이기 시작했다.

나는 서울에서 여느 여고생과 다르지 않은 고등학교 시절을 보내다가 생명과학자가 되겠다는 꿈을 안고서 홀로 카이스트에 왔다. 끊임없이 그려 왔던 꿈을 이룰 생각에 나의 가슴은 설렘과 기대로 가득했다. 하지만 나의 행복은 그리 오래 가지 못했다. 카이스트에 입학하여 보낸 첫 2년은 내 인생에서 가장 힘든 시기였다. 나에게는 카이스트에서의 매일 매일이 똑같았다. 주변 사람들도 똑같았다. 음식도 똑같았고 수업들도 똑같았다. 매순간이 지루했다. 마치 캠퍼스의 나무들이 모두 똑같은 초록색으로 보이는 것과 같았다. 그리고 내가 그 이름 없는, 똑같은 나무들 중 하나라는 사실이 나를 견딜 수 없게 만들었다. 나 자신조차도 내가 누군지, 내가 지금 어디에 서 있는지 알 수 없게 되어 버렸다. 점점 흐릿하게 사라져 가는 내 모습에 처음에는 분노했지만 이윽고 슬퍼했다. 누군가가 나에게 관심을 가져주길 기다리며……. 그렇게 나는 내 안에만 갇혀 있었다.

더 이상 내일을 살아야 할 이유를 찾지 못하게 되었을 때, 나는 한 학기를 휴학했다. 그리고 두려움 반, 불안함 반으로 복학하여 식물학 강의를 들었다. 나는 이 수업에서 교수님께 캠퍼스 안의 나무들을 소개받고 또 직접 나무들과 사귀면서 행복의 열쇠를 발견했다. 이전까지만 해도 내 눈에는 모두 똑같았던 나무들이 이제는 모두 달랐다. 이름을 아는 것만으로도 내 안에서 그 존재의 의미가 생긴 것이었다. 나는 이름이라는 작은 관심이 내 안에 커다란 변화를 가져온다는 것을 가슴으로 배웠다. 그리고 나무 한 그루 한 그루를 대했던 것처럼 주변의 작은 것들에 관심을 가지려 노력했다. 그러자 내 삶은 변하기 시작했다. 모든 것이 똑같아 지루하고 재미없다고 느꼈던 이곳에서의 매순간이 알록달록한 색으로 칠해져 삶이 점점 다채로워졌다. 그리고 지금 내가 서 있는 이곳, 지금 내가 숨 쉬고 있는 이 순간을 소중히 여기게 되었다. 그동안 이름조차 궁금해 하지도 않았던 주변 사람들을 돌아보고 이름을 배우기 시작했다. 모두 똑같아 보였던 그들의 얼굴 하나하나가 모두 달랐다. 주변에 먼저 관심을 가지고 이름을 부르기 시작하니 내 안에서 무언가가 변해 갔고 어느새 나는 매일 매일 다른 삶을 살고 있었다.

내가 휴학을 하였던 2011년 봄에는 안타깝게도 많은 학우들이 목숨을 잃었다. 뉴스를 통해 그들의 소식을 들을 때마다 생각했다. 내가 학교에 남았더라면 저들과 같은 선택을 하지 않았을까? 가슴이 정말 많이 아렸다. 그 끝없는 슬픔과 절망 속에서 살아본 경험이 있어서인지 자꾸만 눈물이 났다. 그리고 이듬해 가을에 식물학 강의를 들으며 자신에게만 갇혀 있었던 내 모습을 반성했다. 주변 사람들에게도 많이 미안했다. 내가 뒤늦게 주변 사람들에게 관심을 갖기 시작하면서 결심한 일이 하나 있다. 적어도 내 주변에서는 그런 슬픈 일이 일어나지 않게 하자. 내 사람들만큼은 꼭 지켜주자. 그래서 나는 내가 겪었던 슬픔과 비슷한 고통을 겪고 있는 사람을 알아보기 위해 항상 주변을 살피고 있다. 그리고 만약 그런 사람을 만난다면 내가 식물학 강의에서 배운 이 행복의 열쇠를 꼭 전해주고 싶다.

'내가 그의 이름을 불러 주었을 때 그는 나에게로 와서 꽃이 되었다'

카이스트 나무 지도를 그리던 그때를 생각하면 떠오르는 시가 하나 있다. 바로 김춘수의 「꽃」이다. 중학생 때부터 수없이 읽어 왔지만 이 시가 전하는 메시지를 이제야 이해할 수 있는 듯하다.

매일 매일이 다른 알록달록한 삶을 살고 싶은가? 그렇다면 주변을 한 번 둘러보자! 작은 관심이 내 안에 커다란 변화를 가져올 것이다. 그냥 스쳐 지나갈 수 있는 순간들, 물건들, 사람들에 이름을 붙여 불러보자. 이름을 아는 것만으로도 그 존재가 내 안에서 꽃이 되고 어느새 내 마음에 예쁜 꽃밭이 하나 가꾸어질 것이다. 누군가 나의 이름을 불러주길 기다리지 말고 내가 먼저 그 누군가를 찾아 이름을 불러주자. 주변을 사랑하게 되는 것만큼 행복해지기 쉬운 길도 없다. 식물학 수업에서 배운 이 행복의 열쇠로 많은 사람들이 마음의 문을 열어 행복해졌으면 좋겠다. 식물학 수업은 나에게 행복을 가르쳐준 최고의 강의였다.

최길주 교수님! 정말 감사합니다. 그리고 존경합니다!

제품 기획에서 제작까지
「Freshman Design Course」

전산학과 11 전지환

'F, D, C.' 당신은 이 알파벳 세 글자를 보면 무엇이 떠오르는가? 무작정 이 세 개의 알파벳을 보여준다면, 그 자리에서 무어라 대답할 수 있는 사람은 아마 많지 않을 것이다. 이 글자를 보고 단번에 대답을 할 수 있는 사람들이 있다면, 아마 KAIST 사람들, 그것도 08학번부터 11학번까지의 학생들이리라. 'FDC'라는 글자를 보고, 그들은 꽤나 심기가 불편한 표정으로 대답할 것이다, 「Freshman Design Course」라고.

지금 당신이 읽고 있는 이야기는, 바로 이 「Freshman Design Course」에 대한 이야기이다. 4년이라는 짧다면 짧은 시간 동안 카이스트에 있었던, 그럼에도 불구하고 아직까지도 카이스트에서 가장 많이 입에 오르내리는 강의 중 하나가 FDC이다. 디자인과 함께 했던 카이스트에서의 내 첫 학기인 2011년의 봄 이야기는, 사실 그보다 2년 전인 2009년의 어느 가을로 거슬러 올라간다.

FDC와의 첫 만남 — "설문조사 좀 해줄래?"

이 글을 읽는 여러분들 중에는, 카이스트에서 방학마다 진행하는 '창의적 글로벌 리더 캠프', 줄여서 '창글리'에 대해 들어본 사람이 있을지도 모르겠다. 이 캠프는 전국의 고등학생을 대상으로 카이스트에서 진행하는 캠프인데, 나는 2009년 여름에 그 캠프에 참여해서 만났던 카이스트 선배와 이따금 연락을 주고받곤 했다. 나와 FDC의 첫 만남은, 다름이 아니라 그 선배가 메신저를 통해 보내준 '설문조사'를 통해서였다.

"지환아 오랜만! 혹시 안 바쁘면 나 설문조사 좀 해줄래? ㅠㅠ"

"어 누나 안녕하세요! 네 해드려야죠. ㅋㅋㅋ 카이스트에서 이런 것도 하시나 봐요?"

"응... 하... 누나 힘들다……."

대학교의 강의에 대해 일말의 환상을 가지고 있던 고등학생이었던 나는, 선배가 보내준 설문조사의 링크와 메신저 채팅창 너머로 느껴지는 선배의 힘듦마저도 일종의 '대학생의 낭만'처럼 느껴졌다. 그렇게 설문조사에 답을 해주고 몇 마디 시답잖은 안부를 주고받다가 작별 인사를 하고 대화는 끝이 났다. 그 뒤로도 나는 알고 지내던 몇몇 선배들을 통해 비슷한 내용의 설문을 받았고, 그때마다 즐겁게 설문을 해주곤 했었다.

그렇게 'FDC'라는 과목은, 대학 생활의 로망 비슷한 무언가를 남긴 채 내 곁을 스쳐 지나갔다. 돌이켜 생각해 보면, 그때 나는 눈치를 챘어야 했는지도 모른다. 그토록 밝고 잘 웃던 선배가 왜 메신저에서 만나자마자 '힘들다'라는 하소연을 했는지. 그리고 분명 산업디자인학과가 아닌 다른 선배들의 메신저 대화명이 어째서 [디자인...ㅠㅠ] 따위의 문구들로 채워져 있었는지 말이다.

Ladies and Gentlemen, Welcome to KAIST!

그로부터 2년이 지난 2011년 봄, 선배의 힘들어하던 모습마저 대학생의 로망이라 생각하던 철없는 고등학생은 스무 살이 되어 카이스트의 신입생이 되었다. 물론 2년 전의 그 대화는 까맣게 잊어버린 채로 말이다. 처음 들어간 강의실, 넓은 터만홀의 구석 자리에 앉아 있었던 나는, 초롱초롱한 150여 쌍의 눈을 보고 외치는 여교수님의 한 마디를 아직도 잊지 못한다. 딱딱한 강의실 의자, 아직 서로가 어색한 신입생들, 그리고 조금은 텁텁한 강의실의 공기 속에서 「Freshman Design

Course」의 책임교수인 메리 캐서린 톰슨 교수님의 첫 번째 강의는 그렇게 시작되었다.

"신사 숙녀 여러분, 카이스트에 오신 것을 환영해요!"

오리엔테이션 정도만 하고 마치겠거니 생각했던 강의는, 보기 좋게 기대를 저버리고 1시간 반을 에누리 없이 꽉 채우고서 끝났다. 사실, 강의실 문을 나서는 순간 내용의 절반도 기억나지 않을 정도로 강의는 정신없이 흘러갔다. 하나 기억에 남았던 것은, 이 과목을 수강하는 신입생들이 조를 이루어 주제를 하나씩 고르게 될 것이라는 것, 그리고 그 주제를 바탕으로 하나의 프로젝트를 정해서 학기 내내 진행하게 될 것이라는 내용이었다. 그제야 나는 2년 전 선배들이 왜 그렇게 힘들어했는지 깨닫게 되었다, 그리고 똑같이 생각했다. '큰일 났다!'

사실 FDC는, 과목의 이름 덕에 '무언가 예쁘거나 실용적인 물건을 만드는' 과목이라는 오해를 종종 산다. 물론 실제로도 그와 비슷한 과목이긴 하지만, 정확히 말하면 카이스트의 신입생들은 이 과목을 통해 '체계적인 설계' 방법을 배운다. '공리적 설계 기법Axiomatic Design Theory'이라는 이론이 그것인데, 어떤 발명이나 설계를 할 때 구상부터 개선, 제작, 적용까지의 모든 단계를 체계적으로 진행하는 방법을 다룬 것이다. 이 이론을 가르치기 위해 만들어진 과목인 FDC는 매주 두 번의 수업을 진행했는데, 이론을 직접 가르치는 '강의' 시간과 배운 이론을 적용하여 주어진 프로젝트를 직접 실현해 보는 '실습' 시간이 그것이다.

학기 초 FDC를 수강하는 학생들은 각자 한 학기 동안 수행하게 될 프로젝트를 선택하게 된다. 개강하고 이 주일쯤 지난 후 우리에게도 주제를 고르는 시간이 찾아왔고, 나는 스무 개 정도의 주제가 인쇄된 종이를 받아보게 되었다. 주제는 '환경 친화적 포장'처럼 비교적 잘 이해되는 주제부터, '암흑 물질을 이용한 장비'처럼 아직까지는 공상 과학에 가까운 주제까지도 있었다. 이틀 정도의 시간이 주어졌고, 한참을 고민하다가 내가 고른 주제는 바로 '공항 운송 체계의 효율적인 설계'였다. 그리고 얼마 후, 첫 번째 실습 시간이 찾아왔다.

공산주의가 망할 수밖에 없는 이유

주변에 돌아다니는 대학생 농담들 중에 이런 말이 있다. 팀 프로젝트를 하다 보면 왜 공산주의가 망할 수밖에 없는지 가장 쉽게 이해할 수 있을 거라는. 다들 열심히 팀 프로젝트를 하면 결과가 잘 나오겠지만, 서로 눈치를 보며 어느 누구도 열심히 하지 않기에 결과물이 마땅찮게 나온다는 이야기를 살짝 비꼰 농담이리라. 팀원을 한 번 잘못 만나면 한 학기가 힘들다는 선배들의 조언을 귀에 못이 박히도록 듣고 있었기에, 나는 조를 정하는 첫 번째 실습시간에 굉장히 긴장을 했다.

첫 번째 실습은 자기소개 시간으로 시작되었다. 전국 각지의 고등학교에서 모여 서로 이름도 얼굴도 모르다가 갑작스레 '한 조'로 묶인 다섯 명의 신입생들. 쭈뼛거리며 인사한 후에도 어색한 공기는 한참이나 우리 곁을 떠날 줄 몰랐다. 내가 속한 조는 나를 포함한 92년생 일반고 졸업생 셋과 93년생 과학고 졸업생 둘로 이루어져 있었다. 어색한 침묵을 깨고, 팀원 중 활발한 성격의 여학생 한 명이 말을 꺼냈다. "저녁이나 같이 먹으면서 얘기할래?"

저녁을 같이 먹으며 어느 정도 안면을 튼 우리 조원들은, 의욕 넘치는 3월의 신입생답게 그 다음날 바로 조모임 약속을 잡고 정보 공유를 위한 인터넷 페이지를 만들었다. 하지만 의욕도 잠시, 주제에 대해 아이디어를 구상해 오라는 과제를 받아든 우리의 심정은, 아마 모두 다 그랬겠지만, '대체 어디서 어떻게 시작해야 하는 거지?' 하는 막막함이었다. 아직 수업 시간에 배운 이론 같은 건 어떻게 적용해야 할지도 모르겠고, 참고할 자료는 없으며(없기보다는 자료를 어떻게 구할지도 모르고 있었다.), 사실 주제에 대한 배경 지식조차 부족하니, 제대로 시작할 수 있을 리가 없었다. 책상을 사이에 두고 모여앉아 한 시간을 넘게 고민하던 우리의 결론은, '프로젝트 방향을 바꾸자'는 것이었다. 다행히 교수님께서는 주제의 방향을 선회하는 것을 선선히 승낙해주셨고, 우리의 프로젝트는 '효율적이고 편안한 승객 운송을 위한 비행기의 시트 설계'로 바뀌게 되었다.

FDC라는 과목이 그렇게나 악명 높았던 이유는 강의가 어려워서도, 실습이 복잡해서도 아니다. 이 과목을 수강하는 신입생들은 프로젝트를 제대로 진행하기 위해서 일주일에 두 번의 수업시간뿐 아니라 한 학기의 대부분을 투자해야 했다. 그렇기 때문에 한 학기를 같이 보내게 되는 팀원과의 호흡은 무엇보다 중요하다. 쉴 틈 없이 바쁘게 흘러가는 영어 수업이나, 매주 제출해야 하는 보고서와 과제는 어쩌면 큰 문제가 아닐 수도 있다. 팀원과 제대로 호흡이 맞지 않는 순간, 어쩌면 재미있을지도 모르는 프로젝트는 평화로운 한 학기에 가장 큰 걸림돌이 되어 버린다. 다행히 내가 속한 팀은 큰 다툼 없이 꽤나 즐거운 한 학기를 보냈었지만, 나는 학기 내내 팀원들과의 마찰 때문에 고생하는 주변 친구들을 보며 '공산주의가 망하는 이유'를 너무나도 절실하게 이해할 수 있었다.

그 뒤로 몇 주가 정신없이 흘러갔다. 우리 팀은 매주 진행 상황을 보고하는 리포트를 영문으로 써 내려가고, 전문가에게 연락해서 자문을 구하는 한편, 프로토타입을 만들기 위한 적당한 재료를 구하기 위해 여기저기 뛰어다녔다. 교수님 사무실에 리포트를 들고 찾아가 팀의 진행 과정을 설명하면, 돌아오는 길에는 해야 할 일들을 한 아름 받아왔다. 그 와중에 메신저를 켜서 아는 후배며 친구들에게 쪽지 한 통씩을 보낸 다음, 문득 2년 전 생각이 나서 피식 웃었던 기억도 난다. '민철아, 지금 바빠? 안 바쁘면 설문조사 좀 해줄래? ㅋㅋㅋ'

중간발표, 그리고 Peer Review

대학생의 한 학기는 생각보다 빠르게 지나간다. 으레 그렇듯 MT를 다녀오고, 잠시 한눈을 팔다가 날이 좀 따뜻해지나 싶으면 어느새 중간고사는 코앞까지 다가온다. 여기서 문제가 하나 있다면, FDC를 수강하는 학생들에겐 시험 말고도 준비해야 할 것이 또 있다는 것이다. 중간발표가 바로 그것인데, 시험 기간에 짬을 내어 교수님과 조교님들 앞에서 10분 정도 발표를 하는 시간이다. 물론 영어로 말이다. 다른 친구들도 그랬겠지만, 우리 팀은 프레젠테이션을 준비해 본 적도, 영어로 발표를 준비해 본 적도 없었기 때문에 꽤 열심히 준비를 했었다. 팀원 각자가 발표 직전에는 대본을 달달 외웠을 정도로 연습을 많이 했다. 그럼에도 불구하고 막상 교수님들 앞에 섰을 때 왜 그렇게나 긴장을 했던지!

여섯 분 정도의 심사위원을 앞에 두고 우리는 발표를 시작했다. 학기 초 우리 팀은 '공항 운송'에 대한 주제에서 '비행기 시트 디자인'으로 주제를 한 번 변경했기에, '굳이 주제를 바꾼 만큼 더 잘 해야 한다'는 일종의 중압감을 느끼고 있었다. 간단히 우리 프로젝트를 소개하고, 현재 제품에서 개선해야 할 요소를 설명한 다음 우리의 아이디어를 하나하나 발표하기 시작했다. 그런데 아뿔싸, 내가 발표하는 순서에서 '인체공학'이라는 단어를 까먹은 나머지 발표를 하다 말고 중간에 말문이 막힌 것이다. 어쩔 줄 몰라 머뭇거리던 중 다행히 교수님께서 단어를 지적해 주셨고, 나는 허둥거리며 내 발표를 마무리할 수 있었다.

무슨 말을 했는지도 모를 정도로 정신없이 발표를 마친 후, 질문 공세가 시작되었다. 항공기의 좌석을 디자인하는 주제였기에 시트의 디자인을 슬림하게 만들어 공간을 활용하는 방법에 중점을 두고 발표를 했는데, 어느 정도 예상을 했던 질문부터 전혀 뜻밖의 질문까지 꽤 많은 질문을 받았던 것 같다. 소재는 어떤 것을 사용할 것인지, 구조가 슬림해지면서 생길 수 있는 안전 문제는 어떻게 해결할 것인지, 새로 생긴 공간을 활용할 다른 방법은 없는지 등등, 여러 질문을 주고받으며 어느 정도 긴장이 풀렸을 때, 느닷없이 조교님 중 한 분이 나에게 질문을 던졌다.

"그럼 설명하실 때 사용한 도안은 누가 생각해서 그리셨나요?"

"아, 각자 낸 아이디어를 모아 여기 이 친구가 그렸습니다."

(보고서를 훑어보며) "그럼 보고서랑 자료 번역은 본인이 하셨나 보네요?"

"네, 취합해서 제가 번역을 맡았습니다."

"영어 공부 좀 하셔야겠어요."

"······."

내 인간적인(?) 영어 실력을 지적받고서 발표는 무사히 끝이 났고, 우리 조는 한숨 돌린 채 중간고사를 준비할 수 있었다.

FDC의 평가 기준에는 보고서와 발표 점수, 교수님의 평가 외에도 다른 요소가 하나 더 들어가는데, 다름 아닌 팀원 평가, 'Peer review' 다. 즉, 서로가 서로의 기여도를 평가해서 점수로 매기면 그 점수가 성적에 들어간다는 것이다. 내 옆의 친구가 내 학점을 매기다니, 얼마나 섬뜩한 제도인가. 이런 제도이니만큼 소문도 심심찮게 돌곤 했었다. 평가 점수가 많이 차이 나면 팀워크에 문제가 있는 거니 학점을 낮게 준다는 둥, 저번 학기에 어떤 팀은 팀원 중 한 명이 마지막에 점수를 낮게 줘서 '뒤통수'를 맞은 다른 팀원들이 모조리 학점이 한 단계씩 내려갔다는 둥 말이다. 대부분 근거 없는 뜬소문이었지만, 그래도 학점이란 걸 처음 받기 때문에 학점에 민감한 대학교 1학년 신입생 아니던가. 나는 팀원들과 나름대로 사이가 좋았기에 모두에게 전반적으로 좋은 점수를 주었고, 나 또한 좋은 평가를 받았다. 그러나 다른 팀 친구들은 그렇지 못했던 모양이다. FDC가 이야깃거리로 나오면 몇몇 친구들의 표정이 불편해지는 이유 중 하나가 바로 이 Peer review였을 정도로, 이 평가 방식은 꽤나 많은 친구들의 심기를 건드렸다.

포스터 페어, 그리고 한 학기의 마무리

그런 식으로 여차저차 한 학기를 무사히 보내면 기말고사 전 또 한 번 찾아오는 발표가 있다. 지난번의 발표가 화면을 뒤에 두고 발표를 하는 '프레젠테이션'이었다면, 이번 발표는 포스터와 프로토타입을 두고 한 학기 동안의 결과물을 설명하는 포스터 페어(Poster Fair)다. 그간 긴 밤을 몇 번이나 불태운 우리의 노고는 꽤나 성과가 있었다. 팀원 중 하나가 며칠 밤을 새워 만든 포스터와 대학원 선배의 도움을 받아 3D로 작업한 모델, 그 모델을 가지고 제작한 모형 크기의 프로토타입도 만들어졌다. 과연 제대로 진행되기나 할지 걱정되었던 우리의 '디자인'은, 한 학기가 지나자 꽤나 그럴싸한 모습을 갖추었다.

포스터 페어에서의 진짜 재미는, 그간 초췌한 모습으로 보고서를 타이핑하던 친구들이 정장을 깔끔하게 차려입고 포스터 앞에서 멋지게 발표를 기다리는 모습을 볼 수 있다는 것이다. 사실 처음에는 어색하기만 했던 발표에도 지금쯤 되면 어느 정도 익숙해진 터라, 발표를 초조하게 기다리기보다는 다른 친구들의 포스터를 이리저리 기웃거리기도 하고, 일 년에 두어 번 입을까말까 한 정장을 입고서 친구들끼리 기념사진을 찍으며 한 학기가 끝나간다는 해방감을 미리 즐겼던 기억이 난다.

포스터 페어 기간이 되면, 신입생들이 강의를 듣는 건물인 창의학습관의 로비는 사람들로 인산인해를 이뤘다. 페어를 준비한 수강생들, 구경하러 온 친구들, 교수님과 심사위원들, 심지어 총장님까지. 포스터의 내용도 각양각색이다. 물론 대학교 신입생 정도가 생각할 만한 수준이 대부분이지만, 개중에는 정말 새로운 아이디어를 가지고 온 팀부터 재밌는 모형으로 관람객들의 관심을 끄는 팀, 누구나 고개를 끄덕일 만큼 화려한 결과물을 준비한 팀까지, 대학교 신입생이 한 학기만에 했으리라곤 믿기지 않는 작품들도 더러 눈에 띄었다. 그렇게 2박 3일간의 발표 기간 동안, FDC를 수강한 학생들의 '한 학기'는 포스터 안에 고스란히 담겨 관람객의 눈에 들기를 기다렸다.

포스터 페어 기간 동안 모든 사람이 3일 내내 자리를 지키고 있을 수 없기에, 팀원들끼리 순서를 정해 자리를 지켰다. 내 차례가 되어 정장을 입고 우리 자리로 갔을 때, 우리 팀원이 울상을 짓고 나를 기다리고 있었다. 나는 깜짝 놀라 물었다.

"어 지현아, 왜 그러고 있어?"

"오빠, 아까 교수님이 우리 포스터 보고 가셨는데……. 그게 근데……."

사연을 들어본즉슨, 산업디자인학과 심사위원 한 분이 포스터 앞으로 직접 오시더니 우리 아이디어에 대해 질문을 퍼부으셨다는 것이다. 갈수록 정곡을 찌르는 질문에 허둥대다 결국 질문 몇 개에 제대로 대답도 하지 못했는데, 아무 말 없이 메모지에 줄을 쭉쭉 그으시더니 그대로 홱 돌아서서 가버리셨다고 한다. 나는 얼굴이 새빨갛게 상기된 채 울상을 짓고 있는 친구에게 그 정도로 대답했으면 잘했다고 위로해 주고, 바통을 넘겨받아 자리를 지켰다. 그런데 이게 웬일, 정작 내 차례에는 심사위원이 한 분도 오시지 않았고, 나는 세 시간 동안 옆 사람과 잡담을 나누다가 돌아가야 했다.

아무튼, 그렇게 한 학기 동안의 '디자인'이 모두 끝이 났다. 꽤 많이 지적을 하신 심사위원이 한 분 계셨음에도 불구하고, 우리 팀도 무난

하게 발표를 끝낼 수 있었다. 발표가 끝난 뒤에도 수십 페이지 분량의 보고서 제출이나 과제 몇 개가 남아 있긴 했지만, 그런 것들은 잠시 잊어버리기로 했다. 포스터 페어를 마지막으로 2011년 봄학기는, 그리고 '우리들의 디자인 이야기'는 마침표를 찍었으니까.

남은 이야기

12학번, 13학번 신입생들이 카이스트 생활이 힘들다며 징징거리는 걸 보면 나는 농담 반 진담 반으로 툭 던지곤 한다. "디자인도 안 들어 본 것이……." 그만큼 FDC란 과목은 힘들었고, 내 한 학기의 많은 부분을 가져갔던 과목이었다. 하지만 돌이켜보면 나는 그 과목을 통해 참 많은 것을 배웠다. 교수님께 정중하게 메일을 쓰는 간단한 교양부터, 필요한 정보를 도서관이며 해외 학술자료에서 찾아내는 방법, 여러 명의 사람들을 '한 팀'으로 묶어 일하는 요령, 굳이 언급하자면 제대로 넥타이 매는 법까지(페어 기간 동안 넥타이를 매느라 고생을 많이 했다). 정작 과목의 핵심이었던 '공리적 설계 기법'에 대해서는 기억이 가물가물하지만, 그럼에도 불구하고 FDC라는 강의는 내 대학 생활에서 아직까지도 잊을 수 없는 강의 중 하나로 손꼽는다.

사실, 아직도 'FDC'라는 과목은 남아 있다. 하지만 더 이상 이 과목은 필수 과목도 아니고, 커리큘럼이 많이 바뀐 이후로는 그렇게 힘든 과목도 아니며, 많은 사람이 듣는 과목도 아니다. 학점을 F, D 아니면 C를 준다는 악의 섞인 농담도, 매 학기 말이면 창의학습관 로비에서 북적거리는 정장 입은 신입생들의 포스터 페어도, 학기 초면 몇 통씩

날아오는 설문조사 부탁도 이제는 없다. 그래서 우리들의 디자인 이야기는, 이제는 심심할 때 꺼내놓는 옛날 얘기 비슷한 것이 되어 버리고 말았다.

아, 그래서 학점은 어떻게 나왔냐고? 그런 건 물어보는 게 아니다.

(* 이름은 가명을 사용했습니다.)

정재승 교수님의
「바이오 공학 개론」

생명화학공학과 10 엄민영

2010년 싱그러운 봄바람을 맞으면서 카이스트에 입학했다. 처음 며칠 동안은 새로운 환경, 새로 만나는 사람들로 하루하루가 즐거웠다. 그리고 한 달이 지나고, 대학 수업이 쉽지 않다는 것이 점점 몸에 와 닿기 시작했다. 나름 동네에서 똑똑하다는 소리를 듣고 자랐지만 중간고사를 보고 자신감이 바닥까지 내려갔다. 적당히 해도 평균은 되겠지라는 생각으로 본 시험은 적당히 바닥으로 가고 있었고, 공부하는 것이 답답하고 공부에 대한 흥미도 떨어졌다.

한 학기가 지나고 2학기 시간표를 내가 직접 만들게 되었다. 초등학교부터 대학교 첫 학기까지는 학교에서 정해 놓은 대로 수업이 진행되었는데 2학기부터는 원하는 강의를 고를 수 있어서 좋았다. 하지만 시간표를 짜는 것도 상당히 힘든 과정이었다. 전공을 정하지도 못하였고 좋아했던 수학 과목마저 어려워서 끌리지 않았다. 스크롤을 쭉 내리다가 '정재승' 교수님의 이름이 보였다. 초등학교 때 『과학콘서트』를 재미있게 읽은 기억이 있는데, 바로 그 책의 저자셨다. 어렸을 때 과학의 재미를 알려준 분을 직접 만날 기회가 되다니! 한 치의 망설임 없이 신청하기 버튼을 눌렀다. 강의 제목은 「바이오 공학 개론Introduction to bioengineering」이었다. 이 수업 신청은 1학년 때 했던 수많은 선택들 중 가장 만족스런 선택이었다. 잠시 잃었던 과학의 흥미를 다시 찾아준 강의였기 때문이다.

「바이오 공학 개론」 수업은 전반적으로 바이오공학이 무엇인지를 배우는 수업이었다. 입학하자마자 만났던 입실론-델타, 슈뢰딩거 방정식과는 달리 나한테는 새로운 분야의 과학을 만날 수 있는 계기가 되었다. 강의를 통해 바이오공학이 어떤 학문인지 그리고 그것이 어떤 식으로 여러 분야에서 적용되는지 배울 수 있었다. 예를 들어 정치적으로나 경제적, 마케팅 분야에서 등 여러 곳에서 의식적으로나 무의식적으로 바이오공학이 자리 잡고 있다는 것을 알게 되었다.

강의를 들으면서 가장 기억에 남았던 세 가지 주제로 바이오 공학 콘서트를 열어보려 한다. 첫 번째로 '선택'이라는 주제로 콘서트의 서막을 열려고 한다. 사람들은 살아가면서 수많은 선택을 놓고 고민을 한다. 점심은 무얼 먹을지, 그녀에게 어떻게 다가갈 것인지, 전공은 무엇을 선택할 것인지 등 많은 선택지를 놓고 어떤 것을 고르는 것이 잘

한 일인지 고민을 한다. 그런데 생각보다 인간은 합리적이지 않다. 하퍼의 실험을 살펴보면서 얘기해 보자.

1979년 겨울 케임브리지 대학교의 생물학자 하퍼는 오리를 이용해 실험을 했다. 그는 대학 정원에 사는 33마리의 청둥오리를 이용해서 오리들이 먹이가 주어졌을 때 얼마나 합리적인 선택을 할 수 있을지 알아보려 했다. 하퍼는 오리를 모아 놓은 뒤 한 연못에는 5초에 한 번씩 빵조각을 던져주고, 다른 연못에는 10초에 한 번씩 빵조각을 던져주기 시작했다. 나는 오리들이 먹이가 빨리 떨어지는 곳에 모였을지 대장을 중심으로 행동했을지 오리의 행동이 궁금했다. 실험 결과는 2:1의 비율로 22마리의 오리는 5초마다 먹이가 주어지는 연못으로, 11마리의 오리는 10초마다 먹이가 주어지는 연못으로 움직이는 결과를 보였다. 인간의 경우에는 어떤 선택을 하였을까? 어린아이들에게 비슷한 실험을 하였는데 한쪽에 몰리는 등 오리와는 다른 양상을 보였다. 어른들도 마찬가지의 행동을 보였다. 이 결과만 놓고 보면 오리가 인간보다 합리적인 선택을 한다고 볼 수 있다.

오리 연못에서 대학로로 이동해서 살펴보자. 대학로 앞에 A회사와 B회사의 카페가 들어왔다. 서로 광고를 하지 않고 장사를 하면 두 회사 모두 100만원씩 이익을 얻게 된다고 한다. 두 회사 중에 한 회사만 가게 광고를 하면 한 회사는 150만원 다른 회사는 50만원을 번다고 한다. 둘 다 광고를 할 경우는 모두 75만원씩 이익이 나온다고 한다. 여기서 두 회사가 서로 최대의 이익을 보기 위해서는 서로 광고를 안 하는 것이 가장 좋은 조건이 된다. 하지만 사람들의 선택은 둘 다 광고를 하여 75만원을 벌게 된다고 한다.

이번에는 강의실로 가서 학생들은 얼마나 합리적일지 강의실에서 실험해 보았다. 정재승 교수님께서 대회를 열었다. 강의실 안의 60명 정도의 학생에게 숫자를 고르는 대회가 열렸다. 0부터 100까지 각자 좋아하는 수를 하나씩 선택하고, 선택된 수의 평균의 2/3배에 가장 가까운 수를 선택한 사람이 승자가 되는 것이었다. 나는 상품을 타기 위해 머리를 굴렸다. 학생들이 전체적으로 번호를 고르게 선택하면 50이 평균이 나오게 될 것이므로 그것의 2/3인 33을 고르려고 하였다. 다들 나와 같은 생각으로 33을 고를 것을 예상하고 다시 2/3을 하여 22를 적게 되었다. 우리 강의실에서 나온 승자는 17을 고른 사람이었다. 다들 나처럼 생각해서 낮은 숫자를 많이 골랐던 것으로 생각된다. 사실 2/3배를 계속 해나가면 0에 수렴하는 것을 알 수 있다. 이론상으로는 0에 가까운 숫자를 고를수록 유리한 게임이다. 고등학생들을 대상으로 게임을 했을 때는 32.5가 나왔고 CEO를 대상으로 게임을 했을 때는 38이 나온 것도 재밌는 결과라고 생각된다. 이 게임을 오리한테 진행했다면 모두 0을 고르지 않았을까?

결국 '선택'에 관해서 인간은 완벽할 수 없다는 것을 알게 되었다. '이기적인 생각들이 합리적인 선택을 방해하지 않았을까?'라는 생각이 들었다. 요즘도 카이스트 정문 근처 오리 연못에 뒤뚱뒤뚱 다니는 오리들을 보면 하퍼의 실험이 생각난다. 우리나라 오리들도 2:1의 비율로 움직일지 실험해 보고 싶다.

두 번째 콘서트의 주제는 '넛지Nudge'이다. 넛지는 '옆구리를 슬쩍 찌른다'는 말이다. 넛지 효과는 타인의 행동을 유도하는 부드러운 개입을 뜻하는 말로, 똑똑한 선택을 유도하는 선택 설계의 틀을 의미한다. 아직 감이 안 오는 사람들을 위해 예를 들어 보자.

화장실에서 소변을 보는 남자들은 자신들의 힘을 착각하고 멀리서 소변을 보다가 주변에 많이 튀는 경우가 있다. 이때 소변기 배수구 근처에 파리 스티커를 하나 붙여 놓았더니 주변에 튀는 일이 90% 이상 줄었다고 한다. 파리를 쫓고 싶은 본능이 자기도 모르게 앞으로 한 발짝 나아가게 만든 것이다.

넛지 효과를 적용시킨 재미있는 사례들이 많아서 더 소개해 보려 한다. 학교 급식에서 몸에 좋지만 학생들이 선호하지 않는 맛의 음식들은 잘 안 골라간다고 한다. 어떤 날은 그 음식을 중간이나 뒤에 배치해 보았고 어떤 날은 가장 앞에 배치했다고 한다. 앞쪽에 배치된 날은 아이들 대부분 골라가서 인기 식품이 되었다고 한다. 반찬의 위치 선정 하나가 이런 영향을 주다니 놀라울 따름이다. ATM 인출기에서도 이런 사례를 발견할 수 있다. 예전에는 ATM기에서 현금을 인출한 후 카드를 두고 가는 경우가 많았다고 한다. 사람들이 돈을 챙기기에 급급해 현금만 챙기고 카드를 가져가지 않은 경우가 많아, 카드를 빼야만 현금

을 가져갈 수 있게 바꾼 뒤로는 이런 일이 발생하지 않았다고 한다.

스웨덴의 수도 스톡홀름의 지하철역에 가 보면 에스컬레이터 옆 계단을 피아노 모습으로 바꾸어 놓았다. 밟으면 소리도 난다고 한다. 이렇게 바꾸니 에스컬레이터 이용이 줄고 이전보다 계단 이용률이 66%나 증가했다고 한다. 사람들에게 계단을 이용하라고 직접 이야기하지 않고도 사람들의 행동을 효과적으로 변화시킬 수 있었다.

이 예들은 모두 무의식 중에 우리를 조종하도록 설계를 짜 놓은 것이다. 어떻게 이런 일들이 일어날 수 있을까? 무의식을 이용하는 한 가지 방법은 호르몬에 있다. 옥시토신이라는 호르몬을 이용하면 사람의 감정을 변화시킬 수 있다. 옥시토신은 아이를 낳을 때 자궁을 수축하기 위해 분비된다고 잘 알려져 있다. 이 호르몬은 포옹을 하거나 상호작용을 통해서도 분비가 되는데 이때 상대방에 대한 신뢰도가 올라간다고 한다. 포유류에게만 나오는 이 호르몬은 누군가에게 연결되어 있다는 느낌도 들게 만든다고 한다. 향수처럼 뿌리는 옥시토신도 있다. 평소보다 갑자기 누군가에게 믿음이 간다면 의심해 봐야 할지도 모른다. 당신이 옥시토신에 영향을 받은 것일 수도 있기 때문이다. 신경학자 폴 잭Paul Jack의 말에 따르면 옥시토신이 분비되면 행복하다고 느낀다고 한다. 나도 포옹과 대화를 통해 옥시토신 분비를 유도해서 행복해지고 싶다. 아쉽게도 지금 주변에 포옹할 사람이 없기 때문에 인터넷으로 대화를 하면서 옥시토신 분비를 유도해 보아야겠다.

영화 「아이언맨3」을 보면 악당 킬리언은 사람의 뇌를 우주와 같다고 얘기한다. 우주와 뇌는 아직도 알려지지 않은 것들이 많은 무궁무진한 분야이다. 앞에서 얘기한 '선택'이나 '넛지 효과' 모두 우리의 뇌에서 일어나는 생각들을 연구한 것이다. 이전에는 뇌에서 어떤 작용이 일어나는지 아는 것이 쉽지 않았다. 1990년대 이후 MRI, fMRI, EEG 등 뇌의 상태를 관찰하기 좋은 도구들이 등장하면서 상황에 따른 뇌의 반응을 살펴볼 수 있게 되었다. 이런 뇌 영상 기술들은 사람들의 고차원적

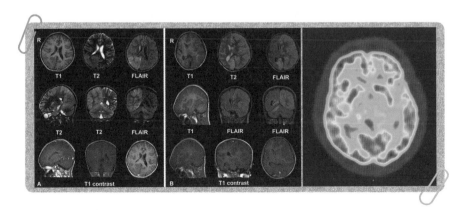

인지뿐만 아니라 사람의 성향, 거짓말, 경쟁 등 사회적인 행위까지 알아낼 수 있을 정도로 발전했다. 이런 뇌에 대한 연구가 발전할수록 사회적, 경제적, 정치적, 의료적인 측면에서도 중요성이 부각되고 있다. 사이코패스 같은 경우 뇌를 살펴보면 고통이나 양심, 충동을 제어하는 부분이 일반인들과 다르다고 한다.

정재승 교수님이 속해 계신 바이오 및 뇌 공학과는 이런 신비로운 뇌에 관하여 연구를 한다고 한다. 뇌가 많이 연구되면 영화에서처럼 인간의 능력을 업그레이드 시킬 수 있는 날이 오지 않을까 상상을 해본다.

마지막 콘서트의 주제는 '고민'이다. 이날의 강의가 더욱 기억에 남는 이유는 평소에 영어로 수업이 진행되는데, 이날만큼은 교수님이 우리말로 강의실에 있는 학생들에게 격려를 해주었기 때문이다.

자, 이제 고민이 시작된다. 5가지 종류의 화장품을 파는 가게와 10가지 종류의 화장품을 파는 가게가 동시에 오픈했다. 어느 가게가 손님들의 발길을 잡았을까? 10가지 화장품을 파는 곳의 매출이 처음엔 높았다고 한다. 그러면 몇 달 후 두 가게 중 어느 곳의 장사가 더 잘 될까? 5가지 종류를 파는 가게가 장사가 더 잘 되었다고 한다. 물론 여러 변수들이 있겠지만 그 이유 중 하나는 만족도의 차이에 있었다. 10가지 종류를 파는 가게의 만족도보다 5가지 종류를 파는 곳의 고객들의 만족도가 컸다고 한다. 10가지 중 한 개를 고른 고객은 나머지 9개를 버리는 기회비용의 아쉬움이 크게 작용했다. 결국 선택의 폭이 넓다고 좋은 건 아닌 것을 깨달았다. 부자들이 행복하지 않은 이유도 이런 이유가 있을 것으로 보인다. 케이블 채널이 늘어나면서 볼 것은 많아졌는데 한 군데를 오래 보지 않고 수시로 채널을 돌리는 우리의 모습을 봐도 느낄 수 있다.

나도 이런 고민에 빠져 살고 있었다. 하고 싶은 것이 무엇인지 몰라서, 부모님이 기대하는 삶이 있어서, 주변 친구들과 비교하느라 고민하는 나의 모습과 비슷한 것 같았다. 너무 많은 선택지는 오히려 나를 슬프게 만들고 있던 것이었다. 교수님께서 선택하지 않은 대안에 얽매이지 않고, 마음 내키는 대로 빨리 골라 실행해 보면 어떻겠냐는 조언을 해주셨다.

이 강의를 신청한 것도 내키는 대로 결정했던 선택이었다. 카이스트를 오게 되면서 무작정 전문적이고 어려운 강의만 듣기를 시도한 무모했던 나에게는 '힐링'의 강의였다. 초등학교 때 장래희망에 적은 '과학자'가 문득 생각났다. 그 시절 「호기심천국」과 『과학콘서트』를 재미있게 보던 나는 호기심에 가득 차 있던 아이였고, 어렸을 적에 읽던 책의 저자를 교수님으로 다시 만나게 되었다. 10년이 지났고 나는 생명에 대한 호기심으로 가득 찬 아이에서 대학생이 되었다. 인간의 생명에 관한 궁금증을 관찰하고 새로운 사실들을 발견해 나가는 것이 초등학교 때 꿈꾸던 '과학자'의 모습이 아닐까?

카이스트는 입학할 때 학과를 정하지 않고 들어와서 2학년 때부터 가고 싶은 학과에 갈 수 있다. 한 학년을 공부하면서 어떤 전공을 선택할지 결정할 수 있어서 좋은 점도 있지만 어딜 가야 할지 고민되어 무척 막막해질 때도 있다. 나는 1학년을 마치면서 특별히 잘하는 과목은 찾지 못하였지만 생물과 화학을 더 공부해 보고 싶어서 생명화학공학과를 가게 되었다. 1학년 때는 형편없는 학점을 받고 학교도 그만두고 싶었지만, 열심히 노력하면서 실력을 쌓아 3학년 때는 4.0을 받게 되었다. 여전히 앞으로 어떤 길을 가야 좋은 선택이 될지 고민이 많다. 너무 많은 대안들에 고민하지 않고 내가 해보고 싶은 것을 결정하고 노력해 보려고 한다.

정재승 교수님(바이오및뇌공학과)

Q 「바이오 공학의 이해」라는 수업을 여러 학기 진행해 오셨고 학생들에게 인기가 많았습니다. 어떤 수업인지 소개해 주세요.

A 우리나라에는 아직 생소한 바이오 공학을 소개하는 과목입니다. 고등학교 때까지는 수업에서 배운 과목, 그러니까 수학이나 물리, 생물 같은 과목을 듣고 자신의 전공을 정하지만 대학에 오면 정말 많은 전공들이 있지요. 바이오정보학, 신경공학, 줄기세포공학 등 21세기 인간의 삶의 양식을 가장 많이 바꿀 바이오공학을 소개하는 것이 무엇보다 중요하다고 생각합니다.

Q 강의를 진행하면서 기억에 남는 학생이 있나요?

A 몇 해 전인가, 바이오공학을 소개한 동영상을 유튜브에 올려 가장 높은 조회 수를 기록한 팀에게 책 선물을 주는 term project를 했는데, 흥미로운 동영상을 올려 수만 명에게 바이오공학을 소개했던 팀이 가장 기억에 남네요.

Q 과학에 흥미가 있는 학생들이라면 한번쯤 『과학콘서트』를 보았을 거라고 생각합니다. 저 역시 어렸을 때 재미있게 읽었는데 언제부터 글을 쓰기 시작하셨나요?

Ⓐ 대학원 때 아르바이트로 「과학동아」에 글을 연재하면서 시작됐죠. 그 전에 KAIST 학교신문에 글을 연재한 것이 도움이 됐고요. 많이 쓰진 않았지만 꾸준히 쓴 것이 도움이 된 것 같아요.

Ⓠ 주로 어떤 책을 읽으시는 편인가요? (최근에 읽으신 책 중) 책 한 권을 추천 해 주신다면?

Ⓐ 책을 권하는 일을 별로 하지 않는데, 책은 자신이 직접 고를 때 가장 좋은 책을 고를 수 있어요. 저는 오히려 책을 추천받기 보다는, 서점에서 길을 잃어보기를 권해드립니다.

Ⓠ 현재 바이오 및 뇌 공학과에 계시는데 어떤 연구를 하고 계시나요?

Ⓐ '의사결정'을 물리학적인 관점에서 연구하고 있지요. 삶은 선택의 연속인데 우리는 아직 인간의 뇌가 의사결정을 어떻게 하는지 잘 모르지요. 저는 의사결정이 전 두뇌가 모두 관여해 최종 결과물을 내는 복잡한 프로세스라고 생각하죠. 물리학적 관점에서 기술하고 모델을 만드는 것이 많은 도움이 됩니다.

Ⓠ 연구도 하시고 책도 집필하시면 시간이 많이 필요하실 것 같은데 어떤 식으로 시간 관리를 하시나요?

Ⓐ 저는 생산적인 취미를 가진 편이죠. 책을 쓰는 데 많은 시간을 들이진 않지만, 쉬면서 짬을 내어 글을 쓰는 취미를 가졌어요. 항상 책을 염두에 두고, 칼럼이나 강연도 책과 연결시키려고 하지요. 그러면 시간을 많이 안 쓰면서도 흥미로운 책들을 세상에 내놓을 수 있지요.

Ⓠ 마지막으로 학생들에게 해주시고 싶은 말이 있나요?

Ⓐ 분야라는 벽에 갇히지 마시고 탐구하고 싶은 주제에 대해 왕성하게 지적 욕구를 충족하시길!

새로운 아이디어를 찾는 방법
「생명공학개론」

생명과학과 08 허준

"신경생물학을 들을까? 아님 생명공학개론을 듣는 게 나을까?"

2010년 봄 학기 수강 신청을 하는 내 마음은 무거웠다. 나는 군 입대를 앞두고 마지막 학기가 될 봄 학기에 과감히 전공과목들을 듣지 않고 타과 과목을 수강하기로 결심했다. 군 입대 전에 내가 잘하고 즐기는 마음으로 임할 수 있는 전공이 생명과학과인지 확인하기 위해서였다.

2008년 카이스트에 입학한 나는 이제까지 인생 중 엄청난 추락을 경험하였다. 카이스트 입학 전에 나는 미국에서 7년을 살았고, 미국 고등학교를 재학할 당시 대학교 1학년 과정인 AP(Advanced Placement) 과목을 7개 수강했으며 조기 졸업을 했기에 자신이 넘쳤었다. 허나 과학 고등학교와 영재 고등학교 출신들에 비해 많이 부족하다는 것을 첫 학기 중간고사를 치르고 난 뒤에 깨달았다. 중간고사 이후 끝도 없는 높은 벽에 부딪친 듯한 느낌을 받았다. 그때는 너무 충격이 컸던 나머지 학교에서의 하루하루가 견디기 괴롭고 힘들었다.

솔직히 이 시기에 나는 자신감을 잃었다. 미국에서 거주할 때는 무엇을 하든 열심히 노력하면 노력한 만큼 좋은 결과가 나왔고 그에 따른 보상도 받았지만, 카이스트에서 어려웠던 첫 학기를 겪고 난 후, 나는 내 자신의 능력에 대해 의문을 품기 시작했다. 그러나 두 번째 학기에는 전 학기에 비해 열심히 노력하여 학점을 더 잘 받았고, 그 과정에서 나름 재미있고 즐기면서 배운 과목이 생겼는데 그 과목이 바로 일반생물학이었다. 허나 자신이 없었던 나는, 막상 예비전공을 선택할 때 즐기면서 배웠던 일반생물학보다는 상대적으로 성적 관리가 가능할 것 같은 생명화학공학과를 선택했다.

생명화학공학과 2학년 1학기 과정에는 공업유기화학, 분자생명공학 등 생명과학과와 관련된 과목들을 들을 수 있어서 전공을 잘 선택했다고 여겼지만, 공학 전공이었던 만큼 물리와 화학공정과 관련된 과목들을 2학년 2학기 때 배우기 시작하자 나와 잘 안 맞는다고 느끼게 되었다. 더불어 그때 함께 지내던 룸메이트가 생명과학과여서 생명과학과 필수 과목 중 하나였던 세포생물학 전공 책을 옆에서 볼 기회가 있었는데 너무 재미있어서 시간이 날 때마다 내 전공을 공부하지 않고 그 책에만 몰두했었다. 그 일을 계기로 나는 생명과학과로 전과를 해야겠다는 생각을 진지하게 하게 되었다.

결심에 때맞춰 나는 병무청으로부터 카투사로 뽑혔다는 문자를 받았다. 6월에 입대 신청을 한 상태여서 입대하기 전에 한 학기가 남았었다. 휴학을 하면서 생명과학이 내가 즐기면서 공부할 수 있는 전공인지 확인하기 위해 남은 한 학기를 더 다니기로 결심했다. 이 학기를 의미 있게 보내기 위해 생명화학공학 전공과목을 수강 신청하지 않고 과감하게 생명과학과 전공 위주로 수강 신청을 하였다.

08학번 생명과학과 졸업 필수요건이 두 가지가 있었는데 하나는 네 개의 공학 과목을 전공 선택으로 듣는 것이었고 다른 하나는 네 개의 과학 과목을 전공 선택으로 듣는 것이었다. 후에 생명과학과로 전과를 하게 되면 과학이나 공학 중 하나를 선택해야 했기에 나는 우선 전공과목 중 하나를 공학 필수 과목이었던 생명공학개론을 선택했다.

"준아, 좀 무리한 거 같다. 김학성 교수님께서 강의하시는 생명공학개론은 학기가 끝나기 전에 팀 프로젝트를 해야 하는데 그것이 그냥 프로젝트가 아니라 논문에서 아직까지 나오지 않은 아이디어를 교수님께 발표하는 거다. 아이디어를 내려면 적어도 50편의 논문은 필수로 읽어야 한다고 들었다."

친구에게서 이 말을 듣는 순간 잘할 수 있을 것이란 자신감보다 팀 프로젝트가 잘 안될 것이란 두려움에 며칠을 떨었다. 무엇보다 많은 생명과학과 수업 중에 그렇게 악명이 높은 과목을 선택한 내 자신이 너무 싫었다. 그러나 지난 학기에 랜덤으로 팀을 배정하지 않고 아는 사람들끼리 하도록 교수님께서 배려를 해주셔서 이번에도 그럴 것이라는 소문이 나돌아 희망의 끈을 놓지 않았다. 두 번째 강의 도중 교수님께서 갑자기 각 조와 그 조에 배정된 조원들 이름을 말씀하셨다.

"15조. 안보경, 허준, 김지수, 이용수!"

원래 생명공학개론 팀 프로젝트는 최대 5명이 조를 이룬다. 대부분의 조들이 5명의 인원이 있었으나 두 조만 4명이 배정되었는데 그중 한 조가 내가 속한 조였다. 조원들 중 다행히 한 사람은 내 동아리 선배이자 생명과학과 4학년이어서 생명과학에 대해 해박한 지식을 갖고 있었다. 허나 나머지 조원들 중 한 명은 생명과학과에 갓 들어온 2학년 후배였고 다른 조원은 나와 같은 08학번이었지만 갓 복학한 복학생이어서 나를 포함한 나머지 3명은 생명과학에 대한 지식이 많이 부족했었다. 인원수도 부족하고 전공 지식도 많이 부족했지만 우리는 각자 맡은 일을 주어진 시간 내에 최선을 다해 열심히 하면 좋을 결과가 있을 것이라는 믿음 아래 프로젝트를 시작했다.

먼저 생명과학과와 관련된 주제를 찾는 데 우리는 약 한 달간의 시간을 투자했다. 초기에는 성병, 뇌졸중, 암, 슈퍼박테리아 등 다양한 이야기를 나누었지만 대부분의 주제들이 옛날에 발견된 내용들이었고, 다양한 해결책들이 이미 많은 논문들을 통해 발표가 되어서 쉽게 진전이 되질 않았다. 시간이 많이 부족했던 우리는 현대 인류에 가장 영향을 많이 끼치는 질병을 주제로 발표하기로 결정하고 고심 끝에 비만을 주제로 선정했다.

엄밀히 따지면 비만의 만병통치약은 운동이다. 허나 인간은 질병을 직접적이나 간접적으로 아픔을 겪지 않는 이상 예방하는 일을 하지 않기에, 아무리 홍보를 해도 그 효과는 미미하다. 패스트푸드로 인해 세계에서 제일 뚱보인 나라로 평가받고 있는 미국은 운동 대신 지방흡입이나 배고픔을 억제하는 약을 처방해 해결하려고 하였다. 우리는 그러한 약의 효능이 그리 높지 않았다는 것과 또한 지방 흡입이 심하면 죽음에까지 이른다는 것을 알고 우리들만의 새로운 효과적인 비만 약을 만들어 보기로 결정했다.

우리 몸은 수많은 세포로 이루어진 생명체이다. 그리고 세포 내에는 수많은 대사 신호 전달 과정들이 존재하고 그 과정들은 하나로 얽히고설킨 관계이다. 생명과학자는 대사 신호 전달 과정에서 신호를 전달하는 물질을 억제하거나 활성화시켜 세포에 어떠한 영향을 미치는지 관찰한다. 그리고 그 효과가 자신이 의도하는 쪽으로 진전되면 세포가 아닌 생명체 자체에 실험을 진행하여 효과가 어디까지 영향을 끼치는지 연구를 한다. 친구가 예상했던 대로 우리 조원들은 각자 50편의 논문들을 읽으면서 생체에 존재하는 분자 중 억제하거나 혹은 활성화시키면 비만에 영향을 주는 분자를 찾으려고 노력했다. 결국 우리는 억제를 가할 시 비만이 줄어드는 영향이 있다고 밝혀진 PPAR-γ를 프로젝트의 타깃 분자로 삼았다. PPAR-γ는 활성 시 세포를 지방 세포로 변환시키는 영향을 지녀 지방을 늘리는 분자이기도 하지만 인슐린 감수성을 높여주기에 당뇨병 예방에 좋은 분자이기도 하다. 다행이 비만인 쥐에서 PPAR-γ의 농도를 조금 낮추면 쥐의 지방 세포 수를 줄이고 인슐린 감수성도 높여주거나 유지할 수 있다는 사실을 확인했다. PPAR-γ를 효율적으로 억제할 수 있는 분자를 찾아 본 결과 우리는 T0070907이란 분자를 사용하기로 판단했다.

PPAR-γ를 찾는 과정에서 PPAR-γ와 같이 비만을 유도하는 분자를 추가로 하나 더 찾았다. 11β-히드록시스테로이드 디하이드로게나제라고 하는 효소이자 단백질이었는데, 이 분자를 억제하면 코르티졸이라는 호르몬 분비를 줄일 수 있다. 코르티졸 분비를 줄이면 글루코코르티코이드의 양이 줄어들어 비만이 유발하는 대사 증후군을 예방한다. 더불어 이 효소를 억제 시 몸에 좋은 콜레스테롤인 HDL 분자가 늘어나고 혈당량이 줄어서 당뇨병 예방에도 적절하다. PPAR-γ 억제자가 비만을 줄이는 분자라면 11β-히드록시스테로이드 디하이드로게나제 억제자는 비만의 증상들을 줄일 수 있었다. 이 두 억제자들을 함께 인간 몸에 투여하면 비만을 줄이는 효과와 함께 환자의 안전을 보장할 수 있는 약이 될 거라고 생각했다. T0070907와 비슷하게 11β-히드록시스테로이드 디하이드로게나제를 효율적으로 억제할 수 있는 분자를 찾아 본 결과 우리는 PF915275란 분자도 같이 사용하기로 했다.

이렇게 순탄하게 진행되던 프로젝트는 중간고사 직후 급격한 변화를 맞게 되었다. 조원들 중 나와 동갑이었던 용수가 프로젝트 발표를 3주 앞두고 갑자기 연락두절이 되었던 것이었다. 조 모임뿐만 아니라 강의에도 나오지 않았다. 지속적으로 전화와 문자로 연락을 했지만 묵묵부답이었다. 며칠 후, 조 전체가 걱정하는 와중에 문자 한 통을 받았다.

"준아 미안하다. 복학한 이후 심적으로 많이 힘들었고 고심 끝에 내게 휴학이 옳다고 판단했어. 미안하다."

비록 억제자 분자들을 정했지만 제일 중요한 투여 방식을 정하지 못한 상태였고, 조원들이 모두 밤을 새도 모자를 판에 용우가 포기를 선언한 것이었다. 물론 친구의 정신 건강이 우선 걱정되었지만 한편으론 그 친구에 대한 원망도 컸다. 다른 조에 비해 인원이 한 명 모자라 다 같이 열심히 해도 부족한데 자신만 힘들어 나가는 것처럼 보였기 때문이었다. 이 프로젝트 때문에 조원들 모두 밤잠을 설쳐가며 프로젝트 준비를 한 날들이 수두룩한데 용우의 몫을 추가적으로 떠맡게 되어 우리 조는 매우 어려운 상황에 직면했다. 너무 힘든 상황에 처한 나머지 나는 소위 말하는 멘탈 붕괴 상태가 되었다. '어차피 망하는 프로젝트 대충하자'는 마음의 소리가 자주 들리곤 했다. 그러나 07학번 선배가 '해낼 수 있다'는 긍정적인 마음을 갖도록 조 분위기를 유도하였기에 나도 후회 없이 최선을 다하자는 마음으로 집중해서 프로젝트에 임했다.

억제자 분자들을 인간 몸에 어떻게 투여할지가 제일 어려운 고민이었다. 우리 몸은 면역이 발달되어 몸에서 분비되지 않은 분자가 체내에서 발견되면 면역 세포들은 이 분자들을 바로 분해시켜 오줌이나 대변을 통해 방출한다. 또한 우리의 목표는 지방 세포여서 지방 세포에 효율적으로 접근할 수 있는 분자나 방식이 필요했다. 우리 몸을 이루고 있는 다양한 세포들은 핵이 있어서 진핵세포로 분류된다. 이러한 진핵세포를 유전적으로 형질 전환을 시키는 것이 가능한데, 바로 리포펙타아민lipofectamine이란 분자를 이용하는 것이었다. 허나 이 리포펙타아민은 DNA를 리포좀liposome으로 만들어 타깃 세포 내로 유입하는 수송 세포인데 효율성이 높지 않았다. 다른 방법을 찾던 도중 논문에서 펩타이드인 LMWP를 소개한 논문을 읽게 되었다. 이 펩타이드는 특이하게 지방 세포 내로 유입된다는 결과가 있었고, 유입 시 생체 내에 해로운 영향을 끼치지 않다고 검증이 된 분자였다. 더불어 리포펙타아민에 비해 세포 내에 주입시키고 싶은 분자들을 이송하는 효율성이 매우 높아서 우리는 두 억제자들을 이 펩티드와 함께 결합하여 인간에게 투여하는 것으로 발표하기로 결정하였다.

"발표는 훌륭했는데……. 굳이 이 두 억제 분자들을 함께 넣을 필요가 있었을까? 그냥 따로 투여해도 효과가 같지 않을까?"

발표 이후 질의응답 시간에 김학성 교수님께서 던지신 질문이었다. 유일무이함을 너무 추구해서였을까? 우린 생각지도 못한 간단한 질문에 답을 하지 못한 채 내려왔다. 돌이켜 보면, 교수님 질문에 답을 하지 못해 마무리가 매우 아쉬웠던 프로젝트였다. 허나, 이 과제를 통해 학부생으로서 생소했던 논문들을 지속적으로 읽다보니 논문 읽기가 편해졌고 물론 생명과학도로서 첫 걸음을 뗀 내게 많이 부족한 것을 느끼게 하고 더 배워야겠다는 마음가짐을 확고히 한 계기가 되었다. 프로젝트를 완성하는 과정이 순탄치 않았지만 나로서는 얻은 것들이 많았기에 나는 생명공학개론 프로젝트가 카이스트에서 잊지 못할 과제였다고 생각한다.

김학성 교수님 (생명과학과)

Q 교수님께서 수업을 통해 학생들을 가르칠 때 가장 중요하게 생각하시는 것이 무엇인가요? 교수님의 수업을 통해서 학생들이 배웠으면 하는 점이 무엇인가요?

A 내가 중요하게 생각하는 것은 남들과 다르게 생각하는 능력이에요. 한 학기는 학생들이 획기적인 아이디어를 내기엔 너무나 짧습니다. 하지만 남들과 '조금이라도' 다르게 생각하는 연습을 해보라는 겁니다. 나는 학생들이 내 수업을 통해서 그런 능력을 길렀으면 좋겠어요.

많은 학생들이 다른 수업에서는 관심 있는 논문을 읽고 간단하게 요약하는 term project를 해보는 것 같아요. 학생들은 이런 걸 굉장히 잘하죠. 그런데 사실 science나 engineering에서는 독창적인 아이디어를 내는 게 중요하지 않습니까? 요즘에는 거의 모든 분야에서 그렇죠. 하지만 새롭고 창의적인 아이디어는 금방 나오는 것이 아닙니다. 연습이 되어 있어야 합니다. 그래서 나는 학생들에게 term project를 하면서 아주 작은 것이라도 좋으니 기존의 사람들과 조금이라도 다르게 생각해 보라고 합니다. 많은 학생들이 주어진 지식을 익히는 데에는 매우 뛰어나지만 남들과 다른 생각을 하는 것은 어려워해요. 하지만 아이디어를 창출해내는 능력도 노력하면 기를 수 있습니다.

Q 교수라는 직업엔 어떠한 매력이 있나요?

A 많은 사람들과 다른 방식으로 생각하고 아이디어를 끊임없이 발전시켜 나가면서 느끼는 성취감이 매력인 것 같아요. 새로운 것을 창조해 내는 것이 쉬운 일은 아니고 또 만들어 내려는 것이 새로우면 새로울수록 많은 노력이 필요하지만, 성공했을 때엔 그만큼 큰 성취감을 얻을 수 있답니다. 그리고 젊은 대학원생들과 계속해서 연구할 수 있다는 점도 교수라는 직업의 매력 중 하나이죠. ^^

Q KAIST를 꿈꾸는 학생들에게 몇 마디 말씀을 해주신다면?

A 나는 학생들이 도전정신을 가지고 KAIST에 왔으면 좋겠어요. '많은 사람들이 가고 싶어 하니까 나도 가야겠다.'는 생각보다는 '나는 조금 힘들더라도 남들과는 다른 연구에 직접 뛰어들어보고 싶다.'는 도전정신이 있어야 한다고 생각해요. 사람이 일을 하다보면 잘 될 때도 있고 안 될 때도 있죠. 연구도 똑같아요. 안 될 때가 굉장히 많아요. 실패가 없는 실험은 있을 수가 없죠. 실패를 이겨낼 수 있는 건 바로 도전정신입니다. 내가 평생 동안 그 분야에 도전해서 무언가를 이루겠다는 큰 포부가 있어야 해요.

많은 학생들이 두려워해요. '너무 많이 고생하지 않을까? 많이 어렵지 않을까? 겁내지 말아요. 포부가 있다면 겁을 낼 필요가 없죠! 그 젊은 나이에 못할 게 무엇이 있겠습니까? 도전해 보세요.

미래를 보는 수업
「미래사회와 과학기술」

신소재공학과 11 신민규

나는 카이스트 신소재공학과에 재학 중인 학생이다. 어린 시절 꿈도 없고 놀기만 좋아했던 나를 생각하면 내 스스로도 가끔은 이 사실이 신기하면서도 믿기지 않는다. 내가 카이스트에 진학할 수 있었던 것은 이루고 싶은 꿈을 갖고 열심히 노력했기 때문이다. 내가 꿈을 갖게 된 것은 어쩌면 역설적이게도 '꿈이 없어서'였던 것 같다. 꿈이 없던 나는 공부밖에 할 것이 없는 상황에 처해 있었다. 어머니께서는 스트레스성 질환으로 한쪽 귀가 잘 안 들리신다. 고등학교 시절 어머니 속을 더 이상 썩이지 않고 나중에 성공해서 꼭 제대로 된 치료를 받게 해드리기 위해 공부를 시작했었다. 그렇게 공부를 하면서 과학에 흥미를 갖게 되었고 나에게도 과학자라는 꿈이 생겼다. 단지 과학자가 아닌 스타 과학자가 내 꿈이었다.

　나는 황우석 박사님께서 줄기세포를 만들었다고 발표했을 때 크게 놀랐다. 나는 그때 줄기세포가 무엇인지조차 몰랐다. 줄기세포가 만들어졌다고 놀란 것이 아니라 황우석 박사님의 팬클럽이 생길 정도로 인기가 하늘을 찔렀기 때문이었다. 비록 그것이 조작된 논문이라고 발표된 후 황우석 박사님의 인기는 안타깝게도 사그라졌지만, 이는 과학자도 유명해질 수 있다는 것을 방증하는 일이었다. 이때 너도 나도 서로 과학자가 되겠다고 했던 것이 아직도 생각난다. 나는 스타 과학자가 탄생한다면 사람들이 과학에 더 많은 관심을 갖게 되고, 대한민국 과학이 발전될 수 있을 것이라고 믿는다. 과학자가 되어서 무엇을 하겠다는 구체적인 꿈은 없었지만 대학에 가고 대학원에 가서 열심히 연구한다면 인기는 알아서 얻을 것이라고 생각했다. 그렇게 스타 과학자가 되어서 우리나라 과학을 발전시키는 데 한 획을 긋는 것이 내 꿈이다. 이 세상에 태어났으면 이름이라도 남기고 가야 한다고 생각했던 것 같다. 이런 생각을 하거나 노벨상을 받고 수상소감을 발표하는 내 모습을 상상하며 내 꿈을 그려 나갔고, 그 꿈을 이루기 위한 노력의 결과로 결국 카이스트에 입학할 수 있었다.

　그러나 대학에 입학하자 내 노력에 대한 보상심리가 작용해, 꿈은 잠시 뒷전으로 미루어두고 한없이 새로운 경험을 찾아 놀러만 다녔다. 고등학교 때 열심히 공부했으니 실컷 놀아보자고 생각했다. 사실 놀고 싶어서 노는 것도 있었지만 공부를 하기 싫어서 논 것이 더 맞는 말 같다. 일반물리를 가르치셨던 물리학과 공홍진 교수님께서는 이런 말을 하셨다. "대학교 1학년 때 놀면 대학교 4년을 후회하지만, 대학교 1학년 때 놀지 않으면 평생을 후회한다." 이 말은 매일 놀면서 지내라는 뜻보다는 대학교 1학년을 뜻 깊게 보내라는 뜻이다. 하지만 나는 이를 내 자기합리화를 위해 썼다. 후회는 하지 않는다. 대학교 1학년 시절에 지겨울 만큼 여행도 많이 다녔고 하고 싶은 일도 많이 했었다. 그렇지만 다시 본래의 궤도에 진입할 자신이 부족했기 때문에 이미 늦었다고 생각했다. '시시포스의 바위'는 바위를 지탱하는 손을 한번 놓으면 바위는 곧장 내리막길로 굴러 떨어진다. 이를 다시 올려놓기 위해서는 또다시 큰 힘이 필요하다. 대학생 1학년, 나는 꿈이라는 바위를 지탱하는 손을 놓쳤고 바위는 내리막길로 떨어졌다. 2학년이 되어 전공을 정하였지만 꿈에 대한 확신이 없었다. 공부가 부족하니 성적이 잘 나오지 않았고 이공계가 나와는 맞지 않다고 생각했다.

2학년 봄 학기 수강 신청 도중 나는 과학기술정책학 부전공 프로그램(STP)이 있다는 것을 알게 되었고 정책학이라는 인문학적인 성격이 있는 학문에 대한 동경 비슷한 감정으로 '미래사회와 과학기술'이라는 과목을 신청하게 되었다.

이 수업을 가르치는 교수님은 '정윤' 교수님이셨다. 교수님의 첫인상은 자상하게 웃으시며 학생들 하나하나 안부를 물으시는 것이 굉장히 여유로워 보였다. 교수님은 카이스트 재료공학 석사를 하셨고 전 과학기술부 차관이셨으며 한국과학창의재단 이사장이셨다. 현재 교수님께서는 한국과학영재학교의 교장으로 계신다고 한다. 과학기술부 차관을 하셨던 분께 내가 한 학기 동안 수업을 듣게 된다는 것이 믿기지 않았고 한편으로는 걱정도 많이 되었다. 굉장히 기준이 엄격하거나 학생들과는 심리적인 거리가 있을 것이라는 편견이 있었다. 과제나 시험의 기준이 높아 난이도가 어려울 것이라고 생각했고, 학생들도 왠지 다들 유식해 보여 수강철회를 몇 번이나 고민했었다. 그러나 그 생각은 그리 오래가지 않았다. 교수님께서는 학생들에게 거리감 없이 친근하게 다가와 주셨다. 한 반에 30명 정도의 학생이 수업을 들었는데 교수님께서는 학생들의 이름 하나하나를 모두 외우고 심지어 학생의 연애사 같은 일상적인 일에도 관심을 가져주셨다. 내게도 같은 재료공학과 후배라고 하시면서 먼저 대화를 건네며 다가와 주셔서 적잖게 감동하고 감사했던 기억이 남는다.

내게는 노랑머리라는 별명을 붙여주셨고 머리를 자르면 스타일이 바뀌었다고 하실 정도로 관심을 가져주셨다. 또 학기가 끝나고 나서도 설날이나 추석 등의 명절 혹은 종강 시즌에 교수님께서 먼저 문자를 보내시면서 안부를 물어 주시고는 했다. 나는 당연히 단체 문자일 거라 생각했지만 재료공학과 후배라는 말이 들어가 있었기 때문에 그것이 내게만 보낸 개인 문자였음을 알 수 있었다. 나는 교수님을 어렵게 생각해서 먼저 선뜻 다가가지 못했지만 교수님께서 먼저 다가와 주셔서 정말 감사했고 한편으로는 죄송했다.

교수님께서는 일주일에 많은 일이 있지만 그중에 하루 3시간 수업하는 그 시간이 가장 행복하다고 하셨다. 사실 나는 대학교 수업에서 교수님과의 정을 느껴본 적이 많지 않았다. 물론 그 전에도 학생들에게 친근한 교수님들이 많이 계셨지만, 나는 한 학기를 배우면서 교수님이 내 이름을 알거나 내 존재를 기억하지 못할 것이라 생각해 큰 인연이라고 생각지 못했었다. 하지만 교수님께서는 일주일에 한 번 3시간씩 만나는 그 시간을 가장 행복한 시간이라 여기시고, 우리와 맺는 인연에 대해 소중하게 생각하셨다.

　수업 도중에 교수님께서는 가끔 본인의 경험을 이야기해 주셨다. 나는 과학기술정책에 크게 관심을 가지고 수강한 것이 아니기 때문에 수업 내용보다는 교수님께서 해주시는 이야기가 더 오래 기억에 남았다. 교수님께서는 경험을 되도록 많이 해보고 거기에 푹 빠져서 배워보라고 하셨다. 또 자신이 태어나서 자란 고향에 대해서 3분 이상 혼자 영어로 스피치를 할 수 있을 만큼 알아야 한다고 하셨다. 나는 경험을 중요시하는데 그러한 생각이 나와 어느 정도 비슷하다고 생각했다. 다른 점이 있다면 교수님께서는 그 경험을 바탕으로 발전해 나가셨다면, 나는 그 경험들을 하느라 공부에서 멀어지고 지난 세월만을 탓하고 있었다. 나는 내가 잠시 잊고 있었던 꿈에 대해 진지한 고찰을 하게 되었다. 내가 겪었던 다양한 경험들은 먼지가 되어 날아간 것이 아니라 내 성장의 밑거름이 되어 꿈을 이루는 데 도움이 될 것이라고 생각하였다. 지난 세월을 탓하기보다는 그 세월 속에서 나만이 얻을 수 있었던 경험을 바탕으로 발전해 나가야겠다고 생각했다. 또한 굳이 그러한 경험들이 내 꿈을 위한 발전에 도움이 되지 않는다고 하더라도 언젠가는 도움이 될 것이라고 생각하고 지난 시간을 탓하지 않으니 세상이 달라 보였다. 그렇게 내 꿈에 대한 회의감과 매너리즘 속에서 빠져나올 수 있었고 좀 더 나의 발전의 길에 집중을 하며 걸을 수 있게 된 것 같다.

이 수업에서는 '미래사회와 과학기술'이라는 큰 주제를 가지고 인류의 발전과 과학기술, 21세기 세계 질서 변화, 지구와 인류의 현안, 과학기술과 미래 예측, 우리나라 과학기술 인재육성 정책, 세계 1등 가치 창출이라는 6가지 주제에 대해 공부하였다. 과거와 현재의 정책으로 인한 세계 정세에 대해 공부하고 미래 정책 방향은 어디로 나아가야 할지에 대해 알아보았다. 과제는 개인보고서 2개, 조별 발표 1개로 총 3개가 주어졌다. 수업을 들으면서 과제를 했던 기억이 오래 남는 적은 극히 드문데 이 과제에 관한 기억은 아직도 생생하다.

그중 가장 기억에 남는 과제는 조별 발표였다. 조별 과제는 임의적으로 배정된 6명의 조원들이 모여 인류와 지구 현안의 문제점을 해결할 수 있는 차세대 기술에 대해 생각해 보고 기술을 도입하기 위해 사업계획서를 작성하고 발표하는 것이었다. 우리 조는 완벽한 성비로 남학생 여학생 3명씩 구성되었는데 지식산업 쪽 박사과정을 하고 계신 형과 한양대에서 편입하신 형 그리고 생명화학공학과, 신소재공학과, 건설 및 환경공학과의 여학생들이 있었다. 그중에 박사과정을 하고 계신 분은 낯이 익었는데 알고 보니까 1학년 때 수강했던 디자인 수업의 조교님이셨다. 조모임뿐만 아니라 모르는 사람들이 만나면 처음엔 어색한 분위기 속에서 모임이 이뤄진다. 이런 분위기에서는 팀워크가 제대로 발휘될 수가 없다. 그렇기 때문에 이런 조모임에서 친목 또한 하나의 과제였다. 우리는 과제를 시작하기 전에 서로에 대해 얘기를 나누면서 친해질 수 있었다. 그리고 과학도서관 세미나 룸에 모여 서로가 조사해온 인류와 지구의 현안 문제에 대해 토의를 나누었다. 역시 서로가 생각하고, 하고 싶어 하는 것은 천차만별이었다. 크게 4가지 분야에 대해서 다루었는데 물 부족 문제, 보건의료 분야의 질병 문제, 에 너지 고갈 문제, 식량 문제가 있었다. 6명이서 다수결로 주제를 정하자 니 표결이 몰리지 않아 투표로도 주제를 선정할 수 없었다. 또한 자신 이 잘 할 수 있을 것 같은 주제를 고르고 싶었기 때문에 좀처럼 주제를 고르기 힘들었다.

결국 우리는 과제가 이 문제를 해결할 만한 기술을 생각해내고 그 기술을 도입하기 위한 사업계획서를 작성하는 것이기 때문에 어떤 문 제를 선택할까 생각하기보단 우리의 기량 선에서 가장 기술을 생각해 내기 쉬운 주제가 무엇일지에 대해 생각을 하였다. 우리가 기술에 대 해 가장 배경 지식이 많은 분야가 질병 분야였다. 질병을 본질적으로 분석하는데 필요한 것이 무엇인지에 대해 여러 의견이 나왔는데 DNA 로 인한 유전병에 초점을 맞추기로 했다. 시작이 반이듯 하고자 하는 바가 명확히 제시가 되면 보다 수월하게 진행을 해나갈 수 있다. 조모 임은 임의의 사람들이 모여 다양한 의견을 조율하여 하나로 합쳐내는 작업이기 때문에 모두의 의견을 적절히 수용하여 조원들이 모두 만족 할 만한 결론을 도출해내는 것이 가장 중요했다. 조원이었던 분들 모 두 다른 사람들의 의견을 받아들일 줄 알고 자신의 의견을 굽힐 줄 알 았다. 그런데 하고자 하는 바를 명확히 제시하는 데 문제가 있었다. 서 로 양보하고 이해해 주면서 큰 갈등은 피했지만 누구도 한 주제를 끝 까지 밀지 않아 다 같이 가고 있는 방향임에도 불구하고 서로 다른 방 향을 생각했던 것 같다. 다음 모임에서는 유전병과 DNA에 대한 배경 조사를 각자 해온 뒤에 생각해온 기술들을 한 명씩 발표했다. 그런데 각자 다 다른 방향으로 해석한 것이었다. 어떻게 보면 그 다양함 중에서 선택을 할 수 있으니 오히려 좋을 수도 있었다. 결국 유전자 카메라 기술을 이용한 '휴대용 DNA 구조 분석기기 기술 개발 사업'으로 정했다. 조 내에서 2명씩 팀을 나누어 사업계획서에서 항목별로 파워포인트를 만들어 오기로 했다.

그러나 사람이 모이면 갈등은 생기기 마련이다. 이렇게 나누어서 프로젝트를 진행하니까 서로가 그 기술에 대해 다르게 이해를 하고 있어서 난관에 봉착하였다. 기술에 대해 충분한 대화를 나누지 못한 부작용이었다. 나와 팀을 이룬 분은 내 지식수준이 그분보다 모자라서 나를 볼 때 많이 답답했을 것이다. 심지어 나는 과제를 제때에 하지 못한 적도 있었고, 다른 팀에서 독자적으로 모든 파트를 해 나가는 바람에 처음의 의도와는 다르게 과제가 엉켜 뒤죽박죽이 되어 있었다. 결국 과제들을 합치는 과정에서 큰 수술을 거쳐야만 했다. 직접 말은 안 했지만 표정들이 좋지 않았다. 우리는 쉬어가는 시간으로 술을 마시면서 얘기를 하자고 했다. 술자리가 익어가니 자연스레 서로에 대해 더 가까워질 수 있었다. 다시 힘내서 마음을 다잡고 과제에 집중해서 갈등을 해결할 수 있었다. 우리는 결국 고난을 극복하고 발표를 만족스럽게 마쳤다. 뿌듯함이 밀려왔다. 뒤풀이도 하며 그 간의 갈등을 풀고 좋은 인연을 얻었다. 조모임의 묘미는 이런 데 있는 것 같다. 사람은 혼자서만 살아갈 수 없고, 요즘처럼 정보가 넘치고 복잡한 사회에서는 혼자서 프로젝트를 하는 일도 드물다. 사람들과의 협업이 중요한 시대에서 조모임 과제는 사회에 나가기 전에 미리 연습하는 것과 같다. 의견을 조율하고 맞춰나가면서 최상의 아웃풋을 뽑아내는 일은 쉽지 않은 일이다. 하지만 이를 해냄으로써 세상을 살아갈 수 있는 힘과 자신감을 얻는 것 같다. 그렇게 자축의 의미로 와인 바에 가서 이제껏 못했던 말들도 하며 유종의 미를 거두었다.

학기가 거의 끝나 갈 때 우리는 환송회를 열었다. 교수님께서 환송회에 오면 대한민국 최초의 우주인인 이소연 박사님도 볼 수 있을 것이라고 하셨다. 교수님의 약속을 못 믿은 것은 아니지만 실제로 이소연 박사님을 사석에서 볼 수 있을 줄은 몰랐다. 중학생 때 방학숙제로 이소연 박사님에 대해서 조사하였는데 이렇게 이소연 박사님을 술집에서 보다니 신기했다. 그냥 와서 인사만 하시고 가실 줄 알았는데 술도 같이 마시고 "마셔라 마셔라 술이 들어간다!" 하면서 술 게임도 했다. 생각해 보면 이소연 박사님도 우리와 똑같은 학생이었고 같은 길을 먼저 걸어간 선배님이셨다. 남들보다 더 열심히 하였기에 최초의 우주인이 될 수 있었고 자연스럽게 인기도 올라간 것이다. 이소연 박사님 같이 스타 과학자가 되는 것을 인생의 모토로 잡고 나 또한 열심히 해보기로 마음먹었다. 아마 이소연 박사님을 다시 뵙는 그 자리에서는 나도 스타 과학자가 되어 있을 것이라고 상상해 본다. 그렇게 이소연 박사님과 교수님께서 좋은 얘기도 많이 해주셔서 시간가는 줄 몰랐다.

꿈을 뒷전으로 미뤄두고 포기하려던 내게 이 수업은 다시 꿈을 되찾을 수 있는 힘을 갖도록 해줬다. 나는 많은 시간을 허비하였고 다시 원래의 궤도로 돌아가기에는 이미 늦었다고 생각했다. 전공 공부를 할 때마다 내가 이 길을 계속 걷는 것이 맞는지 의심이 되고 다른 길로 가고 싶다는 충동 때문에 공부에 집중을 할 수도 없었다. 하지만 그런 생각은 내가 힘들지 않기 위한 자기합리화일 뿐이었다. 만약 내가 다른 길로 간다면 그것이 더 늦은 선택이지 않은가. 다른 길로 가는 것이 안 좋은 선택은 아니다. 다만 나는 정말 다른 길로 가고 싶기 보다는 현재 나에게 닥친 어려움을 피하기 위한 도피처를 찾는 행위였을 뿐이라는 것을 깨달았다. 내가 대학교 생활을 보내면서 혹은 여태껏 살아오면서 겪었던 경험들은 어떻게든 나에게 영향을 준다. 내가 허비한 시간은 없다는 것이다. 그런 고민을 했다는 것 자체만으로도 다시 이 길을 선택하게 되었을 때 이 길에 확신을 가지는 데 영향을 준 것처럼 말이다. 이제 앞으로 나는 내 꿈인 스타 과학자가 되기 위해서 모든 노력을 다할 것이다. 내가 바라는 스타 과학자는 단지 유명해지는 것보다는, 내 어릴 때처럼 나를 동경해 과학자를 꿈꾸는 아이들이 생기고 과학자로서의 입지를 넓힐 수 있는 것이다.

이 글을 쓰는 지금도 그 꿈에 대해서 다시금 방향을 잡고 확신을 할 수 있었다. 비록 이 강의를 듣고 꿈을 찾는 것이 교수님의 의도는 아니었을지라도 교수님께서 해주신 말들과 강의실에서 만난 사람들은 내게 다시 열심히 해보고 싶은 마음을 갖게 해주었다. 이 수업이 전공 수업이 아님에도 가장 기억에 남는 강의였던 이유가 여기에 있다. 단지 수업 내용만 배우는 것이 아니라 세상을 살아갈 수 있는 힘과 그러기 위해 필요한 생각하는 힘 그리고 사람들과의 유대감처럼 소중한 것들을 얻는 강의였기 때문에, 이 강의를 카이스트의 명강의 중 하나라고 생각한다. 이 글을 쓰면서 그 당시 작성하였던 파일들과 교수님의 파워포인트 파일을 보니 또다시 가슴이 벅차오른다. 나는 이 강의를 들었던 대학생 시절의 2학년 봄 학기를 잊지 못할 것이다.

지금 여기, 카이스트,
「대덕연구단지의 어제와 오늘」

화학과 10 박준우

내가 이 학교에서 인상 깊게 들었던 강의를 설명하기 전에, 우선 내가 살아온 과거에 대해서 조금 길게 이야기할 필요를 느낀다. 내가 이 글을 쓰는 이유는 단순히 강의에 관해 이야기만 하는 것이 아니라, 사람이 자신이 자리 잡은 지역과 어떻게 관계를 맺으며 살아가야 할지를 같이 고민해 보기 위함이기 때문이다.

내 고향은 우리 학교가 자리 잡고 있는 대전이다. 아버지의 첫 직장이 대전에 있었기에, 원래 경상도에 살던 우리 가족은 연고 없는 대전으로 이사를 왔고, 그렇게 이사를 온 지 얼마 되지 않아 내가 태어났다. 그 뒤로 대전에서 초등학교를 나오고, 같은 동네의 중학교에 입학할 때까지만 해도 나는 우리 가족이 계속 대전에서 살 줄 알았다. 아쉽게도 중학교 2학년 여름방학 중에 갑작스럽게 이사를 하게 되면서 나는 정든 대전 땅을 떠나 연고도 없는 다른 지역으로 가게 되었다. 기쁜 일 슬픈 일 다 겪으면서 성장했던 그곳을 떠나기란 참으로 쉽지 않았다. 이사를 한다는 말을 들었을 때 가족끼리 갑천에 가서 돗자리를 깔고 고기를 구워먹던 추억, 초등학교에서 영어 연극부에 들어가 시 대회에서 상을 받았던 기억, (지금은 무용지물이 되어버린) 꿈돌이랜드에서 눈썰매를 타던 추억, 연구단지의 운동장에서 단체 야유회를 즐겼던 추억, 한때 학교에서 따돌림을 당했던 것을 극복하고 다시 친구들을 사귄 추억들이 내 머릿속을 주마등처럼 스쳐갔다. 애석하게도 이사를 한다는 것이 방학식을 하고 난 뒤에 확정되는 바람에 휴대전화도 없고 메신저도 제대로 안 했던 나는 그때까지 사귀던 친구들과 연락이 모조리 끊기고 말았다. 감정을 다 정리하기도 전에, 나는 인사조차 없는 이별을 경험해야 했다.

대전을 다시 본격적으로 방문하게 된 것은 고등학교 1학년 겨울방학 때 카이스트 창의적 글로벌 리더 캠프(창글리 캠프)에 참여할 기회를 잡으면서였다. 방학 중에 단순히 공부만 하는 것 외에 조금 더 의미 있는 활동을 하고 싶었기에 나는 고민 없이 이 캠프에 참가하였다. 사실 어릴 때 대전에서 꽤 지냈기에 대덕연구단지의 각종 시설, 국립중앙과학관, 엑스포 과학공원, 그리고 충남대 자연과학대 건물 정도는 익숙했지만, 카이스트 캠퍼스를 제대로 거닌 건 처음이었다. 아무튼, 이

창글리 캠프를 통해 나는 본격적으로 카이스트를 돌아볼 수 있게 되었다. 대전역으로 향하던 나의 마음속에는 카이스트라는 학교를 가본다는 마음 외에도 다시 그리운 그곳, 대전으로 돌아간다는 마음이 모락모락 피어나고 있었다. 대전역에 도착하여 카이스트로 가는 버스를 탈때도, 차창 밖으로 내가 살았던 아파트를 보며, 또 참 놀기 좋았던 갑천을 보면서 내가 다시 이곳으로 돌아왔구나 하는 생각이 떠나질 않았다. 더불어 캠프에서 연락이 끊겼던 중학교 시절 친구들을 다시 만나기도 하였다. 이 캠프를 통해서 내 삶에서 끊어져 버렸던 '대전'이라는 연결고리를 살려낼 수 있었던 것이다. 아마도 그 이후 카이스트로 오겠다는 결정을 하게 된 이유 중에는 단지 몇 문장으로는 표현할 수 없는 대전에 대한, 그때까지도 식지 않았던 애정도 있었지 않았나 싶다.

아무튼, 과학고에서 나름대로 입시를 거치면서 나는 카이스트에 입학하게 되었다. 대전이라는 공간에서 전국 각지에서 온 수많은 이들과 함께 생활하게 되다니, 이 얼마나 익숙한 곳에서의 새로움인가. 그렇게 나의 대전 복귀는 이루어졌다.

아마 고등학교 동기들과 나 사이의 현격한 차이를 느끼기 시작한 것은 이때부터가 아니었나 싶다. 대전이라는 도시가 어느 정도 익숙해서 그랬는지 대전에서 살아가는 데 별 불편함을 못 느꼈던 나와 달리, 대부분 친구들은 "대전 재미없다"라는 식의 말을 자주 했다. 대전이 싫다며, 또 이 학교가 재미없다며, 자기는 빨리 졸업해서 이 대전 땅을 떠나겠다는 친구도 있었으니 더 길게 설명할 필요는 없을 것이다. 어찌 보면 당연한 반응이었다. 서울이라는 한 나라의 수도가 제공하는 수많은 볼거리와 편의시설을 대전이라는 도시가 따라갈 수 없는 것이 당연한 이치리라. 그러나 나는 사람이 살아가는 데 있어서 밤거리를 수놓는 화려한 형광등 불빛과 네온사인이 필요하다고는 생각하지 않았고, 사람에게 더욱 중요한 것은 그러한 외적인 요소가 아니라 '이곳에 대한 애착심이 얼마나 있는가'라고 생각했다. 시험이 끝나고 여유로울 때면 낡은 자전거를 타고 갑천의 자전거 도로를 질주하며, 또 내가 어릴 적 거닐었던 곳을 다시 가 보면서 내가 어느새 이만큼 커 버렸다는 사실을 느끼기도 했다. 연구단지 주변을 돌아다닐 때는 우리 가족들이 놀러 오던 곳이 이런 곳이었다는 사실도 재발견할 수 있었다. 그러면서 이 대전이라는 공간이 지금의 나를 있게 해준 곳이라는 사실을 다시금 되새길 수 있었다.

대전에 관한 이야기는 이 정도로 하고, 이제 강의 이야기를 해보자. 우리 학교의 교양 과목(사실 정확한 명칭은 '인문사회선택' 과목이지만, 학생들끼리는 편의상 이렇게 많이 부른다.)은 항상 수요에 비해 공급이 부족했던지라 룸메이트와 나는 2012년 봄학기 개강을 앞두고 좌절해 있었다. 아무리 수강 신청을 최대한 해도 추첨에서 죄다 떨어지다 보니, 혹시 교양 과목 중에 자리가 남아 있는 것이 있지 않을까 하며 룸메이트와 같이 컴퓨터를 붙잡고 있었다. 그런데 어느 날 룸메이트가 학기 개강을 앞두고 추가된 교양 과목들을 보다가 지금까지 보아 왔던 과목 중에 가장 신선한 이름의 교양 과목을 발견했다. 그 강의명인즉슨 '대덕연구단지의 어제와 오늘'. 강의계획표를 보니, 과제의 양은 학생들이 말하는 소위 '꿀교양'과는 상당한 거리가 있었다. 하지만 룸메이트와 이야기를 해보며 "우리가 나름 대덕연구단지와 밀접한 관계가 있는 카이스트 학생들인데, 이런 수업을 들어보는 것이 어떻겠냐?"라는 결론이 나서 수강 신청을 하게 되었다. 그리고 우리 둘은 무사히 수강 신청을 할 수 있었다. 어라? 우리 학교에서 교양 과목 수강 신청이 그렇게 쉬울 수가 있냐고? 이 과목은 그랬다. 아무도 수강 신청을 하려고 하지 않았기 때문이다.

개강 첫날에 수강 신청 변경 기간이 시작되었고, 나, 룸메이트 그리고 고등학교 동기 1명이 같이 이 수업을 듣기로 하고 수강 신청 버튼을 눌렀다. 수강 신청을 해놓고 첫 수업에 갔더니, 우리 학교의 '교양 대란'이 무색하게도 사람이 10명도 없었다. 최대 수강 인원이 60명이었기 때문에 많이 당황스러웠다. 비슷하게 개강 직전 새로이 개설된 다른 교양 과목은 이미 사람이 넘쳐서 난리였기에 다소 당황스러웠다. 교양 과목은 수강 인원이 15명을 넘지 못하면 폐강이 될 수도 있다는 말까지 들으니 마음은 더욱 심란해졌다. 오죽하면 내 페이스북에 '이 과목 15명 넘겨야 하니 이런 좋은 수업 들으러 오세요!'라는 글까지 쓰면서 본의 아니게 강의 홍보까지 했을까. 다행히 수강 변경 기간 막바지에 수강 인원이 15명을 넘겼고, 결국 최종 수강 인원 19명으로 학기 말까지 가게 되었다. 이 과정을 지켜보며, 내가 입학하면서 느꼈던 내 주변의 '지역사회에 대한 무관심'을 다시 한 번 뼈저리게 느꼈다. 대전은 고사하고 이 학교에 대한 애정조차 없는 학생들이 많은데, 대덕연구단지라고 하면 당연히 거리감을 느끼는 학생들이 대부분 아니겠는가.

사실 수강 인원이 모자라도 교수님의 의사에 따라 강의를 계속 진행할 수 있었지만, 아무튼 생사를 오락가락하는 것처럼 보였던 수업은 살아남게 되었다. 수업을 들으며 나름 과학고를 나왔고 또 대전과 인연이 깊다고 생각했던 나도 몰랐던 사실들이 너무나도 많았다. 우리나라의 과학기술사를 중심으로 수업이 진행되었는데, 이전에는 이름조차 생소했던 정부출연연구소에 대해서 많이 배울 수 있었고, 이 정부출연연구소를 대거 대전에 정착시키는 계획이 결국 우리가 보고 있는 대덕연구단지의 시초라는 사실을 배우게 되었다. 또한, 연구소뿐만 아니라 내가 속해 있는 카이스트라는 학교가 어떠한 과정을 통해 설립되었고 어떠한 과정을 통해 지금의 모습을 갖추게 되었는지 등에 대해서 알 수 있었다. 우리 학교가 1971년에 대학원 과정을 필두로 설립된 것은 잘 알고 있었지만, 학부 과정이 1986년에 한국과학기술대라는 이름으로 별도로 개교했다가 대학원 과정이 대전으로 이사를 오면서 합병되었다는 사실이나 우리 학교가 전두환 정권 당시 KIST와 한때 합병되었다는 사실은 내가 카이스트 3학년생이나 되어서야 수업을 통해서 알게 되었다.

수업을 들으면서 과제로 정부출연연구소에서 일하는 인물을 인터뷰하는 과제가 있어 조별로 각기 다른 연구소를 탐방할 기회가 있었다. 사실 이 과제가 아니었으면 나는 (학교 주변에 널려 있는 것이 연구소임에도) 대덕연구단지에 당최 무슨 연구소들이 있으며, 이 연구소들이 대체 우리 학교와 어떠한 관계를 맺고 있는지에 대해서 고민조차 해보지도 않았을 것이다. 과제를 위해 인터뷰와 여러 조사를 진행하고, 다른 조들의 발표도 들으면서 상당히 뼈저리게 이런 점을 느꼈다. 대덕연구단지는 외국의 과학도시 등을 모델로 하여 설립되고 계속해서 보완되고 발전해왔으며, 이런 국가적인 프로젝트는 대학, 연구소, 기업 등을 모아 연구개발에 상승 효과를 가져다 주고자 하는 목적이 있다. 수업을 통해서 이런 과제가 나오기 전까지는 이런 사실을 고민해 보지 않았다니. 나름대로 대전 출신이라고 자부해 오던 나였지만, 나 또한 그저 학교와 연구소의 어색한 분리를 너무나도 당연하게 생각했던 '지역사회에 보탬이 되지 않는, 그저 카이스트에서 공부하고 있는 학생' 중 한 명이었을 뿐이었다. 또한 나는 이 학교가 대전이라는 장소에 존재하기에 가지는 가치에 대해서도 전혀 생각해 보지 않았었다.

'모든 역사는 현재의 역사'라는 말이 있지 않던가. 카이스트라는 학교에 속한 구성원들이 자기 학교의 역사에 관한 수업을 들을 기회가 없었으니, 지금 자신이 속한 이 카이스트라는 공간이 대체 무슨 의미가 있는지, 무슨 가치가 있는지 고민할 기회조차 없는 것이 당연했다. 이 '좋은' 학교가 지역사회에서 어떠한 역할을 감당해야 하는지에 대해 고찰할 기회가 매우 적다는 것 또한 학교가 처해 있는 엄연한 현실이었다. 자기 성찰 없는 주인의식이 어디 있겠는가? 나는 어릴 때 살던 곳을 다시 가보며, 아파트 상가에 어떤 가게가 새로 생기고 없어졌는지, 나의 놀이터였던 갑천이 어떻게 변화했는지 보면서 '나'와 이 '대전'이란 공간이 어떻게 관계를 맺고 서로 변화되어 나가는지를 돌아보게 되었다. 이처럼 우리 학교의 구성원들이 학교를 소중히 여긴다면 이 학교의 과거와 학교가 주변과 어떻게 관계되어 있는지에 대해 자연스럽게 관심을 가지지 않을까?

사실 이 수업을 들었던 2012년 봄학기까지만 해도 나는 이 학교 구성원들이 학교에 대한 애착이 전혀 없다고 생각할 수밖에 없었다.

2011년, 학교가 겪었던 크나큰 아픔을 계기로 열렸던 비상학생총회에서 수많은 학생이 단지 '춥고 재미없다고' 비상학생총회장을 줄줄이 이탈해 버리는 광경을 나는 두 눈으로 똑똑히 보았다. 나는 이때 학내에 만연한 애교심의 부재와 극단적인 개인주의를 목격했다. 2011년에도 이랬는데 2012년에 들어와서도 별로 나아진 것이 없다니, 더는 희망이 없는 것만 같았다.

하지만 무언가 아주 조금씩 달라지고 있었다. 다들 그동안 방치되었던 학교의 상처를 보며, 아마 조금은 생각이 달라졌으리라. 나의 1학년 때와는 다르게 11학번부터 새터반 내에서 함께하는 활동이 부쩍 늘었다. 동아리 또한 개수와 활동 모두 증가하였다. '혼자'보다는 '함께'하는 정신이 다시 살아나고 있었다. 그리고 재미있는 사실은, 이 '대덕연구단지의 어제와 오늘'이라는 강의를 하신 교수님께서 2012년 가을학기에 개설하신 '한국사회와 카이스트' 강의는 내가 들었을 때와 달리 정원이 모자라 걱정하는 일은 전혀 없었다는 것이다. 학부생 1명으로서 단언하기에는 무리가 있겠지만, 이제는 이 캠퍼스에 부족했던 '우리 주변을 돌아보기'가 활성화된 것이 아니었을까 조심스레 생각해 본다. 2012년 가을에 열린 KAIST Art and Music Festival(KAMF)과 같은 행사에서는 공연을 즐기다거나 공예품을 팔거나 하는 등 학교가 대전 시민도 와서 즐길 수 있는 곳으로 탈바꿈하는 것을 볼 수 있었다. 평소에 대전 시민이 우리 학교 캠퍼스로 소풍을 오는 광경은 많이 봤지만, 이 정도로 학교 구성원들과 대전 시민이 같은 공간에서 즐겼던 행사는 없었지 않았나 싶다. 아직은 걸음마 단계지만, 이 학교가 단순히 '한국의 엘리트'들만이 아니라 우리 학교가 자리 잡은 '대전'이라는 도시 또한 품어낼 수 있다는 하나의 중요한 지표가 이 KAMF가 아닐까 싶다. 또, 생활협동조합이라는 '공동체 정신'을 되살리고자 하는 논의가 진행되는 것을 보며 깊은 인상을 받기도 하였다. 학교의 아픔은 비록 씻을 수 없는 과거가 되었지만, 이제는 정말 학교가 '나'뿐 아니라 '너', 그리고 '우리'를 돌아볼 수 있는 성숙의 과정으로 한 걸음 나아가고 있는 것이리라.

카이스트 학생들의
공부 방법

학습 시 지켜야 할 약속(공통)

예습보다 복습! 배운 직후 24시간 내에 복습하지 않으면 내 것이 될 수 없다.

학교나 학원에서 배운 내용은 듣기만 해서는 내 것이 되지 않는다. 배우고 난 뒤 최소한 2번 이상 이론을 보고 문제를 스스로 풀어보면서 나의 몸에 익숙하게 만들어야 한다.

문제를 풀고 채점한 것은 공부한 것이 아니라 내가 아는지 확인한 것뿐이다.

대부분의 학생들이 문제를 풀고 채점하여서 틀린 문제를 고치는 것을 공부라고 생각하는 경향이 있다. 하지만 문제를 풀고 채점하는 것은 내가 그 문제를 아는지 모르는지 확인하는 것에 지나지 않는다. 맞은 문제라도 미심쩍은 부분이 있다면 확인하고 틀렸다면 그 해당 단원이나 파트를 다시 공부하는 것까지 해야 공부를 했다고 할 수 있다.

과목별 학습법

국어

중학교 시절만이라도 최소 2주일에 책 1권씩은 읽도록 노력하라.

어른들이 하는 "책 많이 읽어라"는 틀린 말이 아니다. 중학교 때부터 읽은 책의 양이 고등학교 생활을 편하게 할지 고단하게 만들지 결정한다.

교과서와 선생님의 필기가 우선이다.

내신 시험의 출제자는 학교 선생님이기 때문에 어떠한 자습서보다도 우선해야 한다.

한자 공부를 게을리 하지 마라.

이왕이면 한자 자격증을 따는 것이 좋고 아니더라도 혼자서 한자를 조금씩 외우자.

영어

단어는 영어의 핵심!

고교영단어집을 하나 사서 하루에 정한 양만큼 꾸준히 외우자. 단어는 독해의 기반이다. 솔직히 고등학생 때는 단어에 투자할 시간이 부족하다.

문법은 독해를 위한 밑거름

문법은 수능과 내신 영어를 위해서는 꼭 필요한 부분이다. 학교 수업 외에 따로 고등학교 문법을 공부하는 것이 이후의 외국어 실력 향상에 큰 도움이 된다.

수학

문제는 반드시 자신이 손으로

시간이 얼마나 걸리든지 상관없다. 자신의 머리로 사고하고 손으로 푼다는 것이 중요하다. 오랜 시간이 걸려도 그렇게 풀었던 경험들이 모여 수학적 사고력과 창의력을 길러준다. 모른다고 바로 답을 보는 습관은 절대 금물!

양보다는 질

물론 많은 문제를 푸는 것도 좋지만 그 전에 먼저 한 문제마다 온 정성을 다해서 풀어야 한다. 이렇게 학습해야 문제를 많이 푸는 것도 효과가 생긴다. 양과 질 중에서 질이 우선이라는 것을 명심하자.

과학, 사회

암기는 탐구과목의 밑바탕

과학과 사회는 이해라고 하지만 사실 암기가 70% 정도 뒷받침해 주어야 하는 과목이다. 이론과 내용들을 암기한 후에 비로소 문제를 풀 수 있게 된다. 그러니 암기를 게을리 하지 말자 과목 자체가 그러하다!

독학보다는 주위의 도움을 받자

중학교 때까지 과학과 사회는 교과서와 문제지를 혼자 풀면 쉽게 공부할 수 있지만, 고등학교부터 탐구영역이 심화된다. 이때 혼자서 끙끙 대기보다는 인강과 같은 주위의 도움을 받는 것이 효율적으로 탐구영역을 대비하는 방법이다.

시간관리법

1. 절대 허투루 보내는 시간이 없도록 하자

나는 기숙사 고등학교에서 생활했기 때문에, 대부분의 학생들이 식당에서 기다릴 때나 화장실에서 볼 일을 볼 때조차 수첩을 들고 다니면서 단어를 외웠다. 영어나 한자를 수첩에서 써서 외워 다니기도 하고 심한 경우 기숙사에서 교실로 이동하면서 양치를 하기도 했다. 말하고자 하는 요지는 누구에게나 24시간이 동일하게 주어진다. 그 시간을 누가 얼마나 낭비하지 않는지가 고등학교 생활의 성공과 실패를 좌우한다.

2. 다이어리나 플래너를 쓸 때 공부할 양의 120%를 쓰고 그중에 최소 70%는 실천하도록 하자.

플래너나 시간 계획을 세워 봤으면 알겠지만 계획 따로 실천 따로이다. 그러나 이것은 66만 수험생 모두가 같은 처지일 것이다. 그렇기 때문에 얼마나 내가 세운 계획을 충실히 실천했느냐가 관건이다. 하지만 너무 널널하게 계획을 세운다면 실행률은 높겠지만 절대적인 공부양은 적을 것이고 너무 빡빡하게 세운다면 낮은 실행률을 보고 절망에 빠질 수 있다. 자신의 학습양을 측정해보고 120%로 세우도록!

3. 자기 전에 내일 할 일을 머릿속에 정리해 보고 잔다.

수험생 때뿐만 아니라 대학생이 된 지금에도 내일 할 일 또는 잠시 후의 일들을 머리에 그려본다. 시뮬레이션처럼 무엇을 어떻게 해야 할지를 구체적으로 생각하고 나면 그렇지 않았을 때보다 빠트리는 것이나 실수를 줄일 수 있다. 마찬가지로 오늘 공부하지 못했던 것을 반성하고 내일 계획을 머릿속에 세운다면 좀 더 빈틈없이 내일을 만들어 나갈 수 있다.

지금 말한 공부법과 시간 관리법은 자신이 실천하지 않으면 아무 소용 없다! 지금 이 시각부터 바로 실천 시작 고고!

카이스트 학생들의 공부 방법

1. '벼락치기'보다는 꾸준한 '반복' 학습으로 습관을 들이자.

벼락치기 방식으로는 절대 공부를 지속할 수 없다. 똑같은 양을 공부하더라도 벼락치기로 한 번에 많은 양을 공부하기보다는 조금씩 꾸준히 공부를 하는 것이 자신에게 도움이 된다. 중고등학교 때 공부하는 내용들이 한 번 보고 나면 다시는 볼 일이 없는 내용들이 아니라는 것을 명심하자. 특히 수학이나 과학과 같은 과목은 이전에 배운 내용을 토대로 응용된 지식을 배워나가기 때문에 차근차근 기초부터 다져야 끝까지 공부할 수 있다. 배운 내용을 완전히 자신의 것으로 습득하기 위해서는 '반복' 학습만 한 것이 없다.

학년이 높아지고 상위 학교로 진학할수록 공부양은 증가하고 암기력은 한계에 부딪히기 때문에 벼락치기 공부는 더더욱 힘들어진다. 꼭 단순히 암기가 더 잘된다, 오래 기억에 남는다는 이유가 아니더라도 학창 시절 몇 년 동안 지치지 않고 공부를 지속하기 위해서도 올바른 공부 습관이 필요하다.

2. 자기에게 맞는 공부 습관을 찾자.

공부에 관한 책을 보면 책마다 말도 다르고 따라 하기도 힘들어 보인다. 다들 어떻게 각자에게 맞는 공부 방법을 찾아서 그렇게 공부하는 걸까?

공부하다가 이해가 안 되면 우선 다음으로 넘어가서 한 번 훑어보는 학생이 있는 반면 반드시 이해하고 넘어가는 학생도 있다. 다른 학생들은 이해가 안 되는 부분을 따로 정리하여 다시 읽고 다시 정리하며 공부하기도 한다. 암기 방법은 훨씬 다양하다. 손으로 쓰면서 외우는 친구도 있고 여러 번에 거쳐서 지속적으로 암기하는 친구도 있다. 책을 읽은 다음 한숨 잔 뒤 다시 암기하는 학생도 보았다. 다음 날 어제 봤던 내용을 다시 읽는 식으로 되새김질하며 암기하는 것도 좋은 방법이다.

이렇게 다양한 공부 방법을 말하는 이유는 공부 방법에 정답이란 없다는 것을 알려주고 싶어서이다. 책에서 여러 공부 방법들을 소개하고 있지만 이것들은 학생들이 보다 자신의 공부 방법을 잘 찾을 수 있도록 도와주는 조언일 뿐이다. 중요한 점은 공부하는 습관이다. 초등학교, 중학교 성적이 중요한 게 아니다. 하지만 그 나이 때에 터득한 공부 습관은 평생 가며 나이가 들수록 습관을 바꾸기 더욱 어려워진다. 공부하는 학생에게 있어서, 자신의 공부 방법을 찾고 공부 습관을 들이는 것이 가장 중요하다.

3. 양보다 질이다

문제를 많이 푸는 데 성적이 나오지 않은 친구들에게 꼭 해주고 싶은 말이 있다. 나는 중학교 때 많은 문제집을 풀며 공부했다. 과목당 문제집을 세 권씩 풀었는데 오히려 성적은 떨어졌다. 나중에 틀린 문제를 확인하며 시험문제와 문제집에 똑같은 문제가 있는 것을 발견했다. 심지어 처음 푼 문제집에서 틀린 문제를 세 번째 문제집에서 똑같이 틀리고 있는 모습을 보면서 뭐가 잘못되었는지 알 것 같았다. 문제를 많이 푸는 것보다 틀린 문제를 확실히 알고 가는 것이 훨씬 더 중요하다.

4. 오답노트? 따로 만들지 마라!

틀린 문제를 확인해라, 오답노트를 만들어라. 수도 없이 많이 들어본 말 일 것이다. 심지어 오답노트 공책이 나오는걸 보면 오답노트가 얼마나 중요시되는지 알 수 있다. 하지만 오답 노트를 따로 만들 필요가 없다. 틀린 문제를 다시 보지 말라는 말이 아니다. 오답노트를 만드는 데 쓸데없이 시간을 낭비하지 말라는 말이다. 오답노트에 틀린 문제와 답을 그대로 옮겨 적는 것은 의미가 없다.

차라리 문제집 자체를 오답노트로 활용하라. 문제집에 직접 문제를 풀지 않고 연습장에 자기만의 풀이를 깔끔하게 정리해가며 풀자. 그리고 맞은 것에는 채점하지 않고 틀린 것에만 표시를 해 놓는다. 틀려서 체크를 해 놓았는데 다시 풀었더니 풀린다? 그럼 반대 방향으로 체크를 해서 고쳤다는 것을 표현한다. 애초에 몰랐던 문제이거나 잘 안 풀리는 문제가 있으면 별 표시를 해 놓는다.

5. 나무를 보지 말고 숲을 보라.'

공부는 '자신의 지식을 확장하는 것'이다. 새로운 지식을 익히는 것은 '배움'이지, '공부'가 아니다. 새로운 지식을 배우는 것에서 그치지 않고 기존의 지식들과 연관지어 내 지식을 확장시키는 것이 공부이다. 아무리 새롭고 유익한 지식이라 해도 기존에 내가 가진 지식과 연관되지 않는다면 그 지식은 결국 잊어버리게 된다.

그렇다면 어떻게 해야 내 지식을 확장시킬 수 있을까? 그 답은 바로, 숲을 볼 줄 알아야 한다는 것이다. 새로운 나무를 내 숲에 심으려면 그 나무가 어떤 나무인지를 아는 것도 중요하지만, 그 나무를 어디에 심을지를 아는 것이 더 중요하다. 그러기 위해서는 먼저 내 숲을 볼 줄 알아야 한다. 어떤 나무들이 어떤 숲을 이루고 있는지를 알아야만 새로운 나무가 어떤 나무들과 관계가 있는지, 그 나무들 사이에서 어느 곳에 있어야 할지가 보인다. 공부할 때 개념 하나 하나에 집중하기보다는 큰 그림을 보려고 노력하자. 이 개념을 내가 왜 알아야 하는지, 기존의 지식들과 어떤 관계가 있는지를 생각해 보자.

6. 단원 제목 써 보기

공부를 하다 보면 문득 '내가 왜 이걸 배우지?' 하는 생각이 들 때가 있다. 그럴 때는 공부하는 단원 제목과 학습목표를 읽어보자. 내가 무엇을 공부하고 있는지, 또 왜 알아야 하는지 알 수 있다. 공부하면서도 내가 지금 무엇을 공부하고 있는지 자꾸 되새겨 보자.

단원 제목을 외워 보는 것도 좋다. 내가 공부한 내용들이 어떤 방향으로, 어떻게 전개되는지 단원 제목을 중심으로 떠올려 보자. 그리고 이 단원을 왜 배워야 하는지, 왜 이 단원 다음에 저 단원이 나오는지 생각해 보자. 전체적인 흐름을 파악하면 개념들 사이의 연관성을 더 쉽게 볼 수 있다.

7. 나에게 수업해 보기

어느 정도 공부를 마쳤는데 '내가 제대로 공부를 한 게 맞나?' 하는 생각에 불안하다면, 또 내가 정확히 알고 있는지 확인하고 싶을 때는 선생님이 한 번 되어 보자. 빈 노트에 자신이 공부한 범위에 나오는 주요 개념들, 도표, 그래프, 순서도 등을 그려가면서 자신에게 설명하는 것이다. 처음에는 책을 참고하면서 설명하겠지만 반복하다 보면 자연스레 외우게 된다. 그리고 중간에 막히는 부분이 생긴다면 공부한 것을 다시 점검해 보자. 내가 공부한 부분을 완벽하게 설명할 수 있게 되면 내 머릿속의 지식이 체계적으로 연결되는 걸 느낄 수 있을 것이다. 또한 내가 아는 것을 말로 전달할 수 있게 되면 서술형 문제도 쉽게 풀 수 있다.

PART 2
전공 강의

건축에 미생물이 영향을 끼친다고?
「U-Space 고급 환경 미생물학」

건설및환경공학과 09 김승환

내가 초등학생이었을 때, 국어 교과서에는 「쓴 약 단 약」이라는 동화가 있었다. 10년도 넘는 시간이 흘렀지만, 대학생이 된 지금도 그 내용이 생생하다. 연극 대본 형식의 동화로, 당시 담임선생님께서는 반 아이들이 수업시간에 직접 연극을 하도록 숙제를 내 주셨다. 초등학생이었던 나와 친구들은 각자 어떤 역할을 맡을지 정하였고, 맡은 역할의 대사를 외워 수업시간에 직접 연극을 했었다. 비록 나이는 어렸지만, 그때 얼마나 열심히 준비했던지 몇몇 대사들은 지금도 기억이 날 정도다.

동화에서 등장하는 동물은 호랑이, 사슴, 여우인데, 그중 나는 호랑이 역할을 맡게 되었다. 호랑이는 숲 속의 왕이다. 어느 날부터 호랑이는 아프기 시작하는데, 신하인 사슴과 여우가 각자 다른 약을 들고 와 호랑이를 간호한다. 사슴은 좋은 약재로 약을 만들어 호랑이에게 바친다. 하지만 호랑이는 약이 너무 쓰다며 여우가 만들어 오는 단 약을 더 좋아한다. 사슴은 쓴 약을 고집하다가 호랑이의 미움을 사 숲에서 쫓겨나게 된다. 그러던 중 호랑이를 죽이고 왕이 되기 위해 약을 달게 만들고 독약을 타던 여우의 음모가 발각된다. 결국, 호랑이는 사슴을 내쫓은 것을 후회하며 사슴을 찾아 나서고 연극은 막이 내린다.

그중에서도 아직 잊히지 않는 대사가 있다. 사슴이 호랑이에게 했던 '좋은 약은 원래 입에 쓴 법입니다.'라는 말인데, 아마 이 대사가 동화의 주제가 아닐까 싶다. 그 어렸을 때에도 이 대사를 보고 '엄마가 먹으라고 주시는 한약은 참 쓰던데, 이게 다 몸에 좋기 때문에 쓴 거였구나. 앞으로는 참고 먹어야지.'라고 생각했던 기억이 난다. 이 대사에 더 깊은 의미가 있었음을 그때는 알지 못하였다. 그리고 어느덧 10년이란 세월이 훌쩍 지나 나는 대학생이 되었다.

'KAIST를 다니면서 힘들었던 일이 정말 많았던 것 같다. 하지만 그중에서도 언제 가장 쓴맛을 느꼈는가?'라는 질문을 내 스스로에게 던져 보았을 때, 가장 먼저 떠오르는 학기와 그 학기에 들었던 강의가 하나 있다. 2010년도 가을학기는 내가 KAIST를 다니던 학기 중 가장 힘들었던 학기였다. 그때 나는 전공인 건설 및 환경공학과에서 전공과목을 6개나 들으며 쏟아지는 시험과 숙제로 지옥과 같은 하루하루를 보내고 있었다. 그중에서 가장 힘들었던 과목은 「U-Space 고급 환경 미생물학」 수업이었는데 지금 생각해 봐도 그 당시 이 과목은 그 맛이 참으로 썼다. 얼마나 힘이 들었던지 지금 회상을 해도 고개를 절레절레

흔들 정도다.

「U-Space 고급 환경 미생물학」 수업은 상호 인정 과목, 즉 대학원생을 위해 개설되는 과목이지만 학부과정 학생들도 함께 들을 수 있는 과목으로 나의 지도교수님이신 한종인 교수님께서 진행하시는 수업이다. 건설 및 환경공학과 미생물은 전혀 관계가 없어 보이지만, 보이지 않는 분야에서 가장 핵심적인 역할을 하는 것이 바로 이 미생물이다. 폐기물 처리, 에너지 생산, 지반개량 등 미생물은 건설 분야와 환경 분야에서 다양하게 이용되고 있다. 이에 우리 학과에서는 미생물만을 한 학기 동안 배우는 수업이 따로 열리고 있었다.

나의 지식 수준은 습자지 한 장에 불과하고, 정신적으로도 한없이 나약한 2학년 학부생이었지만, 한종인 교수님께서는 나에게 그 수업을 꼭 들을 것을 강력히 권하셨다.

"승환아, 나는 네가 이 수업을 꼭 들었으면 좋겠어. 남는 게 정말로 많을 거야."

"네, 네! 알겠습니다. 교수님! (대학원 과목이라는데, 과연 내가 이 과목을 이해나 잘할 수 있을까?)"

걱정이 먼저 앞섰지만, 나는 교수님의 제안을 거절할 수 없었다. 교수님께서 나에게 직접 연락까지 하셔서 상담시간을 잡으셨고, 연구실에서 직접 뵈었을 때에도 강력히 추천해 주셨기 때문이다. 미천한 학부생이 하늘과 같은 교수님께서 좋다고 하시는 것을 어떻게 감히 사양할 수 있겠는가. 수강 신청 기간, 묻지도 따지지도 않고 수강 신청 버튼을 클릭했다. 게다가 교수님께서 추천해 주실 정도라면 당연히 이유가 있을 것이라고 생각했을 뿐이었다.

이 수업은 KAIST에 입학한 뒤로 3학기 동안 들었던 다른 수업들과는 전혀 다른 방식으로 진행되었었다. 특히 가장 기억에 남는 것은 이 과목의 두 번의 시험과 중간고사가 끝나고 나서 기말고사 전까지 진행된 수업이었다.

중간고사 전까지는 교수님께서 직접 수업을 하셨고, 다른 강의들과 비슷하게 진행되었다. 교수님께서 강의하시고 학생들은 필기하는 형식이었다. 물론 나는 이전에 미생물과 관련된 환경 분야의 공부를 하지 않았기 때문에 강의를 이해하는 것이 쉽지 않았다. 하지만 해서 안 되는 것이 어디 있느냐는 생각으로 열심히 공부하였고 수업도 집중해서 들었다. 그렇게 중간고사 기간이 찾아왔다. 나는 중간고사를 대비하여 열심히 공부하였다. 출발선이 다르다고 생각했기 때문에 대학원 선배님들에게 뒤처지지 않으려 원서도 찾아보며 지식을 머릿속에 최대한 꾹꾹 눌러 담았다.

시험 보는 날 아침이 밝았고, 나는 비장한 마음으로 시험장에 들어갔다. 시험 시간이 되자 조교님께서 시험지를 나눠주었고, 교수님이 등장하셨다! 어떤 말씀을 하실까…… 모두 긴장된 마음으로 교수님을 쳐다보았다.

"여러분 이번 시험은 시험 시간의 제한이 없습니다. 또한, 컴퓨터, 강의 자료 모두 활용이 가능합니다. 여러분이 내고 싶을 때 시험지를 내세요. 전 그럼 제 연구실에 있겠습니다. 혹시 문제가 생기면 연구실로 찾아오시면 됩니다."

그렇게 말씀하시고 교수님께서는 시험장을 나가셨다. 시험을 보는 방식에는 유형이 없다는 것을, 학생들은 다양한 방식으로 평가받을 수 있다는 것을 대학교 2학년 때 처음 알게 되었다. 시험을 보는 중간에 감독자가 없다는 사실도 놀라웠다. 초등학교 때부터 시험을 볼 때면 선생님들께서, 대학교에서는 조교님들이 항상 시험장을 지키고 계셨는데, 이 교수님께서는 학생들을 감시하지 않으셨다.

새로운 시험 방식에도 충격을 받았지만, 시험 문제는 더 충격적이었다. 시험지를 한번 쭉 훑어 봤는데, '음? 반 학기 동안 내가 다른 강의실에 들어가 다른 과목 수업을 들었나?'라는 생각이 들었다.

내 머리만으로는 문제들을 도저히 못 풀겠어서 나는 일단 시험장에서 나왔다.

'음, 시험 도중에 마시는 신선한 바깥 공기!'

그리고 방으로 향했다. 나는 방에서 노트북과 수업 자료 인쇄물들을 가방에 가득 담고 나왔다.

시험 문제들은 막강한 Google의 힘을 빌려도 풀기가 어려웠다. 일단 문제를 기본적으로 이해하기 위해서 수단과 방법을 가리지 말고 자료를 모아야 했고, 문제를 풀어내려면 이해를 바탕으로 문제에 접근하기 위해 직접 머리를 써서 고민해야만 했다.

시간이 얼마나 지났는지는 잘 모르겠지만, 문제도 잘 모르겠고 또 배가 고프기도 해서 나는 시험 중간에 밥을 먹으러 나왔다. 수업을 들으며 친해진 형들과 식당에서 저녁을 먹었는데, 시험장을 나와 있는 상황에서도 시험에 관한 이야기는 단 한 번도 언급되지 않았다. 모두들 감시하는 사람이 없어도 정도를 스스로 파악하여 선을 넘지 않았다. 예전부터 시험 중에 감독하는 사람이 없다면 부정행위가 일어날 것이고, 따라서 의미 없는 시험이 될 것으로 생각했는데, 실제로 우리들에게 그런 기회가 주어졌는데도 그런 일은 일어나지 않았다. KAIST 학생들의 성숙한 모습에 나는 한편으로는 놀랐다.

시간제한은 없었지만 나는 내 기준에서 끝까지 최선을 다해 작성한 시험지를 제출했다. 제대로 풀었는지 잘못 풀었는지는 모르겠지만, 더는 못 앉아 있겠다는 생각이 들었기 때문이었다. 그런 생각이 들기 시작한 것은 시험을 시작한 지 12시간이 지난 뒤 시계를 봤을 때부터였다. 기숙사 내 방의 침대 생각이 너무나도 간절했다. 더 오래 문제를 보고 있어도 점수가 더 오를 것이라는 확신이 없어 나는 가방을 싸들고 나왔다. 그렇게 힘들었던 시험은 끝이 났고, 이 쓰디 쓴, 그리고 고통스러웠던 12시간의 기억은 잊을 수가 없다.

중간고사가 끝난 후 첫 수업에서 교수님은 또 믿기지 않는 제안을 우리에게 하셨다.

"여러분, 기말고사 때까지 모든 수업은 여러분에 의해 진행될 것입니다. 각자가 이 수업과 관련된 자신이 원하는 주제를 선택하고 준비하여 매일 한 시간 반씩 수업을 맡을 계획입니다."

KAIST의 모든 수업은 영어로 진행되고 있었으므로, 교수님께서 말씀하신 우리가 진행할 강의 또한 당연히 영어 강의가 될 것이었다. 지금까지 학교를 다니며 나는 학생들 앞에서 10분 남짓한 시간 동안 발표할 기회는 많았지만, 한 시간이 넘는 시간 동안 발표가 아닌 수업을 하는 경우는 처음이었다.

발표와 강의는 차원이 다르다는 것을 강의를 준비하며 처음 깨달았다. 한 시간 반 동안 강의를 하기 위해서는 그보다 더 많은 시간 동안 말로 전달할 수 있는 지식의 양이 필요했다. 모든 대사를 외워서 그 긴 시간 동안 강의를 할 수는 없기 때문이다. 준비한 것을 읽는 것 이상으로 강의는 이미 알고 있는 깊은 지식으로부터 우러나와야만 했다.

이렇게 한 시간 반의 강의를 준비하는 과정에서 평소보다 공부를 더 많이 했던 것 같다. 다른 사람들을 이해시키기 위해 더 쉬운 설명 방법을 고민하면서, 가르치는 내용 중에 빠진 것은 없나 내용을 보충하면서 자연스럽게 정말 많은 자료를 찾아보았다. 동시에 내가 들은 이해하기 쉽고 재미있었던 수업을 떠올리며, 강의를 듣는 사람의 눈높이에 맞추기 위해 노력했다. 내 강의를 들을 학생들의 입장에서 그들이 더욱 쉽게 이해할 수 있도록 강의 자료를 만들어 나갔다.

무엇보다도 다른 학생들의 시간을 내가 사용한다는 점에서 큰 책임감이 느껴졌다. 학생들은 한 시간 반 동안 내 이야기를 들어야만 하는데, 그 시간을 낭비했다는 생각이 드는 발표를 할 수는 없었다. 이러한 생각이 더욱 열심히 준비하는 데 원동력이 되었다. 발표를 얼마나 잘 했는지, 평가를 얼마나 잘 받을지 등 점수와 관련된 부분은 전혀 신경이 쓰이지 않았고 또 중요하지 않았다. 나 개인을 위함이 아닌 모두를 위해 최선을 다해야만 했다.

우리가 준비하는 강의에 대한 교수님의 열정은 준비하고 있는 학생들보다도 더 대단했다. 강의 두 주 전부터 매일매일 학생들을 부르시며 준비 중인 강의 자료를 확인해 주셨다. 모든 학생이 고민하는 강의 주제를 직접 듣고 첨삭해 주시고, 발표 자료를 만들어 온 것을 몇 번이고 수정해 주셨다. 나 같은 저학년은 교수님께서 특별히 더 신경을 많이 써주셨는데, 직접 발표를 시키시면서 태도나 발표 자료를 만드는 법에 대해서 하나하나 지적해 주시고 가르쳐 주셨다. 건설 및 환경공학과의 스티브 잡스(놀랍게도 발표 능력뿐만이 아닌, 외모 또한 비슷하다.)라고 불리는 교수님께 발표하는 방법에 대한 강의도 따로 받을 수 있다는 사실은 대단히 영광이었다.

내 생애 첫 강의 전날 밤에는 속이 얼마나 울렁거렸는지 모른다. 과연 실수하지 않고 끝까지 잘할 수 있을까? 내 강의를 듣는 학생들이 내용을 잘 이해할 수 있겠지? 등의 생각이 꼬리에 꼬리를 물었다. 발표할 내용을 떠올리기도 하고, 내일 강연을 하는 내 모습을 상상하며 한참 동안 뒤척이다 잠이 들었다.

강의가 시작되고 처음 30분 동안은 아무 생각이 나지 않았고 준비한 대로 머릿속에 있던 말이 그냥 나왔던 것 같다. 시간이 어느 정도 지나 긴장이 풀릴 때까지 머릿속은 새하얬다. 긴장되는 상태에서는 철저한 준비가 도움이 된다는 것을 깨달았다. 이래서 반복 훈련이 중요하다고 하는 거였구나. 긴장이 풀리자 나는 내 강의를 듣는 학생들과 눈빛을 교환하며 리듬을 타기 시작했다.

내 강의의 주제는 여러 특이한 특성을 가진 미생물을 소개하는 것이었다. 나는 미생물이 지닌 독특한 특성을 학생들이 이해하기 쉽도록, 또 친숙하게 접근할 수 있도록 고민하다 미생물을 초능력을 지닌 만화 캐릭터와 비교하기로 하였다. 미생물들을 마블코믹스Marvel Comics의 초능력 영웅 캐릭터들과 하나하나 연관 지었다. 예를 들어 방사능 물질이 있는 곳에서도 생육하는 Deinococcus radiodurans라는 미생물이 있다. 이 미생물의 방사능에 강한 특성은 마블코믹스에서 방사선에 노출되어 내성을 가진 레디오액티브맨Radioactive man이라는 캐릭터와 비슷하였고, 나는 이 둘을 비교하며 설명하였다. 이렇게 나는 스파이더 맨, 아이언 맨 등 다양한 만화 캐릭터의 각기 다른 초능력과 그와 비슷한 특징을 지닌 미생물을 연관 지어 설명하였다.

교수님과 함께 철저하게 준비하고 훈련받았던 나는 그렇게 한 시간의 강의를 잘 마칠 수 있었다. 강의를 하면서 부족한 점도 많았지만, 대학원 선배님들은 너그러이 이해해 주셨고 또 응원해 주셨다. 강의 중 실수를 했을 때에도 다 같이 웃을 수 있었기에, 실수에 대한 부담도 덜했고 내 강의를 듣는 학생들과 호응할 수 있었던 것 같다. 나의 발표는 이렇게 끝이 났다.

우리는 초등학교를 거쳐 중학교로, 중학교를 거쳐 고등학교로 진학한다. 중학생의 입장에서 초등학생들이 참 귀여울 수 있다. 마찬가지로 고등학생의 입장에서 중학생들은 정말 귀엽다. 나는 이 수업을 듣고 한 가지 사실을 깨달았다. 대학교의 학사, 대학원의 석사와 박사의 차이는 초등학교, 중학교, 고등학교의 차이보다 더 크다는 것을. 그렇게 나와 대학원생 선배님들의 출발점이 다르다는 사실을 깨닫기까지는 그리 오래 걸리지 않았다.

내 강의가 끝나고 다른 대학원 선배님들이 준비하신 강의를 들으며 자극을 많이 받았다. 2~3년 사이에 지식의 깊이가 저렇게 크게 차이가 날 수 있다는 것을 깨달았다. 또한, 발표하는 자세나 위기를 넘기는 능력을 보면서 경험과 훈련이 얼마나 중요한지도 느낄 수 있었다. 매 수업시간마다 새로운 사람들로부터 새로운 깨달음을 얻을 수 있었다. 어떨 때에는 강의에 감동을 하기도 하고, 또 어떤 때에는 발표자가 존경스럽기도 했다.

그렇게 우리들이 진행한 강의를 마지막으로 또 한 번 시간 제한도 없고 어떤 방식으로든 풀어서만 내면 되는 기말고사를 보았다. 이때도 역시 12시간이 넘는 시간 동안 시험을 보며 나는 힘들어했었다. 나의 정신없던 2010년도 가을학기는 그렇게 끝이 났다. 주위를 둘러보니 어느덧 낙엽이 모두 사라져 있었다. 다른 과목들도 숙제가 쏟아져 한 학기 내내 정신없이 과제에 파묻혀 살다 보니 그해 잎이 떨어지는 가을의 모습이 기억에 없었다. 마음의 여유가 없어 길을 걸어 다니면서도 계절이 바뀌고 변하는 모습을 느끼지 못한 것이다. 가을이 정말로 아름다운 우리 학교의 단풍을 보고 즐기지 못해서 너무나도 아쉽고 슬펐다. 그렇게 나는 첫눈을 밟았을 때 계절이 바뀌어 있다는 사실을 깨달았다.

하지만 그만큼 남는 것도 정말로 많았던 학기였다. 순간순간은 힘들었지만, 그 모든 과정을 견디고 극복하고 보니 더욱 성장해 있는 나를 발견할 수 있었다. 쓴 약이 몸에 더 좋듯, 고된 훈련이 나를 더욱 성장시킨 것이었다.

힘들었을 때마다 극복하기 위해 내 스스로를 위로했던 생각들은 나를 더욱 성장시켰고 성숙하게 만들어 주었다. 내가 KAIST에서 공부하며 힘들다고 생각하는 것은 지극히 내가 어떤 마음을 먹느냐에 따라 달라지는 것이며 동시에 상대적이기도 한 것임을 깨달았다. 지금 나의 모습은 누군가가 원하는 앞으로의 모습일 수 있다. 너무나도 아름다운 캠퍼스에서 내가 원하는 교과목을 골라 세계적인 교수님으로부터 최고의 강의를 들을 수 있다는 것은 지극히 소수만이 누릴 수 있는 특권이 아니던가. 지금까지 나는 이 안에서 너무나도 당연하다고 생각해왔던 것들이었는데 시야를 넓혀 생각의 틀을 넓히자 세상이 다르게 보였다. 이때 했던 생각들은 지금도 변함없이 더 힘든 일이 내게 주어졌을 때 극복하는 힘이 되고 있다.

수동적으로 강의를 듣고 시험을 보는 데에서 끝나는 수업이 아니라 학생 스스로 직접 강의를 하는 수업이다 보니 더욱 바쁘고 정신이 없었던 것 같다. 공부하다가 힘들고 피곤해서 죽을 수도 있겠다는 생각을 했는데, 돌이켜보면 가장 배운 것도 많고 기억에 남는 것도 많은 학기가 되었다. 그리고 또 하나. 공부를 죽을 것같이 해도 죽지 않는다는 사실도 깨달았다. 힘들었지만 결과들이 하나씩 나올 때에는 힘들었던 것만큼 감격도 더 컸다.

그해의 가을은 눈에 담지 못해 너무나도 슬프고 아쉬웠지만, 다음 해에 가을은 또 왔다. 흘러가는 시간 앞에 어떤 가치를 선택하느냐의 차이임을 깨달았다. 나는 그해 가을을 즐기고 느끼지는 못했지만, 돌이켜 보면 그랬기 때문에 더 많은 것들을 배울 수 있었던 것이다.

종강하던 마지막 날에는 한 학기를 최선을 다해 끝마쳤음에 기뻐 방에서 혼자 소리를 지르며 춤을 췄었다. 그리고 학기가 끝나고 그해 겨울방학엔 환경공학에 대한 나의 관심과 한종인 교수님의 열정을 잊을 수 없어 개별연구를 신청하여 공부를 계속하였다. 교수님의 열정은 끝없이 타올랐고, 교수님과 함께 나는 더욱 성장할 수 있었으며 동시에 진로에 대한 고민도 많이 할 수 있었다.

나는 이제 쓴 약이 두렵지 않다. 힘들었지만 그 과정을 통해 나는 더욱 내 스스로를 계발할 수 있었다. 입에 넣고 삼킬 때 순간에는 쓰지만, 그 순간을 참아낸다면 결과적으로 나를 더 성장시켜줄 것을 믿기에. 남는 것이 많은 수업은 원래 쓴 법이다.

한종인 교수님 (건설및환경공학과)

Q 「U-Space 고급 환경 미생물학」은 어떤 과목인가요?

A Biotech의 전반적인 기술을 다루는데 특히 미생물을 기반으로 할 수 있는 모든 일들을 다룹니다. 예를 들어 바이오연료, 의료, 암 치료 등 여러 분야에서 미생물을 응용하는 것들을 가르칩니다. 미생물학을 기반으로 하여 기본적인 대사부터 인슐린을 만들어 내는 과정까지 배울 수 있습니다.

Q 시험 보는 방식이 정말 독특했는데 언제부터 이런 방법을 도입하게 되었나요?

A 중간고사는 다른 시험과 같이 Closed book으로 시험을 봅니다. Open book으로 시험을 보는 것도 한계가 있다고 생각합니다. 하지만 각 시험마다 장점이 있다고 생각합니다. 주로 시험 문제는 인터넷으로 찾아도 나오지 않는 문제들을 냅니다. 이해를 해야지 답변을 할 수 있는 문제들을 내려고 노력하는 편입니다.

Q 기억나는 문제 하나만 얘기해주세요.

A 중세시대로 갔다고 생각하고 문제를 출제했을 때가 있습니다. 전쟁이 일어났을 때 죽은 동물의 사체에 미생물을 배양하여서 적군이 마시는 물을 오염시키려 할 때 얼마나 사체를 강에 넣어야 하는지 문제를 낸 적이 있습니다.

Q 교수님의 수업에서 중간고사 이후에는 학생들이 수업을 이끌어 나가는데 어떤 방식으로 진행이 되나요?

A 학생들이 주제를 선정하여서 팀으로 과제를 발표하고 개인으로도 발표를 합니다. 수업을 진행하기 전에 미리 제 앞에서 발표를 한 뒤 피드백을 해주고 부족하다고 생각되면 또 다시 불러서 완벽해질 때까지 연습합니다. 보통 한 사람당 2~3시간 지적해주고 영어나 몸짓 하나하나 사소한 부분까지 고쳐주려 합니다. 강의는 콘서트라고 생각합니다. 하나의 예술인 것이죠. 그런 예술을 탄생시키기 위해 정말 열심히 준비하고 노력해야 하는 것은 필수적이라고 생각합니다.

Q 이런 수업을 진행하면서 기억에 남는 학생이 있나요?

A 남미에서 온 학생이 생각이 나네요. 그 학생은 영어는 잘 하였지만 발표 자료에 대한 이해와 표현하는 방법이 아쉬워서 6번 다시 찾아오기도 하였습니다. 결국 발표를 마치고 마지막에 박수를 받으면서 울먹거리는 모습을 보고 저도 감동을 받았습니다.

Q 학생들이 수업 준비하는 것을 돕고 자료도 제공해 주시는 데 시간이 정말 많이 필요하실 것 같은데 교수님만의 시간 관리법이 있나요?

A 우선순위를 두어서 먼저 해야 되는 것을 해결하는 편입니다. 중간고사가 끝나고 학생들의 수업을 도울 때는 다른 일보다 먼저 수업을 중요시 생각하고 좋은 수업이 나올 수 있도록 학생들에게 집중합니다.

Q 마지막으로 학생들에게 해주고 싶은 말이 있나요?

A 재밌게 하였으면 좋겠습니다. 끌려 다니지 말고 자기가 하고 싶은 일들에 열심히 했으면 좋겠습니다. 저는 새로운 것을 배우는 것이 너무 즐겁습니다. 학생들도 학문에 대한 즐거움을 알고 열심히 배우셨으면 좋겠습니다.

이름만큼 어렵지 않아요
「고급물리학」

물리학과 10 장승표

2010년 봄 나는 카이스트에 입학하였고 그로부터 3년이 지났다. 나는 이제 어엿한 물리학과 학생이 되었다. 2013년 4월 나는 4학년의 봄 학기를 보내고 있다. 3년이란 시간 동안 꽤 많은 강의를 들었고 지금도 서너 개의 강의를 듣고 있다. 어떤 강의가 재미있었나 생각해 보면 머릿속에서 번쩍 떠오르는 강의는 없다. 강의가 늘 그러하듯 강의는 주로 교수님의 일방적인 설명으로 진행되기 때문이리라. 그래도 곰곰이 생각해 보니, 살을 붙여 이야기 해볼 만한 강의가 떠오른다.

피 말리는 입시 경쟁을 용케 뚫고 이 학교에 입학해 처음 들었던 고급물리학 강의가 생각이 난다. 1학년 때 듣는 하고 많은 기초필수 과목들 중 이 과목을 언급하는 이유는 물리학과 지망생이었던 내가 처음 들은 물리학 강의이기도 하고, 그 당시 나의 물리학과에 관한 환상, 부푼 기대와 관련이 있기 때문이다.

중학교 때 브라이언 그린의 『우주의 구조』라는 책을 읽고 많은 감명을 받았다. '책상 앞에 앉아서 우주가 휘어 있다느니 평평하다느니, 우리와 같은 우주가 수십 개가 넘는다느니, 빅뱅으로부터 우주가 시작되었다느니 하는 이야기를 어쩌면 저렇게 자신 있게 말할까? 이 괴상망측한 수식에 그러한 비밀이 숨겨져 있는 건가? 물리학자들만이 그러한 우주의 비밀을 알 수 있다는 것인가? 나도 좀 알면 안 되나? 이런 일을 하는 물리학자들은 도대체 어떤 사람일까?' 하는 궁금증들이 줄을 이으며, 그들이 말하는 '우주의 구조'에 대해 조금 더 자세히 알고 싶었다. 물리학자들을 동경하면서 동시에 그들의 '세상 이치를 다 안다는' 오만한 태도를 깨고 싶기도 했다. '나 같은 평범한 사람도 이론물리학을 잘 할 수 있다.'라는 걸 만천하에 보여줌으로서 그들의 코를 납작하게 만들고 싶었다.

그러기 위해선 한평생을 바쳐 학문의 길에 일념정진해야겠다는 생각이 어린 날에 본능처럼 들었던 것 같다. 한 길만 고집해야 한다는 생각에 답답함을 느낄 법도 한데, 한평생 동안 묵묵히 걸어갈 길이 있다는 그 느낌이 싫지만은 않았다. 그렇게 이론물리학자의 길을 걸어야겠다고 결심을 했다. 이런 나의 간절한 마음에 하늘이 감복했는지 입시지옥으로부터 구원 받을 수 있었다. 학문의 전당이라는 대학에, 그것도 꽤나 훌륭한 학생들이 입학한다는 카이스트에 입학하게 된 것이다.

대학 입학과 '입시 지옥 탈출'이라는 사건이 주는 기쁨도 컸지만, 평소에 그렇게 동경하면서도 한편으론 콧대를 납작하게 만들어 주고 싶었던 물리학자들을 만날 수 있다는 기대 그리고 나와 비슷한 생각을 하는 사람들을 만날 수 있을 것이라는 생각에 설렘이 더 컸다. 그러한 첫 과정이자 첫 기회로써 고급물리학을 수강하게 되었다.

그럼 도대체 어떤 강의기에 '첫 과정이자 첫 기회'라고 다소 거창하게 이야기 하는 것인가. 우리 학교의 1학년은 기초물리학 과정으로 고급물리학과 일반물리학 두 강의 중 하나를 택해서 들어야 한다. 일반물리학은 이공계 대학이라면 대부분 개설되는 1학년 기초 과목이다. 고등학교 물리와 고등학교 이과 수학을 공부한 사람이라면 읽을 수 있는 수준의 교과서로 진행되는 과목이다. 반면 고급물리학은 이런 일반물리학에서 배우는 내용을 조금 더 심도 있고 정량적으로 자세하게 다루는 강의이다. 고정된 교과서와 그것을 따라 일률적으로 강의가 진행되는 일반물리학 과목과는 달리 고급물리학은 어느 교수님이 강의를 맡느냐에 따라 교재도 달라지고 강의의 색깔, 난이도도 달라진다. 물리학에 남다른 관심을 가진 나였기에 망설이지 않고 고급물리학을 들었을 것 같지만, 실은 이 과목을 수강할지에 대해 고민을 좀 했다.

고민의 이유는 다음과 같았다. 조금 더 심화된 내용을 배우는 과목이기 때문에 일반물리학을 중학교나 고등학교 때 먼저 접한 학생이나, 고등학교 물리올림피아드를 준비했던 학생이 수강하는 게 좋다는 것이 그 당시의 '정설'이었다. '나 고급물리 들을래.'라고 말하면 '너 올림피아드 준비했었니?'라고 물어보는 게 당시 분위기였다. 나는 물리학에 관심이 많았지만, 입시 준비를 하느라 교과 과정 외의 물리를 따로

심도 있게 공부할 여유가 없었다. 틈틈이 읽은 물리학 교양서적과 고등학교 물리2가 내가 배운 물리의 전부였다. 간간히 물리2 선생님들로부터 일반물리에서 배우는 개념을 배우긴 했지만, 일반물리책을 공부한 것은 아니었다. 그리고 어디까지나 내신, 수능 문제 푸는 데 도움이 되는 정도로만 배웠다.

이러한 과목의 어려움에 대한 무성한 소문과 함께 당시 학교의 등록금 제도도 나의 고민을 가중시키는 데 한몫했다. 지금은 많이 완화되었지만, 내가 1학년 때는 엄격한 차등 등록금 제도가 적용되었다. 평균 학점이 3.0 밑이라면, 3.0에서 내려간 0.01학점 당 얼마씩 등록금을 내야했다. 구체적인 액수가 기억나진 않지만 2.0을 받으면 700만원이 넘는 등록금을 내야 했다. 나의 패기만 믿고 분수에 맞지 않는 과목을 듣다 학점이 낮게 나오면 그 부담은 고스란히 부모님의 몫이 될 터였다.

이러한 난관에도 불구하고 나는 용케 이 과목을 취소하지 않고 수강을 했다. 나는 고급물리를 담당하셨던 교수님이 첫 시간에 하셨던 말씀을 듣고 수강을 결정했다.

내가 고급물리학을 수강할 때 담당 교수님은 물리학과의 이순칠 교수님이셨다. 보통 과목 첫 시간엔 그 과목에 대한 개요 설명과 함께 과목에 대한 질의응답으로 채워진다. 어쩌다 시간이 남는다면 가볍게 들을 수 있는, 교수님의 인생 덕담, 조언 등을 듣기도 한다. 고급물리학 첫 시간에도 역시 그러하였다. 성적 산출 방법, 조교들의 연락처, 교수님의 연구실 위치와 이메일, 그리고 교재에 대한 설명 등 기본적인 내용을 들었다. 그리고 물리에 대한 교수님의 전반적인 생각을 들었던 것 같다. 아마 여기까지였다면 나는 고급물리 수강을 포기했을지도 모른다.

그때의 수강생들도 나와 비슷한 고민을 했었는지 질의응답 시간에 내가 하고 싶었던 질문이 쏟아져 나왔다. 수업 내용이 얼마나 어려운지, 올림피아드 공부를 한 학생만 들을 수 있는 건지, 수학을 월등히 잘해야 들을 수 있는 과목인지, 그렇다면 어느 수준의 수학까지 필요한지, 학점은 잘 주시는지에 대한 질문이 주를 이루었다. 이에 대한 교수님의 대답이 아직도 기억난다. "수학? 고등학교 미적분만 배웠으면 돼.", "올림피아드, 글쎄. 그게 그렇게 도움이 되는 건지 잘 모르겠네. 문제 푸는 데는 도움이 될 수 있겠지." 물리학이 내게 권위를 가지며 신비로움마저 내뿜었던 이유 중에 하나가 휘황찬란한 수식이 아니었던가. 나는 복잡한 수식이 물리학이 갖는 힘이라고 생각했었다. 그리고 학생들 사이에서 올림피아드 입상자가 갖는 위엄이란 실로 상당했다. 그런데 그러한 권위들을 모조리 무시하는 듯한 교수님의 말과 표정이 내게 신선하게 다가왔다. 마치 '나를 믿기만 하면 신분 상관없이 누구나 구원을 받을 수 있다.'는 요한복음에 쓰인 예수님의 말씀처럼 들렸다고나 할까. '기존에 배운 지식 상관없이, 열정이 있고 또 이 학교에 입학할 정도의 실력만 된다면 누구나 들을 수 있는 강의'라고 말씀하시는 듯 했다. 그리고 결정적인 한마디. '남들과 다른 열정으로 이 강의를 듣는 건데 학점은 알아서 잘 줄 테니 걱정 안 해도 돼.' 나는 더 이상 고급물리 수강을 망설일 이유가 없었다.

입학해서 들은 고급물리에 대한 무성한 소문과는 다르게, 수업이 무지막지하게 어렵진 않았다. 교수님이 최대한 수학적인 내용은 간소화하시면서 가르쳐 주셨던 것 같다. 풀기 어려운 숙제를 내주시지도 않았다. 지금에 와서 생각해 보면, 교수님은 우리가 지식을 많이 쌓고 방정식 풀이를 익히는 것보다는 물리학에 흥미를 갖길 바라셨던 것 같다.

한 예로 교수님이 내주셨던 첫 번째 숙제가 아직도 기억에 난다. 하나는 빅뱅이론이 현재 과학계에서 정설로 받아들여지는 실험적 증거를 찾아보는 것과 또 하나는 고등학교 때 배운 보일-샤를 법칙을 직접 증명해 보는 것이었다. 우주론에 관심이 많던 나는 그동안 내가 보았던 빅뱅이론 관련 잡지나 서적을 뒤적거리며 그것에 대해 정리했다. 그리고 당연하게만 생각했던 보일-샤를 법칙에 대해 물리적으로 다시 한 번 생각해 보았다. 우리에게 꽤나 친숙한 주제로 숙제를 내주시려다 보니 빅뱅과 보일-샤를 법칙을 고르신 게 아니었을까.

그리고 날이 좀 풀린 어느 봄날, 교수님은 학교 옆 엑스포 과학 공원으로 우리를 데리고 가셨다. 장소가 '과학' 공원이라 '소풍'이란 단어를 떠올리기 힘들어서 그렇지 '과학 공원'도 엄연히 공원이다. 푸른 잎이 달리기 시작한 나무들과 나뭇잎 사이로 부서지는 봄날 오후의 따스한 햇살 그리고 이름 모를 꽃들이 아름답게 핀 공원은 그 이름과 다르게 아름다웠다. 지금이라도 손에 잡힐 듯이 그려지는 공원의 모습과는 다르게, 정확히 거기서 무엇을 했는지 기억나진 않는다. 조를 나눠서 과학 공원 내부를 부지런히 돌아다니며 퍼즐 맞추기 비스 무리한 것을 했던 것 같다. 그 퍼즐 맞추기가 당시 강의 내용과는 별 상관이 없었던 걸로 기억한다. 바쁘지만 단조로웠던 일상에서 벗어난 기분이 들어 마냥 좋았다. 「죽은 시인의 사회」란 영화에서 '카르페디엠'이라고 외치던 키팅 선생의 모습이 묘하게 떠오르며 '때론 자연을 벗 삼아 노니는 것이 진짜 대학 수업이 아닌가!' 하며 좋아했던 기억이 난다.

기분이 좋기도 하지만 한편으로는 '소풍을 왜 오자고 하셨을까?' 하는 의문이 들었다. 반항적인 태도에서 비롯된 궁금증은 아니었다. 영화 속에서 그려지는 낭만적인 키팅 선생처럼, 이런 '하찮아 보이는 놀이 속에 어떠한 진리를 숨겨두신 건 아닐까' 하는 생각. '〈물리도 결국 퍼즐 맞추기다〉, 〈인생도 결국 퍼즐 맞추기다.〉라는 식의 메시지를 전하시려는 건 아닐까' 하는 생각. 이러한 상상 속의 낭만에 스스로 젖어 보기도 했다. 퍼즐 맞추기가 끝나고 교수님께서 한 말씀이 기억이 난다. '너희들이 이런 기회 아니면 여기에 언제 와 보겠니. 봄이기도 하고, 소풍 기분도 낼 겸해서 한번 와 봤다.' 나의 상상과는 조금 다르게 교수님의 대답은 단순명료하였다. 교수님의 그때 당시의 의도가 어떠했건 무슨 상관이랴. 하늘과 바람, 꽃과 나무는 아름다웠고 소풍은 즐거웠다.

삶의 매순간이 낭만적이지만은 않듯이 이순칠 교수님의 고급물리학 강의도 매번 즐겁고 낭만적이지만은 않았다. 과학 공원으로의 소풍이 낭만적으로 기억되는 배경에는 그 소풍을 빛나게 해주는 평범한 날들이 있었기 때문이리라. 그러한 한두 번의 즐거웠던, 다른 수업과 달랐던 모습에 취해 '고급물리학 강의는 낭만적이었다.'라고 말을 하는 것은 솔직하지 못한 고백이다. 혹여 이 글을 읽고 '카이스트의 강의는 일반물리부터 다르군.' 하며 어떤 이상적인 교실에 대한 이야기를 듣고 싶었다면, 이제부터 그 흥을 깨려니 적잖이 유감스럽다.

앞서 소개한 것처럼 고급물리학 강의의 교재가 일반물리학 강의 교재와 다르기는 하다. 그러나 수업 시간에 쓰이는 텍스트라는 점에서는 여전히 같았다. 교수님이 강의를 준비하시는 데 참고하시는 책만 다를

뿐, 시간에 맞춰서 커리큘럼에 따라 강의가 진행된다는 점에서 다른 강의와 크게 다르진 않았다.

처음 한두 번의 강의는 학생들의 적극적인 참여가 이루어진, 혹은 그것이 유도된 수업이었다. 그러나 그 이후엔 여타 평범한 강의처럼 교수님의 일방적인 강의가 이루어졌다. 교수님이 교과서의 어느 부분을 정리해서 설명해 주시면 그것을 잘 받아 적고 이해하는 방식으로 수업이 이루어졌다.

수강생들도 으레 평범한 교실에서 볼 수 있는 학생들과 크게 다르진 않았다. 물론 고등학교와 비교해 보았을 때, 수업을 듣는 학생들의 열의와 집중도는 높았다. 그러나 거기까지였다. 대한민국의 수재들이 다니는 학교에서 이루어지는 강의는 학생들의 적극적인 의견 개진, 자신만의 주장 발표 그리고 교수님을 당황하게 하는, 참신하면서도 날카로운 질문으로 이루어질 것만 같다. 하지만 그것은 이상적인 교실의 모습일 뿐이다. 우리는 교수님이 나가시는 진도를 쫓아가기에 바빴다. 새롭게 배우는 내용에 익숙해지느라 그것에 대해 다각적으로 생각해 볼 여유도 없었다. 그리고 지난날의 습관을 하루아침에 청산할 순 없다. 우리는 초등학교 때부터 받아먹기에 익숙해진 터였다. 대학생이 되었다고 하여 하루아침에 딴 사람이 되진 않았다. 남들로부터 불리는 이름이 고등학생에서 대학생으로 바뀌었을 뿐이었다. 카이스트의 고급물리학 강의라 하여도 그 수업을 듣는 학생은 대한민국의 정규 교육 과정을 밟은 학생이었다.

또한 이후에 받았던 과제 중에서 첫 번째 숙제만큼 기억에 남고 흥미로운 숙제는 없었다. 보통은 교재에 있는 내용을 정리하는 문제이거나

'힘을 구하시오.' '속도를 구하시오.' 하는 평범한 문제들이었다. 그러한 것들이 쉬웠다는 것은 아니다. 하지만 이러한 유형의 질문에 답을 하는 것은 고등학교 때 많이 해보지 않았던가. 숙제가 특별하지 않다고 해서 강의에 흥미가 떨어졌다거나 들을 가치가 없다고 말하려는 것은 아니다. 그러한 것도 의미가 있다. 물리학을 배우는 데 있어서 그러한 연습문제풀이는 꼭 필요하다. 다만, 창의적인 인재를 원한다던 학교에 갓 입학한 차에, 이 수업은 첫 시간부터 뭔가 특별해서 새로운 형태를 많이 기대했던 수업인지라 그러한 기대만큼 실망도 컸던 것이다.

이렇게 수업에 대한 아쉬움을 토로하는 것이 수업을 끝까지 성실하게 듣지 못한 것에 대한 변명일 수도 있다. '물리 올림피아드를 준비했던 친구들에 비해 밀리더라도, 그들이 고등학교 때 물리를 열심히 했던 만큼을 지금 한다는 마음으로 하자.'라는 학기 초의 비장한 각오는 학기말로 갈수록 흐지부지 되었다. 고등학교 때처럼, 경쟁심으로 공부를 하기엔 나의 마음은 많이 피로해져 있었다. 책을 펴보기도 싫은 날이 많아졌다. 게다가 내게 처음으로 주어진 자유를 주체할 수 없었다. 자연스레 대학교의 밤 문화에 젖어들었다. 통금시간도 없고, 나를 걱정하시는 부모님도 없었다. 놀고 싶을 때까지 밤을 새며 놀았다. 늦게 자고 늦게 일어나는 습관에 점점 익숙해진 내 몸은 오후 내내 졸음을 붙잡고 있어야 했다. 또한 강의의 내용도 처음 접한 내용이 갈수록 많아졌다. 몸과 마음에 피로가 누적되는 상태에서 그러한 강의를 성실히 듣는다는 것은 불가능했다. 학기말로 갈수록 제대로 읽은 단원이 없었던 것 같다.

어영부영 시간이 흘렀다. 변을 본 뒤, 뒤를 닦지 않은 듯한 찜찜함으로 고급물리 기말고사를 치렀다. 그리고 방학을 맞이하였다. 다시 오지 않을 첫 물리수업을 그렇게 보냈다. 학부 공부를 거의 다 마쳐가는 지금, 시험 기간에 도서관에서 열심히 공부를 하는 1학년 학생들을 보면 '1학년 때로 돌아가 제대로 된 공부법으로 물리를 차근차근 공부를 했더라면…….' 하는 아쉬움이 들기도 한다. 그런 마음이 들 때면, 한편으론 '그때는 그때 나름대로 그렇게 할 수 밖에 없었던 상황이었고, 그 상황에서 최선의 결정을 내리면서 살아온 것 아니냐, 그래서 지금의 내가 있는 게 아닌가.' 하며 〈손자(孫子)〉의 以迂爲直(이우위직)이란 말에 위로를 받기도 한다.

1학년 때 들은 물리학 강의를 소재로 글을 쓰다 보니 신입생 시절을 많이 되돌아보게 되었다. 당시엔 내가 어른이 된 것 마냥 생각했던 기억이 난다. 지금 생각하면 코웃음이 절로 나온다. 얼마나 어렸던가. 마치 할 일 다 한 어른이 몇 십 년 전의 일을 회상하는 것처럼 이 글을 썼지만, 몇 년 후에 이 글을 다시 본다면 또 얼마나 웃길까. 그때 지을 코웃음이 내 귓가에 들릴 것도 같다.

교수님 인터뷰

이순칠 교수님(물리학과)

Q 고급물리학을 통해 1학년 학생들에게 가르치고 싶었던 것은 무엇인가요?

A 이제부터라도 암기가 아니고 스스로 생각해야 한다는 점을 가르치고 싶었어요. 우리가 교과서를 읽을 때, 교수의 강의를 들을 때, 잘 이해가 안 된다면 십중팔구는 내가 멍청하기 때문이죠. 하지만 열에 한둘은 교과서를 쓴 저자나 교수도 잘 모르는 경우에요. 우리는 고등학교 때부터 시작해서 대학에 와서도 과목 내용을 일일이 이해하고 넘어가기에는 시간이 부족하여 우선 삼키고 보는 공부를 해요. 그러다 보면 아는 것도 없으면서 모르는 것이 없어져 정작 대학원에서 연구를 해야 할 때 뭘 연구해야 하는지 모르죠. 이것이 우리나라에서 노벨상이 나오지 못하는 이유에요.

Q 학생들에게 해주고 싶은 말은 무엇인가요?

A 내가 뭘 원하는지와 내 소질을 잘 알고 그 길로 용감하게 나가라는 거예요.

내가 원하는 것

물리학에 대한 잘못된 신화 중 하나는 물리를 하면 배고프다는 거예요. 실상은 좀 다르지만 그렇다고 치고, 그럼 나는 어떤 것을 원하는지 자신을 솔직하게 돌아보아야 하죠. 나는 새빨간 스포츠카를 타고 다니기를 원하지만 남들이 고고하게 봐주기 때문에 학문을 하려는 것은 아닌가? 나는 퀴즈 풀기를 즐겨하지만 금전적 안정을 위해 의사가 되려 하는 것인가? 내 경우 내 몸 하나 사치하기에는 수억 정도의 돈만 있으면 된다고 생각해요. 그리고 물리학 교수를 해도 그 정도는 벌 수 있기 때문에 후회는 전혀 없어요.

나의 소질

똑똑한 사람이 즐기는 사람을 이기지 못한다는 이야기를 유학 가서 처음 들었을 때는 이해할 수가 없었어요. 그때는 유학을 가면 반드시 성공해서 돌아오겠다고, 가서 뼈를 묻고 오겠다는 비장한 결심으로 갔었으니 그럴 수밖에. 내가 소질이 없는 일에 일등 하는 녀석 이기겠다고 덤벼든다면 그같이 어리석은 일이 없어요. 자신의 소질이 어디에 있는지 아는 것이 쉬운 일은 아니에요. 자신의 소질을 알기 위해 많은 시간을 들였으면 좋겠어요.

용감한 선택

우리 학교에 들어온 학생들은 다른 소질이 있어도 고등학교 때 공부를 잘했기 때문에 그 소질의 개발에 대해 생각할 기회조차 없었을 거예요. 춤과 노래를 잘 한다고 해도 공부를 잘 하면 슈퍼스타K에 나가도록 허락하는 부모는 없죠. 예능으로 나가면 인생이 고달프고 공부를 하면 탄탄대로를 걸을 수 있다는 것을 부모가 알기 때문이에요. 대학에 와서 전공을 선택할 때는 어떤 걸 선택해도 그만큼 위험을 감수하는 것은 아니죠. 그러므로 자신의 소질이 어디에 있는지 알면 용감하게 그 길로 가야해요.

Q 카이스트 학생들이 뛰어나다고 생각하는 부분과 그렇게 생각하게 된 일화를 들려주세요.

A 우리 아들은 카이스트에 들어오지 못했을 때 우리 학생들이 뛰어나다고 느끼게 되었어요.

흐름 속에 공학이 있다
「유체역학」

건설및환경공학과 11 하선진

시작이라는 단어는 참 사람을 설레게 만든다. 모든 10대들은 대학 생활의 시작을 가장 기대하고 설레는 마음을 가지고 있을 것이다. 나도 그랬다. 나도 대학생만 되면 어렸을 때 보았던 시트콤「논스톱」처럼 각종 웃기고 재밌고 심지어 엽기적인 에피소드가 마구 생겨날 줄 알았다. 교수님과 학생이 둘러앉아 이야기하고 잔디밭에서 친구들이랑 이야기도 하고 고등학교 때의 찌든 때를 벗고 킹카 남친을 만들어 데이트도 하고 말이다. 심지어 내가 가게 될 학교는 뭔가 신비롭고 크고 멋있는 학교였기 때문에 나는 더 기대가 컸다.

그러나 현실은 너무나 가혹했다. 입학과 동시에 아침 9시부터 시작되는 기초과목 수업에다 밤늦게 진행되는 기초과목 연습반(주로 퀴즈를 보거나 조교가 문제풀이를 함), 각종 모임과 동아리 활동에 너무 버거운 하루를 보내느라 매일 '카이스트 신입생이 통과해야 할 관문'을 하나하나 통과한다는 느낌이었다. 성격상 소심해서 남들처럼 공부와 연습반을 버리고 화끈하게 노는 성격도 아니었고 공부를 하긴 하는데 선행을 많이 한 동기들에 비해 한참 뒤쳐져서 만족할 만한 성적이 나오지도 않았다. 그래서 아직도 나에게 있어 20살은 설렘보다는 우울하고 서글픈 나날의 연속이었다. 오히려 시시콜콜한 재미가 있었던 고등학교 때가 그리울 정도였으니 말이다.

카이스트는 1학년 때 무학과 제도가 있어 학과가 없는 채로 기초과목을 수강하고, 2학년 때 자신이 원하는 전공을 공부할 수 있도록 학과로 진입하게끔 한다. 나는 1학년 때 적응하는 데 너무 오랜 시간을 쏟아 부었기에 그에 대한 보상심리였을까, 2학년 때는 그 누구보다도 열심히 놀고 열심히 공부하는 화끈한 대학생이 되리라 굳게 다짐했다. 이번 학기에는 무조건 예습, 복습을 해야지. 맨 앞자리에 앉아 교수님께 질문하는 착실한 학생이 되어야지. 그리고 이번 학기엔 좀 씻고 꾸미고 다녀야지. 술도 그만 마시고…….

그러나 제 버릇 남 못 준다고 하루아침에 내가 착실한 학생으로 바뀔 리가 없었다. 매일 밤, 나는 친구, 선배, 후배들과 친목도모를 이유로 새벽까지 달리다(?) 새벽에 방에 들어와서 쓰러져 자곤 했다. 그러던 어느 추위가 덜 풀린 봄날 8시 40분, 기숙사의 포근하고 따뜻하고 향기 나는 내 핑크빛 이불 속에서 하염없이 자고 있을 때 갑자기 전화한 통이 걸려왔다. 이불 속에서 팔만 뻗어 책상 위를 이리저리 휘저어

휴대폰을 찾아 화면을 봤는데 이 이른 시간에 모르는 번호로 전화가 온 게 아닌가. 일단 받았는데 전화기 너머 웬 남자가 달콤한 목소리로 내 이름을 부르는 것이었다.

"선진아!"

그리고 뒤따라 오는 말.

"선진아, 수업 와야지?"

아뿔싸, 오늘은 9시 수업이 있는 날이구나. 그리고 이 목소리는 교수님이구나! 오늘 하루 내가 처음 듣는 목소리는 남자, 아니 아저씨, 아니 교수님의 모닝콜이구나. 그것도 아침 8시 40분에. 이 학교는 원래 아침에 수업을 안 오면 친절하게 교수님이 모닝콜 서비스를 해주는 학교였던가? 1학년 때 경험에 비추어 보면 그런 서비스는 없었던 것 같다. 그것도 아니면 내가 하도 아침 수업에 잦은 지각과 결석을 해서 교수님께 찍힌 건가? 수업을 20분 남겨두고 일어난 내가 한심하고, 또 얼마나 불성실하면 교수님께 모닝콜을 받나 싶어 어이가 없고 부끄러운 마음에 옷을 대충 걸쳐 입고 모자를 푹 눌러쓰고 자전거를 힘차게 밟아 5분 만에 강의실에 도착했다.

죄송한 마음에 고개를 푹 숙이고 인사도 못 드리고 구석에 자리를 잡고 앉았는데, 교수님은 내가 다 미안할 정도로 먼저 밝게 인사를 해 주셨다. 그 순간에는 왜 교수님이 수업 시간에 지각한 내 이름을 굳이 불러가며 창피를 주나 싶었다. 한편으로는 카이스트 교수면 어디 가서 절대 꿀리지 않는 권위자인데 자기 수업에 이토록 불성실한 학생에게 친절하게 인사를 건넬 만큼 자존심도 없나 싶었다. 과목명은 「유체역학」. 물의 힘에 관해 배우는 과목이었다. 나는 그냥 유체가 이탈되었다. 예습과 복습을 전혀 안 한 탓에 수업 내용도 머릿속에 잘 안 들어왔고 제발 9시 수업이 있는 이번 학기가 빨리 끝나기만을 애타게 기다렸다.

사실 교수님의 특이한 점은 모닝콜뿐만이 아니었다. 수강 신청을 한 후 취소한 학생의 이름을 일일이 기억해서 왜 취소했냐고 물으러 다니시고, 만약 수강중인 학생이 결석을 할 경우 교수님 사무실에서 1대1 보강을 해주실 정도로 수업에 열혈이셨다. 한국에서 제일 바쁜 사람들 중에서 다섯 손가락 안에 꼽힌다는 카이스트 교수님이 학생 한 명 한 명을 기억하고 보강을 해주시는 것은 정상적인 행동은 아니었다. 나는 교수님이 정말 꼼꼼하시고 학생들에 대한 애착이 대단하다는 생각을 금치 못했다. 그리고 교수님의 트레이드마크는 카메라였다. 학과 행사엔 어김없이 카메라를 들고 오셔서 학생들 얼굴을 초근접으로 엽기 사진을 찍기도 하셨고 운이 좋을 때면 여신처럼 찍어주시기도 했다. 일일이 찍은 그 수많은 사진들을 개인 컴퓨터에 저장해 놓았다가 몇 년이 지나고 종종 옛날 사진이 필요할 때면 학생들이 교수님께 찾아가 사진을 받곤 했다.

하루는 수업 중에 교수님의 발음이 몇 번 꼬인 적이 있었다. 듣는 입장의 우리는 솔직히 이른 아침이라 집중도 잘 안 되는 데다 크게 신경쓰지 않아 교수님의 발음이 꼬인 줄도 몰랐다. 그런데 너무 미안하다며 갑자기 자신의 머리를 주먹으로 엄청 세게 쾅쾅 치시는 것이다. 진짜 잠이 확 깼다. 나는 아직도 그 장면이 생생하게 기억이 난다. 최상의 수업을 해주지 못해서 미안하다며, 자신이 요즘 세미나 준비로 잠을 도통 못 잤더니 자꾸 말이 헛나온다며 말씀하셨다. 수업 시간에는 많이 졸았지만 그때 그 순간만큼은 존경심을 금치 못했다.

학생의 입장에서 보통의 '교수님' 이미지와는 사뭇 다른 교수님을 나는 부담스러워 했다. 어쩌다가 지나가던 친구와 반갑게 인사하고 웃으며 얘기를 나누고 있으면 어느새 내 뒤에 불쑥 나타나셔서 서운해 하셨다.

　"선진이, 섭섭하다. 나한테는 그렇게 반갑게 인사 안 해주고……."

　아빠 연배의 교수님이 샐쭉 삐진 모습으로 나한테 투정을 부리시니 정말 몸 둘 바를 모르겠어서 최대한 애교 섞인 말투로 교수님께 다시 인사를 올렸다. 물론 애교에도 불구하고 성적에는 매우 칼 같으신 분이라, 나는 잦은 지각과 결석의 결과로 처참한 성적을 받았고 그렇게 그 학기가 끝이 났다. (1년이 지난 지금 유체역학은 내 머릿속에 거의 남아 있지 않다. 자랑은 아니지만…….)

　그렇게 2학년 1학기가 끝나고 그해 여름방학에 고향인 부산에 내려가 오랜만에 친구들을 만나며 힐링의 시간을 보내고 있었다. 하루는 모르는 번호로 어떤 익숙한 쉰 목소리의 남자가 전화를 했기에, 저번에 만났던 부산에 사시는 작은 외삼촌인 줄 알고 반갑게 인사를 했다.

　"외삼촌, 어쩐 일이세요?"

　"내가 너의 외삼촌으로 보이니?"

　전화기 너머 남자가 말했다. 방학이 되어서도 일일이 학생들에게 연락을 하시며 안부를 묻는 교수님이라니, 존재감이 이루 말할 수 없이 클 수밖에 없는 분이었다.

　그런데 사람은 간사한 동물이라고 했던가. 그렇게 지각도 잦고 숙제도 교수님도 부담스러웠던 그 수업이 지금에 와서야 그리워졌다. 물론 학기가 끝나도 교수님과 영원히 작별을 한 것은 절대 아니었다. 보통 수강하지 않는 과목의 교수님들은 정말 한 학기에 한 번 뵙기도 힘든데, 이 교수님은 나와 동선이 비슷했던지 종종 마주쳤다. 나는 그때마다 교수님께서 혹여나 서운하실까 봐 내 기분이 기쁘거나 우울하거나 상관없이 싹싹하게 인사를 드렸다. 교수님도 늘 활기차게 아빠미소로 인사를 받아주셨다. 그 아빠미소를 볼 때마다 교수님께서 모닝콜해 주신 것, 보강해 주신 것, 안부를 물어주셨던 내 2학년 1학기가 너무나도 그리워지는 게 아닌가. 이미 놓쳐버린 이 그리움은 정말 간절해서 약간 상사병에 걸릴 정도였다. 참 나는 염치가 없는 제자임에 분명하다.

그러던 어느 화창한 봄날, 같은 과 언니와 커피를 마시며 이야기를 하다가 바로 그 교수님 이야기가 나왔다. 그 시기가 한창 지도교수님과의 만남 주간이라 평소에는 만나 뵙기 힘든 지도교수님과 학부생이 상담을 하는 기간이었는데 마침 언니의 지도교수님이 바로 그 교수님이었던 것이다. 이 언니는 졸업 시기를 한참 지나 친구들은 석사 끝 무렵인데 자신만 학부생인데다 진로도 전공과 다른 길을 걷고 싶어 했기에 이런저런 고민이 많았다. 그때 교수님께서 언니에게 자신의 과거 이야기를 해주셨다고 했다.

교수님은 석사 과정을 마치고 미국으로 유학을 가 연구를 본격적으로 시작하셨고, 미생물을 이용한 오염 물질 분해를 연구하셔서 박사학위를 받으셨다고 했다. 당시 인류는 중대한 환경문제에 직면해 있음을 깨닫기 시작한 단계라 그 주제를 연구하는 교수님이 되셨다고 한다. 그러다 흐름이 바뀌어 미생물을 이용한 에너지 개발에 투자가 급증하는 시기가 왔고, 교수님이 원래 연구하시던 분야의 투자가 끊겨 어쩔 수 없이 연구 분야를 바꾸게 되셨단다. 다시 처음부터 공부와 연구를 시작해야 했고, 총장님이 바뀌던 시기와 또 맞물려 성과 위주의 평가로 엄청난 압박과 스트레스를 받으셨다고 한다. 더뎌진 연구 탓에 일이 잘 안 풀리고 승진도 늦어지셔서 올해 초에 부교수로 승진하신 교수님. 자신의 어려웠던 시절에 대해 어린 제자에게 털털하게 이야기해주는 걸 듣고 그 언니도 살짝 놀랐다고 했다. 마냥 밝으시고 학생들을 챙겨주시던 교수님의 속은 그동안의 고생으로 새까맣게 타셨을 것이다. 그런 줄도 모르고 수시로 지각하고 수업을 빼 먹었던 나는 정말 못난 제자임이 틀림없다. 교수님이 맡으셨던 과목 역시 교수님의 전공과목이 아니라 교수님도 공부를 해가며 수업하고 우리에게 알려주신다고 하셨는데, 새로운 것을 공부하는 것이 얼마나 어려운지 카이스트에 입학한 이후로 뼈저리게 느꼈던 내가 그런 스승의 정성을 무시하고 결례를 저지른 것이니 말이다.

참 서글펐다. 엄청나게 노력을 해도 타이밍이 맞지 않으면 그릇되어 버리고 마는 연구. 투자가 부족해 접어야했던 연구. 그 연구에 혼신의 힘을 쏟았던 교수님의 심정을 이해하기엔 나는 인생 경험이 아주 적고 어리다. 그러나 그 슬픔만큼은 왠지 내가 카이스트에 입학하고 난 뒤 겪었던 감정들과 뒤섞여 큰 슬픔을 주었다. 나도 고등학교 때까지는 단 한 번도 지각과 결석을 해 본 적이 없는 완벽한 모범생이었는데 타지에서 수많은 천재들 사이에서 피 말리듯 공부하다 뒤쳐져 버렸고, 아무 걱정 없이 여유롭게 공부하며 대학원 진학을 눈앞에 두고 있는 동기들과 달리 가정 형편상 취업에 목을 매야하는 내게 학교생활은 어쩌면 너무나도 버거웠던 것이 아닌가 싶다. 그러다 자기관리에 소홀하게 되고 집중력을 아예 잃어버리고 학생의 본분인 공부를 멀리하게 되었던 것이다. '아무리 노력해도 안 되는 게 있구나.' 하고 좌절하고 있었던 나는 교수님의 이야기를 듣고 포기하지 말아야겠다는 마음을 먹었다. 한 번의 어려움 없이 승승장구한 다른 사람들보다 배울 점이 너무나 많은 교수님. 교수님 특유의 긍정적인 힘에 끝없는 노력이 더해져 결과적으로 더 큰 시너지 효과를 발휘했을 것이리라. 된서리 해풍 속에 피어난 동백꽃이 아름답듯 힘든 시기를 겪어내고 권위자가 되었지만 여전히 학생들에게 다정다감한 교수님을 보고 이렇게 멋있는 분이 또 있을까 싶었다. 그리고 지금 있는 자리에서 최선을 다하는 것이 나에게도 좋은 결과를 가지고 올 거라는 희망이 되어 방황했던 나를 다잡는 계기가 되었다.

가수의 콘서트를 보고 나면 왠지 그다음부터 그 가수가 텔레비전에 나오는 것만 봐도 마치 아는 사람이 텔레비전에 나오는 것처럼 가깝게 느껴지지 않는가. 나도 교수님의 비하인드 스토리를 들은 후부터는 무언가 교수님과 더 가까워진 느낌이 들었다. 3학년이 되고 점점 고민거리는 많아지고 하루에도 몇 번씩 롤러코스터를 타는 기분인데 이런 시기에는 누가 "많이 힘들지?"라고 묻는 말에도 눈물이 왈칵 쏟아지곤 한다. 사람의 마음을 움직이고 흔드는 말은 어렵고 감동적인 말이 아니라 진심어린 말 한 마디이기 때문이다. 외롭고 힘들어서 그런지 그동안 흘려듣거나 부담스럽기만 했던 교수님의 다정한 안부 물음이 참 그리워지는 요즘이다. 그리고 졸업하기 전, 꼭 한 번 내가 먼저 다가가 "교수님, 요즘 잘 지내십니까?" 하고 내 진심을 담아 나의 스승님께 안부를 여쭙고 싶다.

수학이 물리를 만날 때
「수리물리」

물리학과 10 황호연

　다들 카이스트에 입학하면서 천재적인 교수님의 명강의를 들어보고 싶다는 로망을 한번쯤 품어볼 것이다. 또 평범한 수업보다 좀 더 카이스트의 이미지와 어울릴 만한 기발하고 창의적인 수업을 꿈꾼다. 그것이 실제로는 그리 아름답지도 않은 데도 말이다. 카이스트 학생들은 대부분 과학고를 졸업하고 온 학생들인데 창의적인 강의에 대한 환상은 입학한 지 한 달이 되기 전에 깨진다. 카이스트의 강의들은 영어로 진행된다는 것을 제외하면 대부분 과학고 때의 수업과 큰 차이가 없기 때문이다. 보통 교과서를 가지고 칠판이나 ppt를 통해 개념을 설명하고 예제를 풀고 질문을 받는다. 연습반 제도가 있고 퀴즈와 숙제가 대학 생활을 고달프게 하지만 창의적이거나 색다르기보다는 보충 수업을 듣고 학원 숙제를 하는 정도의 기분이 든다. 일반고를 졸업한 학생이라도 내용이 어렵구나하는 감상이 추가될 뿐 카이스트 강의에 대한 로망이 어느새 사라져버린다는 점은 변함없다. 그러나 잊어버렸던 그런 로망을 되살릴 만한 강의를 만나는 순간도 가끔씩 찾아온다. 지금부터 할 이야기는 내가 잊은 줄만 알았던 그런 로망을 되살렸던, 그리고 평범한 강의에 만족하게 해주었던 어느 강의에 대한 이야기다.

나는 이학년 가을학기 때 어떤 과목을 들을지 고민하다가 수리물리라는 과목을 듣게 되었다. 물리학과의 지옥과 같은 필수과목인 양자역학의 선행과목이라는 이유였다. 조금이라도 양자역학을 덜 힘들어하려면 양자역학을 위한 수학적인 지식을 제공해주는 수리물리를 들어보라는 선배의 조언에 별생각 없이 수강 신청을 눌렀다. 강의를 듣기 전에 그 강의가 어떤 강의인지 제대로 알아보지도 않았다. 그래서 처음 강의를 들은 날부터 나는 혼란에 빠졌다. 교수님은 굉장히 독특하신 분이셨고 내가 접해보지 않은 방식으로 강의를 하셨기 때문이다.

먼저 처음 두 주간은 강의를 전혀 하시지 않았다. 대신에 수업에서 사용할 LaTeX라는 프로그램을 가르치셨다. 수학과도 물리와도 전혀 상관없고 논문이나 숙제 등을 제출하는 데에 쓰기 좋은 도구였다. 이걸 왜 2주나 배우고 있는지도 이해할 수 없었고 앞으로의 수업에서 어떤 것을 배우게 될지도 알 수 없었다. 단지 교수님의 강의 스타일을 익히게 되었을 뿐이다.

교수님의 강의 스타일은 매우 독특했다, 하나씩 쌓아가는 스타일이다. 건물이 몇 층인지 무슨 색인지 언제 지어졌는지 등을 얘기하면서 내용을 가르치는 게 일반적인 강의라면 그 교수님은 먼저 건물을 이루는 벽돌부터 설명을 하고 이제 어떻게 이 벽돌로 건물을 지어갈지를 얘기하는 식으로 강의를 진행하셨다. 벽돌을 가지고 시행착오를 거치면서 학생들이 스스로 건물을 짓기를 바라는 스타일인 것이다. LaTeX이란 프로그램을 가르치실 때도, 그리고 수리물리를 가르치실 때도 바닥부터 하나씩 쌓아나가셨고 그래서 건물의 윤곽이 보이기 직전까지 나는 저걸 왜 쓸데없이 강의하시고 계시나 고민하다가 건물의 윤곽이 보이면 언제 이런 걸 가르치셨지 하면서 고민하길 반복했다. 전공 지식을 가르치실 때에 교과서도 없이 이번 학기에 가르칠 것에 대한 강의계획서 정도만을 세워놓고 수업을 하셨기 때문에 학생들도 같이 하나씩 쌓아가며 공부를 할 수밖에 없었다.

또 하나 강의에서 특이한 점은 참여를 사랑하시는 강의 방식이었다. 학생이 수업 시간에 최소한 한번은 질문을 해야만 했고 교수님은 학생들의 참여를 유형별로 체크하셨다. 그리고 학생들의 참여로 수업을 진행하셨다. 예를 들면, 논문을 쓰기 위한 도구인 LaTeX이란 프로그램을 소개한 후에 이 프로그램을 다루기 위해 가장 먼저 어떤 것이 필요할까 묻는다. 학생들의 고민과 제안 속에 어떤 문서를 작성할지를 결정해야 한다는 결론에 도달하면 그때 레이아웃 작성법에 대해 가르치신다. 그리고 그 다음에 뭐가 필요한지 묻는다. 머리글을 달 필요가 있다고 도달하면 이제 어떤 식으로 명령어를 치면 머리글이 나올지 생각해야 한다. 수업도 마찬가지로 진행된다. 학생들이 참여하지 않으면 교수님은 진도를 나가지 않고 학생들의 생각에 진전을 줄 질문들을 던지신다.

색다른 강의 방식에 나는 애를 많이 먹었다. 질문하는 것도 익숙하지 않았고 대답하는 것도 익숙하지 않았다. 수업 시간에 내가 일일이 머리를 굴리는 것도 어색했다. 교수님이 영국인이셔서 영국식 영어를 사용하셨는데 그것도 너무 낯설어 교수님의 이야기를 때때로 놓치기도 했다.

강의만 색다른 게 아니었다. 과제들도 신선했다. 과제는 매주 제출해야 하는 숙제와 LaTeX를 이용해서 프레젠테이션을 발표하는 발표 과제가 있었다. 매주 풀어야 하는 숙제는 조별로 짝을 지어서 푸는 문제였고 발표 과제는 우리 주변에 볼 수 있는 모습에 대해 물리적으로 해석해서 발표하는 것이었다.

숙제는 어느 정도 설명을 해야 개념을 잘 이해했다고 말할 수 있을지 고민하게 만들었다. 교수님이 생각할 때 충분히 토의되지 않은 것이 있다면 그것과 관련된 숙제가 나왔다. 수업 시간에 나온 학생들의 질문 중에서 더 생각해볼 만한 것들이 있는 질문이라면 교수님이 재해석해서 숙제를 내셨다. 개념을 숙달시키는 데 도움을 주는 것들과 관련된 숙제들도 나왔다. LaTeX이라는 프로그램을 이용해서 매주 숙제를 제출해야 했는데, 거의 모든 숙제가 개념을 이해하기 위한 목적으로 나왔다. 나는 개념도 제대로 이해하지 못하는구나 하고 자괴감이 들게 하는 문제들이었고, 답이 간단명료해서 다시 자괴감에 빠지는 경험이 반복됐다.

또 조별로 숙제를 풀었던 것도 새로웠다. 실험하는 것도 아니고 당연히 혼자 풀어야 한다고 생각했던 숙제를 조별로 같이 풀라고 해서 처음에는 의문을 품기도 했다. 하지만 조원들이 같이 머리를 맞대도 풀 수 없는 숙제들이 비일비재했기에 조별로 숙제를 내주는구나 납득했다. 결론에 도달하기 위한 많은 산들을 넘는 느낌이었다. 실험이 아니라 이론을 공부하면서도 동료와 같이 연구하는 것이 도움이 되는구나 생각이 들었다.

우리 주변에 볼 수 있는 모습에 대해 물리적으로 해석을 해서 발표하는 과제는, 내가 관심이 가는 대상을 물리적으로 해석하는 능력과 그것을 위해 LaTeX으로 ppt를 만드는 능력과 실제로 교수님 앞에서 자신 있게 발표할 수 있는 능력, 세 가지를 모두 평가했다. 나는 어떻게 눈에 보이는 현상을 물리학적으로 해석해서 수학적인 표현으로 나타낼 것인가 고민했다. 그러다가 수리물리라는 학문의 본질을 이해했다. 결국 수리물리라는 과목은 현상에 대한 물리적인 설명을 하는 데 필요한 도구를 가르치는 수업이었다. 그제야 왜 수학과는 별 상관이 없는 LaTeX를 배웠는지 이해했다. LaTeX이든 수학이든 결국 물리를 이해하고 나타내는 도구로써 잘 사용하면 그만임을 깨달았다.

숙제를 하고 과제를 하면서 문제를 풀기 위한 테크닉에만 집중하지 말고 물리라는 과목의 본질을 탐구하라는 교수님의 메시지를 수시로 발견할 수 있었다. 개념을 이해하는 것도 결코 쉽지 않음을, 도구를 사용하는 것과 본질을 탐구하는 것 사이의 균형을 잡는 것이 물리학자라는 것을 깨닫게 된 것이다.

마지막으로 강의에 대해 얘기할 때 빼놓을 수 없는 것이 있다. 그건 바로 시험이다. 수리물리는 시험도 개성이 넘쳤다. 수리물리는 중간고사가 없이 기말고사만이 존재했다. 그런데 기말고사가 오픈북 시험이었고 시험 시간은 24시간이나 되었다.

사실 내가 듣기 전에는 수리물리 시험 시간이 무제한인 적도 있었다. 교수님은 시험 시간에 제한을 두는 것을 싫어하신다고 한다. 우리가 앞으로 이론물리 연구를 하게 되면 시간 내에 얼마나 빨리 문제를 푸는지는 전혀 중요하지 않고 중요한 것은 풀 수 있느냐 없느냐 인데 왜 시험 시간에 제한이 있어야 하는지 납득하지 않으셨던 것이다. 내가 수리물리를 듣기 전에 수강한 어떤 선배가 72시간 동안 시험을 쳤고 거의 초죽음이 된 조교들의 간청이 있었기에 시험 시간이 24시간으로 제한되었다.

시험장에는 인터넷과 휴대폰만 제외하면 어떤 것이든 반입이 허용되었다. 책과 필기노트는 물론이고 과자와 음료수, 컴퓨터, 심지어 베개를 들고 오기도 했다. 먹을 것을 가져오지 않은 학생들을 위해 조교들이 학생들의 주문을 받아서 먹을 것을 시키는 진풍경도 벌어졌다. 컴퓨터로 게임을 하면서 스트레스를 푸는 광경을 시험장에서 시험을 치다가 보게 되리라고는 꿈에도 생각지 못했었는데……. 여기선 먹고 저기선 자는 등 시험장이라고는 생각하기 힘든 자유분방한 시험이었다.

한편 시험 문제는 굉장히 아름다웠다. 문제를 이해하기조차 어려워서 문제를 이해하기 위해 몇 시간을 공부해야만 했다. 몇 문제 되지도 않는데 처음 보면 건드릴 수 있는 문제가 없었다. 다시 공부해야 했다. 서너 시간쯤 공부하고 문제를 본 뒤에 문제를 이해하려 다시 몇 시간씩 공부하고, 지치면 먹거나 자고, 다시 문제를 보고 공부하면서 조금씩 끼적거리며 시험을 쳤다. 시험 문제는 거의 대부분 몇 시간을 보다가 겨우 이해하고 다시 몇 시간을 보다가 기적적으로 실마리가 보이고 마침내 풀고 나면 감탄하게 되는 그런 문제들이었다. 가끔씩 이해하는 것이 불가능하거나 실마리를 찾는 것이 불가능하기도 했다. 교수님의 천재성을 정말 제대로 알 수 있는 문제들인 것이다.

시험을 치면서 나는 내 자신의 한계를 뼈저리게 실감했다. 나는 천재가 결코 아니었다. 내 스스로 가지고 있던 카이스트 물리학도로서의 자부심이 산산조각 나는 것을 느꼈다. 아홉 시간을 조금 넘길 무렵 나는 한계를 느꼈다. 더 이상은 버틸 수 없음을 깨달은 것이다. 시험을 시작한 지 열 시간이 되기 전에 짐을 정리하고 답지를 내고 나왔다. 사람들은 아직 절반보다 조금 많이 남아 있었다. 내가 수강했던 천재교수님의 창의적인 수업은 그렇게 막을 내렸다.

강의를 들으면서 나는 잊고 있었던 예전의 낭만을 떠올렸다. 생각지도 못했던 색다른 수업 방식으로 수업을 들었고, 교수님의 천재성을 돌이켜 생각할 때마다 느낄 수 있다. 애초에 그런 수업 방식은 아무나 시도할 수 있는 것이 아니었다. 학생들이 어떤 질문을 던지더라도 무시하지 않고 생각하여 납득할 만한 답변을 내놓고 어떤 제안을 던지더라도 그 제안의 논리적인 모순성과 논리의 비약을 짚어내는 것은, 그것도 수업 시간 중에 해나가기는 쉽지 않은 것이다. 그뿐만 아니라 일반적으로 쉽게 생각하고 넘어가는 개념들에 대해서 깊이 있게 고민하고 생각해 보도록 문제를 내는 것도 쉽지 않다. 오픈북 시험이면서 동시에 24시간 동안 시험을 보는 시험 문제를 내면서 학생들을 좌절하게 만들 수 있는 문제를 내기도 쉽지 않다. 한번쯤 들어볼 만한 가치가 분명히 있는 수업이었다고 생각한다.

그러나 그 수업을 받아들이지 못하는 나 자신도 발견할 수 있었다. 교수님이 천재적이시고 수업이 창의적이라고 해서 내 학업 성취도가 올라가진 않는 것을 발견한 것이다. 차라리 일반적인 교수님이(그렇다고 하더라도 카이스트 교수님이지만) 일반적인 교과서로 문제를 풀어 주면서 수업을 하시는 게 내게 훨씬 도움이 되었을 것이라 생각될 정도로 나는 교수님의 수업을 소화할 수 없었다. 개념을 깊게 파고들면서 나는 오히려 개념들이 혼란스러워졌고 개념들이 빙빙 돌다가 어느 순간 도약하는 것처럼 느끼면서 교수님의 강의를 힘들어했다. 강의 중에 교수님은 논의가 어떻게 흘러가는지 늘 꿰고 있으면서 논의가 논리적이고 건설적인 방향으로 흐르도록 개입해 주시지만 나는 어느 순간에 흐름을 놓치면서 논의에서 낙오되어 버렸던 것이다.

어쨌거나 나는 그 강의를 수강하면서 많은 것을 배웠다. 내가 받아들일 수 있는 강의가 내게 명강의인 것을 깨닫게 된 것이다. 화려하고 천재적인 강의보다 안정감이 있고 수준을 맞춰 주는 그런 강의에서 나는 더 잘 배울 수 있음을 깨달았다. 예전엔 천편일률적으로 느껴지는 강의에 불만이 있었는데 지금은 만족하게 되었다. 강의를 통해서 내 관점이 변하는 것을 느꼈고 인생에 있어서도 귀중한 교훈을 얻었다. 뱁새가 황새를 따라가려 하면 가랑이가 찢어진다는 교훈 말이다.

지금은 그 교수님께서 그 과목을 가르치지 않으신다. 다른 과목을 가르치시는 데도 교수님의 확고한 교육철학대로 여전히 가르치고 계시다는 소식을 자주 듣게 된다. 개인적으론 그 교수님의 수업을 다시 듣고 싶지 않지만 카이스트 학생이라면 교수님의 그런 수업을 한번쯤 들어보는 것도 유익하고 강의의 다양성을 높이는 좋은 길인 것 같다. 교수님께 수업을 듣고 있을 후배들이 힘내기를 바라며 글을 마친다.

기초 필수, 전공 필수, 전공 선택

대학에서는 몇 이상의 학점을 이수해야 졸업을 할 수 있다. 카이스트를 졸업하려면 어떤 수업들을 들어야 할까?

기초 과목

카이스트에선 무학과제도를 운영하고 있어서 1학년 때엔 기초과목을 듣게 된다. 난이도에 따라 반이 나눠져 있는 물리I, 물리II, 생물, 미적분학I, 미적분학II, 화학, 프로그래밍과 일반물리실험, 일반화학실험이 기초필수 과목에 해당한다. 이외에도 기초선택 과목인 몇 과목을 더 수강해야 기초 과목 졸업요건을 갖출 수 있다.

전공 과목

2학년이 되면 전공과목들을 듣게 되는데, 이수해야 하는 학점수는 학과

마다 다르다. 일반적으로 약 40여 학점이다. 전공과목은 꼭 들어야 하는 과목인 전공필수와 여러 과목들 중 자기가 선택해서 들을 수 있는 전공선택 과목이 있다. 전공필수는 무조건 들어야 졸업이 되는 과목이며, 전공선택은 정해진 학점 이상으로 들으면 졸업 요건을 갖출 수 있다.

교양 과목

카이스트에도 한국사, 뮤지컬, 독일어 등과 같은 교양 과목들이 개설되어 있다. 이러한 교양 과목도 교양필수와 인문사회선택 과목으로 나뉜다. 교양 필수 과목에는 영어 회화 및 글쓰기 수업, 논술 수업, 체육, 인성/리더십 수업 등이 있으며, 인문사회선택 과목은 앞의 선택 과목들과 마찬가지로 여러 교양들 중에 듣고 싶은 수업을 골라서 몇 학점 이상만 이수하면 되는 과목이다. 하지만 각 분야별로 꼭 한 가지 이상의 수업을 들어야 하므로 여러 분야의 교양 수업을 수강할 수 있다.

자유선택 및 연구 과목

또한 만약 졸업할 때까지 이수해야 하는 학점이 130학점인데, 위의 수업을 모두 수강 했어도 121학점 밖에 안 된다면 나머지 9학점은 자유선택 과목으로 채워야 한다. 다른 학과의 과목이거나, 원래 자유선택으로 정해져 있는 과목들이 이에 해당한다. 그리고 복수전공 이수자 외에는 연구 과목도 수강해야 한다. 연구 과목엔 졸업연구, 개별연구, 세미나 등이 있고 졸업연구, 개별연구 같은 경우는 학부생 때 미리 실제 연구실 생활을 경험해 볼 수 있는 좋은 기회이다.

졸업 후 진로

카이스트 학생들은 졸업 후 어떤 길을 택할까? 최근 4년 간, 졸업생들은 다음과 같이 선택했다.

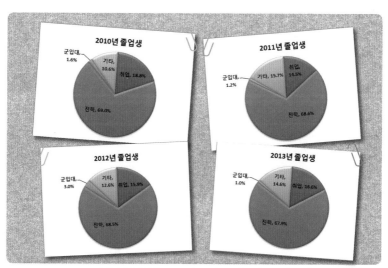

* 학사과정 졸업생 수: 2010년 738명, 2011년 771명, 2012년 828명, 2013년 838명
* 자료 출처: 카이스트 홍보실, 학생지원팀

학생들이 선택할 수 있는 분야는 굉장히 다양하지만, 연구 중심의 이공계 대학답게 대부분의 학생들은 대학원에 진학하여 전문적인 연구 경험을 쌓기 시작한다. 그리고 일부분의 학생들은 각종 산업체, 교육기관, 연구기관과 정부기관에 취업한다.

이렇게 대학원 진학률이 높은 이유 중 하나는 카이스트와 그 구성원들이 학생들이 연구 프로그램에 참여하기 좋은 환경을 만들어 나가기 때문이다. 카이스트의 대학원은 항상 학생들에게 열려 있다. 교수님들은 특정 분야에 관심과 열정이 있는 학생이라면 누구에게나 기회를 주시고, 대학원생들은 좋은 선배, 멘토로서 학생들을 지도한다.

카이스트의 실험 장비들,
너희들 대체 얼마니?

매년 카이스트에선 많은 연구 성과들과 새로운 것이 개발되었다는 소식이 쏟아져 나온다. 이처럼 카이스트 대학원이 우수하다는 것은 많은 사람들이 알고 있는 사실이다. 하지만 카이스트가 연구하기에 좋은 곳이라는 사실을 뒷받침해주는 이유는 한 가지 더 있다.

바로 비싸고 우수한 '실험기기'들이다.

카이스트에는 각 학과 건물에서도 많은 기기들을 보유하고 있지만, 첨단 측정 및 시험 분석 장비의 공동 활용만을 목적으로 세워진 'KAIST 중앙분석

센터'가 있다. 현재 40여 종 약 100억 원의 공동 활용 장비를 보유하고 있으며, 각종 장비 교육과 연구 지원도 이뤄지고 있다. 40여 종인데 100억 원이라니……. 막연하게 비쌀 것이라고 생각했던 실험기기들은 도대체 얼마나 비싼 것일까? KAIST 중앙분석센터의 도움으로 가격대 별 실험장비 세 개를 골라봤다.

중앙분석센터에서 보유하고 있는 가장 저렴한 장비는 무엇일까? 바로 'Element Analyzer 1'으로 유기화합물의 탄소, 수소, 질소, 황 성분을 분석하는 기계이며, 가격은 6천만 원이다. 가장 저렴한 장비의 가격이 6천만 원이라니 가장 비싼 기계가 벌써부터 기대된다.

다음은 평균 가격대의 장비로 'FT-Raman spectrometer'이다. 2006년에 들여온 기기이며, 어떤 화합물 분자의 진동 스펙트럼을 측정하여 분자 구조 및 진동 구조 등을 연구하는 장치로 30만 달러, 한화로는 약 3억 3천만 원이다.

마지막으로 중앙분석센터에서 보유하고 있는 가장 비싼 기기는 과연 무엇일까?

바로 이 녀석이다!

기기의 이름은 'Field Emission Transmission Electron microscope(TEM)' 이고, 무려 110만 달러, 한화로는 약 12억에 이른다. TEM은 '투과전자현미경'으로 매우 짧은 파장을 통과시켜 재료의 결정 구조 등을 나노미터(nm) 단위까지 관찰할 수 있는 기기이다. 외부인이 예약하고 사용하려면 시간 당 무려 12만 원의 사용료를 내야한다. 12억이 잘 실감이 나질 않는다면 이렇게 생각해 보면 좋다.

그 비싸다는 람보르기니 가야르도를 3대 사고도 돈이 남아서 포르쉐 박스터를 2대나 더 살 수 있는 금액이다. 고도 기술의 집약체인 TEM은 이렇게 어마어마한 기계이다.

PART 3
교양 강의

마음을 위로하는 시 읽기
「한국시 다시읽기」

전산학과 10 노연주

처음부터 카이스트에 오고 싶었던 것은 아니었다. 초등학교 때부터 함께하던 소꿉친구들은 고등학교 3학년이 되어 연락이 끊겼고 혼자 대전에 떨어져 지낸다는 것이 마냥 반갑지만은 않았다. 심지어 평생 방학이라고 여겨온 2월에 수업을 시작한다는 점도! 큰딸을 조기졸업으로 카이스트를 보낸 신난 부모님께 등 떠밀려 나는 목적 없이 여기 대전으로 왔다.

첫해는 정신없이 지나갔다. 학교가 좋고 싫은 것은 나중 문제였다. 어린 나이에 대학생이 된 나는 낭만이라는 이름으로 내 비행을 포장했다. 동아리 활동 후 친구들과 마시는 술은 달콤했고 강의실에서 몰래 나와 한 마리 베짱이가 되어 잔디밭에서 기타를 치며 놀던 매일 매일이 나에겐 축제였다. 입시로 잃어버린 날들을 스스로 보상하려는 노력이었던지 나는 누구도 부럽지 않게 열심히 나만의 축제를 즐겼다. 공부와 미래가 현실이 아닌, 먼 미래의 일로만 느껴졌던 그런 여유로운 시절은 오래 지속되지 않았다.

만년 신입생일 것 같던 나도 2학년이 되었을 때의 일이다. 2학년 1학기 수강 신청을 하던 날 친구들은 고민을 참 많이들 했다. 어떤 것을 좋아하는 걸까? 적성에는 맞을까? 이 수업은 우리를 어떤 방향으로 이끌까? 친구들이 방에 모여 서로 고민을 털어 놓아도 해답을 얻을 수는 없었다. 하지만 열심히 하면 잘 할 수 있을 것이라고 믿었던 나는 무서워하지도 두려워하지도 않은 채 그저 설렌 마음으로 첫 수업 첫 강의실에 도착했다. 미리 예습도 하고 자신감도 충만해 마음은 과 수석이었다. 하지만 그날 강의실에서 내가 배운 것은 미리 예습한 내용이 아닌 혼란과 좌절이었다. 수업을 들어도 질문을 할 수조차 없었다. 내가 무엇을 모르는지도 설명할 수 없었다. 못할 것이라고는 상상도 못하고 있던 나는 큰 충격을 받았다. 급기야 수강 취소를 고려하는 상황에 다다랐다.

그날은 잊히지도 않는다. 수강 취소가 가능한 마지막 날이었고 한 단원을 모두 끝낸 날이었다. 나는 내가 할 수 있는 모든 공부를 다 했다고 생각했고 수업이 끝난 그 강의실에서 다른 친구들이 모두 빠져나간 늦은 시간에 혼자 연습문제를 풀기 시작했다. 1단원의 연습문제는 총 52문제였고 절반 이상인 27문제 이상을 맞히지 않는다면 이 길이 내 길이 아니라고 판단하고 수강하지 않기로 결심했다.

하늘이 나를 놀리는 거였던지 우습게도 난 26문제를 맞혔다. 고작

한 문제 차이였지만 나는 무한한 패배감과 자괴감을 느꼈다. 창 너머로 잔디밭에 삼삼오오 모여앉아 사진을 찍는 사람들의 모습이 보였고 너무 서러웠던 나는 한참을 펑펑 울었다. 전혀 고민도 걱정도 없던 나에게 책상 위에 쌓여 있던 전공서적들은 삶의 무게로 느껴졌다. 공부해야 할 책들이 한 권 두 권 쌓일 때마다 내 삶의 무게도 한 권 두 권씩 더해졌다.

공부에 배신감을 느낀 나는 베짱이 놀이를 계속했다. 한 번 큰 실패를 맛보자 다른 과목조차 무서워졌다. 한 과목이 아니라 여러 과목에서 열심히 했는데 또 다시 못할까 봐, 내가 잘하는 것을 못 찾을까 봐 그 패배감이 무서워 나는 공부를 하지 않는 방법을 선택했다. 해가 바뀌어 내가 어느덧 스무 살이라는 점도 큰 이유가 되었다. 스스로 어리다고만 생각했는데 한 해 한 해 지날수록 책임져야 할 일들이 늘어나는 것이 너무 싫고 무서워서 부정했다. 나는 열심히 도망쳤고 놀 수 있는 모든 수단을 동원해서 열심히 놀았다. 공부를 열심히 멀리했고 학교를 열심히 싫어했다. 카이스트를 온 것이 잘못일까 내가 공부를 못하는 것일까 고민하며 매일매일 학교를 원망하기도 했다. 베짱이 놀이도 지겨워질 무렵 방학이 왔고 나는 잠시 학교를 떠나게 되었다.

학교에 다시 돌아왔을 때 하늘은 높고 말은 살찌는, 공부하기에 가장 좋은 계절이 되었다.

하지만 나는 아니었다. 바닥이란 무엇인가를 몸소 체험한 그 아픈 봄을 보내고 움츠린 마음으로 새 학기를 맞이했다. 관심 있던 과에 진입하였고 조심스러운 마음에 조금 여유롭게 수강 신청을 하였다. 또 실패할까 봐 조마조마하던 내가 개강 후 얼마 지나지 않은 때의 일이다. 수강 신청 마지막 날까지 시간표를 들여다보던 나에게 99라는 숫자가 보였다. 인문사회과학과에서 개설하는 교양 강의 중 하나였던 「한국시 다시읽기」라는 강의였다. 100명 정원에 99명이 신청하였고 나는 왠지 이 숫자를 100으로 만들어야겠다는 뜬금없는 생각으로 무심히 신청했다.

카이스트는 자연대와 공대로만 구성되어 있어서 그런지 인문학과 교양에 대해 학생들의 관심이 굉장히 적은 편이다. 전공 과목을 아주 중요하게 받아들이는 한편 교양 과목은 쉽고 편한 과목이지만 잘 못하는 과목이라는 인식이 흔하다. 그렇게 생각하지 말아야겠다고 하면서도 내 마음속으로는 편하게 받아들였는지 아무런 고민도 준비도 기대도 부담도 없이 편안한 마음으로 첫 수업에 들어갔다.

「한국시 다시읽기」(이하 한국시)는 문학사와 더불어 한국시사를 공부하고 시대별 시인들의 시를 자유롭게 감상하고 발표하는 과목이었다. 매주 리포트가 있다는 공지에 지레 겁을 먹기는 했지만 강의실에서 만난 유쾌한 교수님께서 사사하기에 열 몇 번의 숙제 정도는 고민거리가 되지 않았다. 설레는 마음으로 수강 결정을 하였던 것이 개강 둘째 주였다.

언어 하면 C언어, Java, Python이 가장 먼저 떠오르던 전산과 학부생에게 한국시는 새로운 언어, 즉 시적 언어의 세계를 열어주었다. 시는 산문과 달라 시적 언어를 사용한다. 시적 언어는 평범한 우리 일상 언어를 바탕으로 하지만 리듬이 있고 운율이 느껴져 읽을 때 아름답고, 상징적인 표현이 많아 의미를 생각하다 보면 보물찾기를 하는 기분이 들었다. 시 자체로는 언어유희가 많아 재미있고 주제가 일상생활에 관한 내용이 많아 감정이입을 할 수 있었다. 또 산문처럼 우리가 편히 주욱 써 내려갈 수 있는 쉬운 글이 아니라 읽으면 읽을수록 감탄하게 되고 훨씬 매력적이었다.

물론 나도 정상적인 초등교육을 받았기 때문에 시가 훌륭한 것은 잘 알고 있었다. 하지만 강의가 아니고서야, 또 숙제가 아니고서야 매일 프로젝트에 찌들어 사는 내가 스스로 시를 찾아 읽었을까? 라는 질문에 자신 있게 YES라고 대답할 수는 없었다. 다행인지 불행인지 매주 이어지는 숙제에 나는 입학 전 평생 읽은 시보다 더 많은 시를 한 학기 동안 읽는 호사를 누렸다.

태어나서 처음으로 시집을 사 보고 도서관에서 시집을 빌려보는 경험도 하게 되었다.

학기 초반에는 잘해야겠다는 생각에 부담을 느꼈다. 어떤 식의 감상을 쓰면 교수님의 마음에 들어 높은 점수를 받을 수 있을까, 조금 더 어려운 시를 골라 분석하면 더 눈에 띌까? 이런 고민에 스트레스를 받기도 했다. 처음에는 감상문을 한 자 한 자 써 나가는 것이 힘든 일이었는데 시를 읽다가 보니 점수가 중요한 것이 아니라는 생각이 들기 시작했다. 처음 숙제를 할 때 시를 1분 만에 읽고 두 시간 동안 감상문을 썼다면 시간이 지날수록 시를 읽는 데 30분쯤 걸리고 1시간 30분 동안 감상문을 쓰다가, 나중에는 아예 시를 읽고 고민하는 데 1시간 30분, 감상문을 쓰는 데 30분 정도로 비율이 변했다. 감상문은 어렵게 쓰려고 하지 않고 생각나는 대로 쓰게 되었고 시가 어떤 의미인지, 시인이 하고 싶은 말이 무엇인지 고민하고 또 고민하게 되었다. 스스로 찾아 읽게 되고 시대적 배경도 알아보고 시인은 어떤 사람이었는지, 어떤 교육을 받았는지, 심지어 나중에는 시인의 사진을 찾아보고 잘생겼다고 감탄하는 경우도 생겼다. 그러다 교수님께 칭찬이라도 받는 날이면 신이 나서 방에 와서 다음 주 숙제를 미리하기도 했다.

한 번의 실패 이후에 두려움으로 내 스스로를 가둔 나는 늘 자신감이 없었다. 진로 문제도, 성적 문제도, 친구 문제도 모든 문제들이 얽혀 불안하던 그 시절에 시를 읽으면 마음이 정화되는 것이 느껴졌다. 그렇게 시를 찾아 읽다 보니 나중에는 신기하게도 시가 나에게 왔다. 박노해 시인을 공부하던 주간에 읽은 〈나는 젖은 나무〉라는 시는 지난 학기 쓰린 패배의 고통을 딛고 일어설 수 있게 해 주었다. 기형도 시인을 공부하던 주간에 읽은 〈빈 집〉이라는 시는 이별을 겪은 내 마음을 그대로 표현한 것 같아 감정을 이입해 펑펑 울면서 읽었다. 서정주 시인의 〈첫사랑의 시〉를 읽을 때엔 초등학교 때 짝사랑한 선생님을 떠올리며 추억 여행을 하였고 기형도 시인의 또 다른 시 〈질투는 나의 힘〉을 읽으며 나를 사랑해야 한다는 것을 배웠다. 그 외에 혼자 따로 찾아 읽은 윤동주 시인의 〈자화상〉, 김용택 시인의 〈사랑〉 등으로 인해 나는 '진화'를 했다. 힘든 일이 생겨도 투정부리지 않게 되었고, 나를 탓하지 않게 되었으며 신경질적이던 모습을 버리고 다시 원래의 밝고 해맑은 모습을 찾아갔다.

자신감을 찾고 두려움에 맞설 용기를 얻자 놓쳤던 공부도 다시 시작할 수 있게 되었다. 한국시뿐 아니라 다른 과목의 공부도 즐거워졌고 공부가 즐거우니 열심히 하게 되었으며 성적이 점점 올랐다. 공부가 즐거우니 더 이상 베짱이 놀이를 할 이유도 사라졌다. 한국시라는 과목을 통해 나는 베짱이에서 사람이 되었고 투정부리는 어린 아이에서 어른이 되었다.

학기가 끝날 때쯤 나의 스무 살도 끝나가고 있었다. 방황과 도피로 가득했던 봄을 이겨내게 해준 건 그냥 우연히 99명에서 100명을 채우겠다는 말도 안 되는 생각으로 신청한, 카이스트 아이들의 표현에 따르면 그냥 3학점짜리 교양이었다. 그 3학점짜리 교양으로 인해 매주 시를 읽으면서 스스로 고민하는 시간을 가지게 되었고 깨달음을 얻었으며 다시 미래를 그릴 수 있게 되었다. 나와의 싸움에서 완전히 패배했다고 믿은 바보 같던 나에게 희망을 선물한 그 3학점짜리 교양이 고마워 나는 수강 신청을 지금도 고민하는 친구들에게 제일 먼저 한국시를 추천한다. 100번째 그 한자리의 영광을 나에게 준 전교생에게 감사하고 수강 정원을 99명이 아닌 100명으로 개설한 교수님께 감사하고 이런 훌륭한 강의를 개설한 교수님을 존경한다.

이듬해 봄에 나는 포기했던 그 과목을 다시 수강했다. 여전히 1단원 연습문제를 풀었을 때는 26문제밖에 못 맞추었지만 2단원에서는 더 맞추었고, 3단원에서는 더욱 더 많이 맞추었다. 학기가 끝날 때 자랑스러운 성적을 받았고 지금 그 과목은 내가 제일 자신 있고 또 좋아하는 과목이 되었다. 이후에 그 과목이 바탕이 된 다른 과목들 역시 좋은 성적을 받았고 기쁘게 공부할 수 있었다. 미워만 하던 카이스트를 좋아하게 되었고 또 사랑하게 되었다. 졸업을 앞둔 지금 떠날 생각을 하면 더 겪어 보지 못한 경험들이 아쉽고 즐거웠던 모든 것들이 그립다. 떠나기 싫은 학교가 되었고 마음의 고향이 되었으며 잊지 못할 추억들로 마음 속 깊은 곳에 자리잡았다. 나에게 영원히 기억하고 싶은 강의를 선물해준 고마운 「한국시 다시읽기」의 마지막 과제였던 '내 인생의 시'의 일부를 발췌하며 마무리하려고 한다. 내가 고른 내 인생의 시는 황지우 시인의 「11월의 나무」이다.

이 생이 가렵다는 말만큼이나 지금 내 인생을 잘 표현할 수 있는 말이 더 있을까 싶다. 그 느낌은 어렸을 때 엄마와 싸우고 엄마에게 반항하기 위해 머리를 며칠씩 안 감고 버티면서 느꼈던 감정과 비슷하다. 또는 발가락 사이를 모기한테 물린 그런 기분?

이 시를 처음 읽는 순간 스무 살이 되기를 거부했던 지난봄의 내가 떠올랐다.

처음 20대가 된 올해 초에 나는 내가 스무 살이기를 거부했다. 어른이라는 이유로 나에게 부과되는 그 막중한 책임감들로부터 도망치고 싶었던 것일까, 책상 위 수북이 쌓인 전공 서적들을 펴고 싶지 않았던 것일까. 엎친 데 덮친 격으로 그날의 전공은 나에게 패배감만 주었다. 공부를 해서 맞추는 것 보다 안하고 틀리는 것이 쉬웠다. 그렇게 나는 스무 살의 봄을 떠나보냈다.

.......중략.......

황지우 시인의 「11월의 나무」는 20년 삶을 돌아본 나의 가려운 마음과 받아들이지 못하던 나의 모습, 하지만 더 늦기 전에 꽃 필 것을 준비하려는 다짐을 모두 포함하고 있으니 이 시야 말로 내 인생의 시라고 말할 수 있겠다. 앞으로 살 날이 60년도 더 남았을 텐데 고작 스무 살인 내가 이런 무거운 느낌의 시를 고른다는 점에서 잠시 멈칫하기도 하였다. 왜 이 시를 골랐을지 고민을 해 보았는데 이유는 너무 간단하게도 내가 내 삶을 돌아보는 동안 열심히 또 열심히 후회를 하였기 때문일 것이다. 지난 일에 대한 후회를 할 수 밖에 없는 것은 그동안 최선을 다하지 않았던 이유도 있겠지만 그 시절의 내가 나를 혼내기만 하고 스스로를 칭찬하지 않았기 때문일 것이다. 자세한 상황을 기억할 수 없는 지금의 나는 과거의 나 스스로를 향한 꾸짖음만 기억하고 그 꾸짖음이 결국 내 삶을 통째로 후회로 만드는 결과를 낳았다. 비록 내가 조금 못했어도, 기대에 부응하지 못했더라도 괜찮아! 더 잘하면 되지! 라고 긍정적으로 생각했다면 그때 더 잘할 기회가 생겼을지도, 또 나중에 내가 돌아보았을 때 비록 아쉬운 마음이 들지라도 지금의 나를 만드는 주춧돌이 된 순간으로 기억할 수도 있을 것을.

그런 의미에서 지금의 나는 너무 기특하다. 실수도 많았고 혼나기도 많이 혼나면서 정말 많이 배운 스무 살! 한 해 내내 혼나고 또 배우고, 넘어지고 또 일어나고 울기도 참 많이 울었던 한 해였지만 다 괜찮고 이렇게 버텨준 나 자신이 기특하다. 작년 이맘때쯤 나이 드는 것이 무섭고 겁나고 책임만 늘어가는 것 같아 부정해왔지만, 나는 스무 살을 아주 잘 견뎌왔고 이제 스물한 살도 반갑게 맞이하고 더 잘 보낼 수 있을 것 같다. 따라서 이 시는 내 인생의 시이기는 하지만 내 인생이고 싶은 시라기보다는 내 인생이었던 시가 옳겠다. 다시 생각해도 지나온 내 생은 너무나 가렵다. 하지만 10년 후에 회상하는 오늘은 적어도 가렵지 않을 것만 같다.

— 2012년 12월 15일, 「한국시 다시읽기」
마지막 과제물 '내 인생의 시' 중에서

전봉관 교수님 (인문사회학과)

훤칠한 키에 헝클어진 파마머리. 동그란 안경 너머로 보이는 반짝이는 눈동자.
첫눈에도 예술가의 자유로운 분위기가 물씬 풍기는 전봉관 교수님을 만나보았
습니다. 교수님의 강의는 학생들 사이에서 참 인기가 많은데요, 저 역시 가장
인상 깊었던 명강의 중 하나로 이 수업을 손꼽는답니다!

Q 많은 학생들의 감상문을 읽어보면 어떠신가요?

A 한 10년째 이 강의를 하면서 나도 참 즐거워요. 학생들의 진솔한 내면을 들
여다 볼 수 있거든요. 학생들은 내 수업에서 14편의 감상문을 쓰는데, 처음
에는 고등학교 시절에 배운 객관적인, 판에 짜인 듯한 방식으로 시를 읽으
려는 노력이 많이 보여요. 하지만 내 수업은 시를 객관적으로 분석하고 시
인의 의도대로 이해하기보다는, 시를 자유롭게 읽고 시와 솔직하게 교감해
서 자신에게 필요한 시를 찾는 수업입니다. 그래서 감상문을 쓰는 횟수가
늘어날수록 학생들이 자신이 느끼는 바를 진술하게 써 내는 편인데, 심지어
는 시와 무관한 자기 이야기를 써서 내는 학생들도 있어요. 나는 오히려 그
런 부분을 더 즐거워한답니다. ^^

Q 교수님의 강의에서는 오랜 시간동안 많은 학생들이 감상문을 발표하는 데요, 이렇게 발표 수업을 하시는 특별한 이유가 있나요?

A 내가 천 편의 다른 시를 강의하더라도 나를 통해서 나오는 평가는 모두 똑같을 수밖에 없어요. 내가 좋아하는 시가 있고 싫어하는 시가 있기 때문이죠. 내가 이야기를 하면 수업이 내 방향대로만 흘러가 버릴 수가 있어요. 내가 느끼지 못하는 부분(특히 낭만주의의 시에서는 큰 느낌을 받지 못하는데)에 대해서는 내가 강의를 할 수가 없어요. 그런데 학생들이 이야기를 하면 그런 부분들을 다룰 수가 있죠.

나도 학생들의 감상을 들으면서 배우는 부분이 있습니다. 학생들이 예전에 내가 무심코 넘겼던 시에서 엄청난 감동을 느꼈다는 걸 보면 참 놀라워요. 나는 백 번을 봐도 감동적이지 않은 시를 읽고 학생들은 눈물을 흘렸다고 하면 그 시를 다시 보게 되죠. 물론 내 정서가 바뀌지는 않지만요.

Q 교수님의 수업을 통해 학생들이 배웠으면 하는 것은 무엇인가요?

A 나는 학생들이 시를 읽으면서 삶이 더 풍요로워졌다는 느낌을 받았으면 해요. 사실 반드시 시를 읽어야 하는 건 아니에요. 시를 읽지 않아도 사회생활을 하는 데에는 전혀 지장이 없어요. 원래 예술이라는 게 그래요. 그림을 안 보고 사는 사람도 있고, 나처럼 대중음악을 안 듣고 사는 사람도 있죠. 그런데 그 문화(특히 언더그라운드 음악 말이에요. 나는 도저히 못 듣겠던데!)를 이해하면 삶이 더 풍요로워지잖아요. 그런 것처럼 시를 읽는 것도 삶을 풍요롭게 만드는 하나의 방편인 겁니다. 시를 반드시 읽을 필요는 없지만 읽으면 좋다는 거죠. 수업이 끝나고 나면 학생들이 시를 다시는 안 읽어요. 하지만 한 학기 동안 시를 읽으며 느꼈던 것들, 예를 들면 기형도의 시를 읽으며 가슴 설레던 그런 기억들이 삶을 더 풍요롭게 만들어주지 않을까요? 그리고 뜻밖의 장소에서 내가 예전에 읽었던 시를 발견했을 때 느끼는 반가움과 기쁨도 있죠.

과학자의 따뜻한 마음가짐
「국제분쟁과 미디어」

원자력및양자공학과 12 이나은

　이 글은 제가 카이스트에 입학하는 것에서부터 시작합니다. 당시 저는 카이스트에 입학한 사실이 매우 자랑스러웠습니다. '학력'이라는 추상적인 명예를, '카이스트'라는 '엠블럼'을 다는 동시에, 그 누구에게도 '대학교 어디 다녀요?'라는 질문에 꿇리지 않았으니까요. 비록 학교를 입학할 당시에는 학교가 자살 문제 및 총장 문제로 시끄러웠지만 그 당시 저에겐 별로 중요치 않았습니다. 제게는 '카이스트'라는 네 글자가 더 중요했거든요. 하지만 자만심 때문인지 첫 학기에 2점대의 학점을 받았습니다. 물론 첫 학기는 장학금이 '잘리는' 것을 면제해 주었지만 저는 낮은 학점을 받고 나서 인생의 회의감이 들었습니다. '카이스트'를 입학한 것에서 비롯된 자부심은 가득 찼지만 막상 자부심에 비해 이룬 것은 많지 않았기 때문이었죠. 하지만 회의감도 잠시였습니다. 저는 학점에 대한 불안감을 잊기 위해 하루하루 놀면서 방학을 보냈습니다.

그렇게 놀다보니 어느새 가을학기가 시작되었습니다. 시작할 때부터 불안했습니다. 18학점을 신청했지만 그 어느 과목에도 크게 자신이 없었거든요. 그래서 목표는 하나였습니다. '제발 장학금만 잘리지 말자.' 저는 현실에 갇힌 목표와 불안한 마음을 안고 수업을 들었습니다. 그리고 목요일, 저는 드디어 운명의 교수님을 만나게 되었습니다.

과목명은 「국제분쟁과 미디어」였습니다. 과목명이 워낙 무거운 이름이라 보나마나 좀 무섭게 생긴, 아니면 나이 많은 50대 '아저씨' 같은 교수님이 오실 거라고 생각했습니다. 그런데 처음 본 교수님은 제가 생각했던 인상과 정반대였습니다. 짧은 커트머리에 노란색 니트, 통이 넓은 바지에 온화한 인상을 지닌 '여성' 교수님이셨습니다. 게다가 본직업은 '다큐멘터리 PD'라니. 그때부터 저는 이 수업이 다른 수업과는 뭔가 다를 거라고 느꼈습니다. 수강 신청할 때만 해도 영어 수업이 듣기 싫어 신청한 한국어 교양 수업이었지만, 교수님과 제목간의 괴리감에서 나오는 흥미에 저는 졸음도 마다하고 수업을 열심히 듣기 시작했습니다.

수업은 제가 생각했던 대로 타 과목들과는 무언가 달랐습니다. 우선 교수님이 수업을 맡으신 계기부터가 매우 특이했습니다. '카이스트 학생들은 이공계 쪽으로는 상당히 뛰어난 학생들이다. 하지만 국제 사회의 여러 이슈들에 대해선 많이 알지 못하는 점이 안타까워 강의를 맡게 되었다.'라고 교수님께선 첫 시간에 말씀하셨습니다. 그리고 이러한 목적으로 시행된 강의는 제게 많은 상식과 놀라움을 안겨 주었습니다. 교수님은 자신이 누비던 전장 속에서 본 참혹한 이야기들을 영상 자료들과 함께 보여주시며 늘 저희에게 새로운 충격을 주셨습니다. 전쟁터에서 죽어가는 아이들, 자식이 죽어가는 걸 눈으로 봐야 하는 부모들과 전쟁을 일으키려는 정치인들의 속물적인 이면까지, 우리는 우물에 갇혀 있다는 느낌이 들 정도로 많은 이야기들을 들으며 우리 자신을 되돌아 볼 수 있었습니다. 늘 자만심과 자부심에 가득 차 있던 제게 생명과 삶에 대해 생각하며 스스로 겸손해지도록 했습니다. 무엇보다 불행하다 여겼던 나의 삶이 누군가에게는 그토록 원하던 삶일 수도 있다는 사실을 늘 상기하며 지금 내게 주어진 이 환경에 감사할 수 있었습니다.

하지만 그 무엇보다도 제게 충격을 주고, 저를 돌아볼 수 있게 했던 '이야기'가 있습니다. 바로 그 이야기를 여러분들에게 들려드리고자 이렇게 글을 쓰게 되었답니다. 그 이야기는 '예루살렘의 아이히만'이라는 책에서 시작됩니다.

'예루살렘의 아이히만'은 '한나 아렌트'가 쓴 책입니다. '아이히만'은 제2차 세계대전 당시, 수백만 명의 유태인들을 가스실로 보낸 '악마'입니다. 그는 독일이 전쟁에서 패전할 당시 아르헨티나로 도망가 수십 년 동안 몰래 살았으나, 이스라엘 비밀경찰 '모사드'에게 붙잡혀 예루살렘으로 이송되어 재판을 받게 됩니다. 그리고 이 책은 유대인 칼럼니스트인 '한나 아렌트'가 '예루살렘'에서 '아이히만'의 재판 과정을 보면서 느낀 점을 적은 책입니다. 교수님은 이 책과 '아이히만'에 대해서 설명하시다 대뜸 저희들에게 이렇게 말씀하셨습니다. "그런데 말이죠. 참 이상한 것은 이공계 쪽엔 '아이히만'들이 많아요. 특히, 카이스트 학생들을 보면 '아이히만'들이 참 많은 것 같아요."

'악마' 같은 '아이히만'에 관해 설명하시다 갑자기 카이스트 학생들을 보며 우리가 '아이히만'같다고 걱정스런 표정으로 말씀하시는 교수님의 얼굴을 보며 저는 당혹스러움을 감출 수 없었습니다. 하지만 교수님은 이런 반응을 진정하기 위해서인지 처음 하셨던 말을 뒷받침하셨습니다.

"'한나 아렌트'가 '아이히만'이 재판받는 과정을 보면서 들었던 생각은 바로 '악의 평범성'이에요. '아이히만'은 태생적으로 '악마' 같은 사람이 아니에요. 그는 우리와 같은 평범한 사람입니다. 그러나 그가 다른 점이 있다면 바로 '나쁜 일'이 주어졌을 때, 그 일을 '왜' 해야 하는지 묻지 않고 열심히 수행했다는 것이지요. 게다가 '아이히만'은 상부에서 주어진 명령을 열심히 수행했다는 것에 자부심을 느꼈습니다. 그러니까 '아이히만'에게 주어진 일이란 '유태인들을 가스실에서 잔인하게 죽이는 것'이 아니라 '상부에서 주어진 명령에 반발하지 않고 열심히 하는 것'이었죠. 그때 악은 아주 평범하고 사소한 곳에서 오게 되죠."

교수님은 학생들을 한 번 둘러보신 뒤, 다시 말을 이으셨습니다.

"여러분들은 이런 '아이히만'이 자신들과 전혀 같지 않다고 생각할 거예요. 하지만 여러분들 역시 그와 크게 다르지 않아요. 여러분들이 나쁘다는 이야기가 아니에요. 어떤 과제가 주어졌을 때 여러분들은 '왜 그 과제를 해야 하는지'에 대해 근본적으로 묻지 않아요. 여러분들은 누군가가 명령했을 때 '그 일을 해야 하는 이유'보다는 '그 일을 꼭 해야 한다는 것'을 더 중시하죠. 문제는 이런 '아이히만'적인 사고가 계속되다 보면 언젠가 여러분이 인류를 파괴하는 어떤 것을 만들어도 그것이 인류에게 해를 끼치는지를 생각하지 못할 거라는 거죠. 다만 그 일을 열심히 했을 때 얻는 '명예'와 '칭찬'만을 생각할 거라는 거죠."

학생들은 말이 없었습니다. 교수님은 강의실에 흐르는 무거운 분위기를 읽으셨는지 갑자기 밝은 목소리로 바꾸셨습니다.

"그래서 내가 여기에 강의하러 왔잖아요! 여러분들이 '아이히만'이 되지 않게, 여러분들에게 진짜 세상을 보여주기 위해!"

수업이 끝나고 많은 생각이 들었습니다. 내가 정말 '아이히만' 같은 사람인지. 그런데 생각하면 생각할수록 저는 '아이히만'과 다르지 않은 사람이었습니다. 한 번은 이런 일이 있었습니다. 1학년 2학기, 프로그래밍 시험 시간 때, 갑자기 조교분들께서 학생들의 자리를 라인별로 조정하여 바꾸셨습니다. 모든 학생들이 그 일을 의아해 했지만 아무도 묻지 않았습니다. 우리에겐 자리를 바꾸는 것보다 시험이 더 중요했기 때문입니다. 그 뿐만 아닙니다. 우리는 수업 시간에 특이한 과제를 받았을 때도 왜 그 과제를 해야 하는지 묻지 않습니다. '왜 그 과제를 해야 하는지'에 대해 생각하는 대신, 그 과제를 조금이라도 더 열심히 하기 위해 시간을 할애합니다. 하지만 한 번도 그것에 대해 이상하다 생각해 본 적이 없었습니다. 왜냐하면 나를 포함한 대부분의 사람들이 그랬기에 그게 옳다고 믿었던 겁니다.

사실 저에겐 그래야 하는 이유가 있습니다. 우리의 학점엔 '장학금'이 걸려 있기 때문입니다. 일정 학점을 넘지 못하면 우리는 장학금이 잘립니다. 그렇기 때문에 우리는 과제를 열심히 해서 좋은 학점을 받고, 좋은 학점으로 장학금이 면제되어 부모님 그리고 나 자신을 실망시키지 않기 위해 공부나 과제에 매우 많은 노력을 기울입니다. 이를 위해 '나'로 대변되는 대부분의 학생들이 카이스트에서 치열하게 살아갑니다. 이공계인들 역시 마찬가지입니다. 결과로 '노력'을 말해주는 '이공계'에서 살아남기 위해 많은 연구원들은 수만 번의 실험들을 거쳐 '결과물'을 내놓습니다. '결과물'이 해석되는 것은 그 다음입니다. 하지만 그게 나쁘다고 생각해 본 적은 없습니다. 그렇게 해야 우리는 살아남으니까요.

그 당연하다 생각하는 일을, 교수님은 우리가 다시금 그것에 대해 생각해보기를 바라기에 '아이히만'에 대해 얘기하셨습니다. 우리가 무언가를 열심히 해서 '명예'를 얻기 전에, 그것이 옳은가에 대해 생각하기를 교수님께서는 바라셨습니다. 이 뿐만 아니라 교양 및 시사에 지식이 많지 않은 우리를 위해 교수님께서는 아이에게 글자를 가르치는 느낌으로 우리에게 많은 지식을 알려주셨습니다. 그리고 그 속에서 우리는 우리의 선배들인 '전쟁 과학자'들이 많든 수많은 살상 무기들과 '아이히만'들을 만났습니다. 특히 '후버'가 만든 '사린가스'로 죽은 많은 유태인들과 군인들의 사진을 보면서 잘못된 생각이 빚어낸 미래의 초상을 볼 수 있었습니다. 만약 우리가 이러한 진실들, 그리고 '왜'라는 생각을 지니지 않는다면 제2의 '후버' 역시 카이스트 안에서 나올 수 있습니다. 그 사실을 교수님께서는 꽤나 잔혹하게 그리고 명확히 우리에게 알려주셨습니다.

우리는 이 수업을 통해 한 가지 확실한 것을 배웠습니다. 과학자는 과학만을 공부해선 안 된다는 것입니다. 과학자는 머리로는 공식을 계산하면서 가슴으로 연구의 미래를 생각해야 합니다. 그것이 바로 우리들의 이상적인 미래입니다. 만약 그렇지 않는다면 SF영화 속에 나오는 백발의 이상한 안경을 낀, 무시무시한 음모를 가진 '악당 과학자'가 될 뿐입니다.

하지만 미래 이공계인인 우리 카이스트 학생들이 그렇게 생각을 하고 행동한다는 것이 쉽지 않습니다. 우리에겐 과학 이외의 것에 대해서 관심을 가지기엔 시간을 비롯한 자원이 늘 부족하기 때문입니다. '장학금'이 잘릴지도 모른다는 불안감 속에, 공부를 해야만 하는 환경 속에서 압박을 받고 책을 폅니다. 저 역시 1학년 2학기에는 더 없는 긴장감 속에서 공부를 했습니다. 서울에 계신 부모님께서는 딸을 자주 보지 못하므로 '학점'으로 딸의 학교생활을 평가하셨습니다. 좋지 않은 학점을 받아 이미 부모님께 밉보인 '딸'의 입장으로서 저는 '3.0이상의 평점'이 무엇보다도 절실했습니다. 대다수의 부모님은 좋은 학점을 받지 못한 학생들에게 '다른 일을 열심히 하느라 공부에 미처 신경을 쓰지 못했구나.'라고 말하며 위로해 주지 않습니다. 단지 공부를 소홀히 하여 자기 관리를 못하는 학생이라 생각할 뿐입니다. 그렇기에 우리 같은 '카이스트' 학생들에게 무조건적인 강요 혹은 주장을 저는 하고 싶지 않습니다. 같이 불안한 입장인데 어떻게 '사회에 관심을 가지고, 무조건 공부하는 것보다 '가슴'을 열고 '왜'에 관심가지는 옳은 과학자가 되어라.'라고 얘기할 수 있나요. 그렇다고 저는 학생들에게 무조건적인 공부만 강요하는 학교 상황을 타개하기 위해 '우리같이 어떤 일들을 해 봅시다!'라고 할 만큼 용기 있는 사람도 아닙니다.

저는 저와 같은 상황에 처한 우리 학교 학생들을 응원하고 싶습니다. 예전에 '페이스북'에 어떤 후배가 이렇게 글을 올려놓았더군요. '교수님께서는 우리가 너무 새로운 일에 도전 하지 않고 쉽게 포기한다고 하셨다. 하지만 우리는 쉽게 도전할 만한 상황이 되지 못한다. 새로운 일에 도전하기엔 우리는 '장학금'이 걸린 공부를 포기할 수 없다. 공부를 잘 하지 못한다면 장학금이 잘리는 것만으로 끝나는 것이 아니라 나중에 회사 입사에서도 걸림돌이 된다. 이런 상황 속에서 어떻게 우리가 쉽게 새로운 것에 도전을 하며 그것을 포기하지 않고 오래하겠는가.'라고 말이죠.

갓 학교에 입학한 새내기 후배가 벌써부터 이런 생각을 한다는 것이 가슴 아팠습니다. 그렇습니다. 우리는 학교에 입학한 순간부터 이미 마음속에 불안감을 갖고 있습니다. 그렇기에 저는 이미 불안감을 가지고 있는 후배들을 어루만져 주고, 힘들어하는 선배님들을 응원하고, 동기들에게 희망을 불어넣어 주고 싶습니다. 우리들을 채찍질만 하는 '멘토'가 아닌, 근거 없는 응원과 힐링만을 강요하는 사람들이 아닌 한 사람의 학생으로서 그리고 이미 같이 길을 걸어가고 있는 사람으로서 우리 학생들을 응원하고 싶습니다.

우리는 충분히 응원 받을 자격이 있는 학생들입니다. 우리는 뉴스에 보도되던 비운의 학생들이 아닙니다. '공부만 열심히 하는 공부벌레'가 아닌 '가슴으로 생각할 줄 아는 공부벌레'입니다. 우리는 늘 채찍질을 당해왔습니다. '장학금 제도', '연차 초과에 따른 불이익', '계절학기 축소' 등등 우리는 늘 언제나 제약을 받아왔고 그 제약은 우리를 늘 지치게 했습니다. 결국 희망이 많지 않은 불안한 환경이 우리를 '아이히만'이 되도록 만든 겁니다. 그렇기에 우리와 같은 학생들이 '아이히만'이 되기 이전에 그들을 응원함으로서 그들이 좀 더 새로운 것을 생각하고 '왜'에 관심 가지는 사람들이 되게 하고 싶습니다. 그것이 제가 할 수 있는 가장 현실적이고 이상적인 일이라 생각합니다.

비단 카이스트 학생들만의 문제가 아니라 생각합니다. 이 땅의 고생하는 모든 학생들 역시 힘든 환경 속에서 응원받길 바랍니다. 그리고 이 글을 읽는 모든 이들 역시 힘내고 응원을 얻으시길 바랍니다. '가슴'으로 생각하는 것은 따뜻함을 받기 이전에는 모릅니다. 우리가 '가슴'으로 생각하여 단순히 발견과 발명을 하고 업적을 이룩하는 것이 아닌, 모든 일의 앞뒤를 파악하고 인류를 돕기 위해선 '따뜻함'을 받고 그것을 또 다른 이들에게 주는 것입니다. 그리고 이렇게 따뜻함으로 우리 카이스트 학생들이 실천한다면 내가 자랑스러워하는 카이스트, 내가 사랑하는 카이스트의 이름에 불명예를 더하지 않을 것이라 생각합니다. 카이스트가 단순히 똑똑한 학생들이 공부만 하는 곳이 아닌, 아름다운 캠퍼스에서 창의적인 사람으로 자라는 공간이라는 인식을 대중에게 심어 주는 건 우리의 몫입니다. 그렇기에 우리는 우리 스스로 힘들어하는 학생들을 응원하며 함께 한걸음씩 나아가야 합니다. 경쟁으로 얼룩진 흑백의 캠퍼스가 아닌 벚꽃이 만발하는 색채가 가득한 캠퍼스를 함께 말이죠. 그때 비로소 우리는 우리 학교를 더 사랑하고 자랑스러워할 수 있으리라 생각합니다. 그런 의미에서 이렇게 외치고 싶습니다.

"우리 존재 파이팅! 카이스트 파이팅!"

CHAPTER 3

플라톤과 대화
「문학과 철학의 향연」

전기밎전자공학과 11 구교현

올해 카이스트 2학년이 된 성진이는 매 학기마다 인문교양 과목을 하나씩 수강하고 있다. 이번 학기에 들을 과목의 이름은 「문학과 철학의 향연」이다. 다른 카이스트 학생들도 그럴지는 모르겠지만 성진이는 항상 학기 초에 새로 수강할 인문교양 과목을 신청할 때마다 설레기도 하고 걱정되기도 한다. 이것은 자신에게 익숙하지 않은 새로운 것을 접하게 될 때 항상 생기는 기대와 걱정과 마찬가지일 것이다. 중학교 때부터 과학고 입학을 위해 수학, 과학에 치중된 공부를 했던 성진이는 고등학교에 입학하고 나서도 인문 계열 과목에 대한 공부는 거의 못 했기 때문에 문학과 철학이라는 분야는 충분히 생소한 것이었다.

그래서 「문학과 철학의 향연」의 첫 강의를 들으러 가는 날, 알 수 없는 기분을 느끼며 강의실로 향했다. 배워보지 못한 분야에 대해 배울 수 있다는 기대감, 혹은 지나치게 난해한 강의일지도 모른다는 걱정을 동시에 느끼고 있었던 것이다.

　강의 첫 날은 그렇게 서로 상반되는 두 감정을 동시에 느끼면서 강의실에 비교적 일찍 도착했다. 수강생이 다른 강의에 비해 많아서인지 넓은 강의실이었다. 강의 시간이 거의 다 되자 교수님이 강의실에 들어오셨다. 교수님의 성함이 한보희라는 것을 알고 있었던 성진이는 교수님이 들어오실 때 조금 놀랐다. 성함만 보고 여자 교수님일 것이라고 예상했지만 남자 교수님이셨기 때문이다. 교수님께서는 강의를 시작하시기 전에 앞으로의 강의 계획과 대략적인 방향을 알려주시고 준비해온 동영상 하나를 틀었다. 뮤지컬로 많이 알려진 '헤드윅'의 OST인 「The Origin of Love」라는 노래의 동영상이었다. 마침 지루해지려는 찰나에 재밌어 보이는 동영상이 나와서 기분이 좋아진 성진이는 기대감을 갖고 노래를 감상하기 시작했다. 그리고 노래가 끝났을 때, 이 노래의 가사가 주는 신선한 충격 때문에 성진이는 앞으로 자신에게 가장 인상 깊은 노래로 남을 것이라고 확신하게 되었다. 사랑의 기원은 그냥 남녀가 서로 마음이 맞아 좋아하는 단순한 것이 아니라, 먼 옛날 한 몸이었던 남녀가 벌을 받아 둘로 쪼개진 후 잃어버린 반쪽을 되찾고자 하는 욕망, 즉 완전해지고 싶은 욕망이 사랑이라는 내용이었다. 사랑을 이야기하는 시시콜콜하고 진부한 노래나 글은 질릴 정도로 많이 듣고 읽어 보았지만 사랑의 기원에 대해서는 단 한 번도 생각해보지 못했던 성진이로서는 많은 생각이 들게 하는 노래였다.

그렇게 첫 강의는 원래 끝날 시간보다 일찍 끝났지만 그때까지도 이 노래가 잊히지 않은 성진이는 교수님이 노래를 설명하면서 그 가사가 유래된 책이라고 언급하셨던 플라톤의 『향연』을 직접 찾아 읽어 봐야 겠다고 결심했다. 그래서 방으로 가기 전에 평소에 잘 가지도 않던 도서관으로 발걸음을 옮겼다. 도서관의 시스템이 낯설고 익숙하지 않았던 탓에 이 책이 있을 법한 코너를 찾는 데 10분이 넘게 걸렸다. 그곳에는 플라톤의 『향연』이 출판사 별로 여러 권이 있었다. 어떤 책이 좋을지 고르고 있던 성진이의 눈에 순간 한 책이 눈에 들어왔다. 다른 『향연』들과는 달리 출판사가 적혀 있지 않은 낡은 책이었다. 표지의 제목도 한글이 아닌 알아볼 수 없는 문자로 표기되어 있었고 종이는 누렇고 거칠었다. 호기심이 생긴 성진이는 그 책을 꺼내서 펼쳐보았다. 그 순간 갑자기 펼쳐진 쪽이 눈부시게 빛나면서 알 수 없는 힘이 성진이를 책 쪽으로 당기기 시작했고, 필사적으로 저항하던 성진이는 결국 정신을 잃으면서 책 속으로 빨려 들어가 버렸다. 얼마 지나지 않아 다시 정신을 차린 성진이는 눈을 뜨고 허둥지둥 주변을 살펴보았다. 그러나 들고 있던 낡은 책은 물론 얼마 전까지 주변에 있었던 수많은 책들도 온데간데없이 사라졌고, 어딘지 모를 방 안에 누워 있었다. 방 안에는 성진이가 누워 있는 낡은 침대 외에는 아무런 가구도 없었고 촛불 하나만이 내부를 밝히고 있었다. 성진이는 어떻게 된 상황인지 도저히 이해가 가지 않아서 꿈인가 싶기도 했지만 꿈이라기에는 모든 감각이 너무 생생했다. 그렇게 혼란스러워하던 와중에 성진이의 귀에 친숙한 단어가 밖에서 들려왔다. 바로 '사랑의 기원'이라는 단어였다. 성진이는 목소리가 들려온 곳을 찾기 위해 조심스럽게 문을 열고 밖으로 나왔다. 거실처럼 꾸며진 곳에는 고대 그리스인들이 입던 토가를 입은 6명의 사람들이 둘러앉아 무언가에 대해 열정적으로 토론하고 있었다. 그들은 성진이가 가까이 올 때까지 전혀 의식하지 않고 이야기를 하고 있다가 성진이가 다가가자 마치 기다리고 있었던 것처럼 말을 멈추고 새로운 손님을 쳐다보았다. 성진이는 그들의 시선을 한 몸에 받자 긴장이 되었다. 하지만 그들은 아무 말도 하지 않고 성진이를 쳐다볼 뿐이었다. 6명은 전부 새하얗고 긴 수염을 가진 할아버지들로 서양인처럼 보였다.

성진이는 떨리는 마음으로 먼저 용기를 내어서 그들에게 말을 걸었다. 그들은 분명 서양인이었지만 경황이 없었던 성진이는 한국말로 그곳이 어딘지 물어보았다.

"실례지만, 여기가 어디죠?"

질문과 동시에 자신이 영어로 말했어야 했음을 깨달은 성진이는 자신의 어리석음을 탓하며 할 말을 다시 영어로 생각하고 있었다. 그때, 침묵을 깨고 가장 나이가 많아 보이는 사람이 대답했다.

"여기는 사랑의 기원을 찾고자 하는 자들의 장소라네. 손님은 정말 오랜만이군."

성진이는 여기서 한 번 더 놀랐다. 대답해 주는 노인의 입 모양은 분명 외국어를 말하고 있는 것 같았지만 또렷한 한국말로 들렸기 때문이다. 노인이 계속해서 말을 했다.

"사랑의 기원을 찾아 온 것이라면 제대로 찾아왔다네. 그에 대해서는 궁금한 것이 무엇이든지 대답해 주지."

성진이는 마음을 가다듬고 자신의 기억을 더듬었다. 불과 몇 분 전만 해도 도서관에서 플라톤의 『향연』을 찾아다녔고, 결국 매우 낡은 『향연』을 골라서 집었다. 그리고 그것을 펼치자마자 그 뒤의 기억은 없이 지금의 알 수 없는 곳에 도착한 것이다. 순간, 강의 시간에 교수님이 책 내용을 설명하셨던 것이 생각난 성진이는 이 상황을 깨닫게 되었다.

"이 책에서는 소크라테스를 비롯하여 다섯 명의 사람들이 아가톤의 잔치에 모여서 사랑의 기원과 본질, 형태에 대해 고찰하고, 각각의 형태의 사랑이 인간에게 미치는 영향을 논하고 있어요. 이를 본 소크라테스의 친구인 아폴로도로스가 여러 사람에게 전달하는 방식으로 이야기가 전개되지요."

교수님은 이렇게 설명하셨다.

『향연』을 펼치고 성진이가 도착한 곳에는 6명의 토가 차림의 노인들, 즉 고대 그리스인 차림의 노인들이 있었으니, 상황이 어느 정도 이해가 되었다. 성진이는 신비로운 힘에 의해 책 속으로 들어와서 그 등장인물들과 직접 만나게 된 것이었다. 사랑의 기원에 대해 더 알고 싶어서 책을 찾았던 성진이는 이에 대해 전문가 수준인 철학자들을 만났다는 사실에 흥분되어서 신나게 질문하기 시작했다. 그들 각각이 사랑에 대해 어떻게 생각하는지, 어떤 형태들이 있고 그 기원은 무엇인지 등등 그 누구도 쉽게 답해줄 수 없었던 질문에 대해 6명의 철학자들은 막힘없이 설명해 주었다.

그들은 사랑을 설명할 때, 사랑이라는 단어보다는 '에로스'라는 단어를 사용하는 것을 더 선호했다. 성진이에게 처음 말을 걸었던 철학자인 소크라테스는 자신들이 계속 말하는 에로스는 그리스 신화에 나오는 사랑의 신의 이름이기도 하지만, 자신들은 사랑이라는 말이 갖고 있던 성적 의미를 없애고 철학적인 사랑을 뜻하기 위해 사용하는 용어라고 설명하였다. 그들은 각자 다른 의견으로 에로스를 설명하였다. 성진이의 왼쪽에 있던 파이드로스라는 철학자는 에로스가 인간의 삶을 더욱 값지게 하는 원천으로, 인간의 가장 좋은 것의 원인이 된다고 하며 에로스를 무조건적으로 찬미했다. 반대쪽에 앉아 있던 철학자인 파우사니아스는 파이드로스의 찬미에 반대하며, 에로스를 천상의 에로스와 통속의 에로스 둘로 나누어 보았다. 통속의 에로스는 금전, 육체, 명예를 위한 사랑인 반면, 천상의 에로스는 덕에 의한 사랑이라고 설명한 그는 에로스를 무조건적으로 찬미할 것이 아니라 천상의 에로스만을 찬미해야 한다고 강조했다. 그 둘 사이에 앉아 있던 에뤼크시마코스는 의학적인 관점에서 보아 에로스의 성질은 '우주적 현상', '조화의 원리'에 포함되므로, 지극히 자연적인 것이라고 설명했다. 성진이의 오른쪽에 있던 아리스토파네스는 신화에 따라 인간은 본래 남남, 남녀, 혹은 여여로 구성된 세 개의 성을 가지고 두 몸이 붙어 있었지만 신이 이를 갈라놓았다고 이야기했다. 이때 갈라져 나간 반쪽을 찾아 다시 하나가 되고자 하는 욕구가 에로스의 본질이라고 설명했다. 성진이는 이러한 아리스토파네스의 설명이 바로 강의 시간에 들었던 「The Origin of Love」의 가사가 유래된 부분이라는 것을 알아챘다. 마지막으로, 아가톤은 에로스란 아름다움 그 자체이며 정의와도 같다고 말하며 성진이가 가장 일반적인 의견이라고 느껴지는 설명을 했다.

하지만 소크라테스는 이러한 의견에 불만이 많은지 계속해서 반박했다. 아리스토파네스를 제외한 이들의 의견들에 따르면 에로스는 값진 삶의 원천이고, 아름다움과 덕을 가지고 있으며 조화의 원리를 따르는 완전에 가까운 존재로 인식되지만 소크라테스는 이에 반대하여, 에로스는 완전하지 않고 완전을 추구하는 것이라고 주장했다. "언젠가 죽음을 맞는다는 점에서 불완전한 존재인 인간의 에로스는 완전을 추구, 즉 죽지 않는 영원성에 대한 욕구라 볼 수 있다네. 인간은 이 욕구를 따라 죽음을 극복하려고 하지. 그 결과, 인간이 발견한 죽음을 극복하는 방법으로는 두 가지가 있다네. 하나는 육체에 의한 생식으로, 자신과 닮은 자손을 남겨 죽음을 극복하려는 방식이고, 다른 하나는 영혼에 의한 생식으로 자신의 뜻과 의지, 정신을 남기는 것이야. 나는 이 영혼에 의한 생식이 육체에 의한 생식보다 더욱 영원하고 완전한 것이라고 보지." 책 속을 나오기 전에 소크라테스가 마지막으로 해준 말이었다. 성진이는 현실 세계로 돌아가기 위해 소크라테스가 일러준 대로 처음 나온 방으로 들어가서 침대에 눕고 눈을 감았다.

성진이가 다시 눈을 떴을 때는 처음 낡은 『향연』을 찾았던 도서관의 철학 분야 코너에 있었다. 시계를 보니 놀랍게도 시간이 전혀 지나지 않았다. 성진이는 책 속에서 고대 그리스 사회가 동성애를 오늘날과는 달리 당연하게 여기고 있었다는 사실을 새로 알게 되었다. 소크라테스의 말에 따르면 그 당시의 동성애는 육체적 사랑이 아닌 철학적, 영혼에 의한 사랑으로 에로스의 본질이었으며, 아리스토파네스의 의견에서도 태초에는 남남, 여여로 몸이 붙어 있던 사람도 있었기 때문에 남자끼리 또는 여자끼리 서로를 열망하는 것은 당연한 것으로 여겨졌던 것이다. 그 이후에도 에로스에 대해 궁금한 것이 있을 때마다 책 속으로 들어가곤 했던 성진이는 책 속에서는 시간이 흐르지 않은 덕분에 금세 에로스에 대해 깊은 이해를 하게 되었고, 그 밖에 다른 분야에 대해서도 거의 철학자 수준의 지식을 갖게 되었다. 그리고 그 지식은 「문학과 철학의 향연」 강의의 중간 과제 때 빛을 발했다. 중간 과제는 그때까지 들었던 강연 내용 중에서 자신이 관심 있는 주제를 하나 골라서 논문을 써오는 것이었다. 이때 자신이 아는 에로스에 대한 모든 지식을 쏟아 부은 성진이의 논문은 교수님도 놀랄 정도로 대단했다. 교수님은 성진이의 논문에 감동받은 나머지 강의 시간에 성진이에게 논문을 직접 발표하도록 했다.

뿌듯한 마음으로 강의실 앞으로 나간 성진이는 발표를 시작했다.

"현실 속에서 플라톤이 말하는 철학적인, 영혼에 의한 에로스는 쉽게 감이 잡히지 않습니다. 저에게도 그렇고 일반인들에게는 무엇인가 거창해 보이고 가능해 보이지 않게 느껴질 것입니다. 하지만 근본적으로 플라톤의 사랑은 불완전한 인간이 완전해지기 위해 필요한 원천이라고 생각해 보면 그리 멀고 어려운 것이 아닙니다. 우리가 사랑하는 이들 없이 홀로 살아간다면 물질적인 부족함과는 비교도 할 수 없는 영혼의 슬픔과 상처가 우리를 불완전하게 하고 삶의 소중한 원천이 없어질 것입니다. 따라서 우리에게 사랑은 다른 어떤 가치보다도 소중합니다. 하지만 사랑의 형태에 따라 우리의 불완전성을 치유해 줄 수 있는 것이 있고 그렇지 못한 것이 있습니다. 플라톤의 의견대로 쾌락을 추구하는 육체적 사랑은 진정한 에로스가 아니므로 인간이 완전성을 추구하는 데에 도움이 되지 않지만, 정신적이고 영혼에 의한 사랑은 인간을 완전에 가깝게 도와주는 원천이 될 수 있습니다. 실제로 우리는 우리와 마음이 잘 맞고 서로의 생각이 비슷한 사람을 만날 때 행복함을 느낍니다. 이것이 바로 정신적인 사랑으로, 이때 육체적인 성이

나 욕구가 중요한 것이 아니라 서로의 영혼이 완전성에 다가간다는 점에서 서로 사랑하게 되는 것입니다. 물론 플라톤은 육체에 의한 사랑을 완벽히 배제한 정신적인 사랑만을 강요한 것이 아닙니다. 다만 육체적 사랑의 바탕에 정신적인 사랑이 원천이 되어야 진정한 의미의 사랑을 하고 행복을 추구할 수 있다는 것입니다."

발표를 끝마친 성진이는 박수갈채를 받으며 자리로 돌아왔고 교수님은 흡족해하며 성진이에게 최고 점수를 주셨다.

성진이는 고전 작품을 읽을 때마다 사람들이 얻어가는 것이 많다고 인정하지만 이번만큼 큰 것을 얻어가는 사람은 자신밖에 없을 것이라고 생각하며 낡은 『향연』에 감사했다. 그 책을 도서관에서 가져와서 보관할까 생각도 해봤지만 너무 이기적이고 책 속의 철학자들도 자신만 만나면 지루해할 수도 있다는 생각에 도서관에 두기로 했다. 언젠가 또 플라톤의 『향연』을 찾고자 하는 학생이 그 책을 찾는 행운을 얻을 수 있기를 바라며 책을 제자리에 놓아 두었다. 그 후에도 성진이는 카이스트 교양 과목 중 철학 관련 과목이라면 모두 수강하여 등급을 쓸어 담고 다녔다. 하지만 어디에서도 낡은 『향연』의 비밀은 말하지 않으며 가끔 소크라테스와 철학자들의 도움이 필요할 때가 아니면 도서관의 철학 코너에 발도 들이지 않았다.

뮤지컬 무대에 나를 세우다
「World of Musical」

항공우주공학과 09 김동우

입학 후 5년이 흘렀다. 출석부의 호명 순서가 나의 나이 듦을 말해준다. 이제는 '나이 많음'이라는 수사에 익숙하다. 진즉 그쳤어야 할 4월의 칼바람 같다. 그런데 그런 칼바람에도 아랑곳하지 않는 젊음이 있다. 바로 새내기들. 입학 1년차 대학생들을 새내기라 부른다. 새내기를 필두로 조금 더 나이 든 영혼들을 지칭하는 말이 있다. 헌내기부터 쉰내 난다는 의미의 쉰내기, 그리고 좋게 말해서 정든내기라 부르는 것까지 봤다. 웃기고 있네. 어디보자 조기졸업에 빠른 생일의 신입생이 1996년 쥐띠고 나는 1990년 말띠, 무려 6살의 차이. 그럼 나는 뭔내기냐. 구린내기. 그래 좋다, 입학 5년차인 나는 구린내기다.

수업, 식당, 방으로 이어지는 단조로운 무채색 일상. 이제는 오며 가며 마주치던 반가운 얼굴들도 온데간데없다. 봄철 화사하게 핀 벚꽃 풍경 안에 흑백의 일상은 정말 어울리지 않는다. 왜 이렇게 암울할까? 그런데 그런 구린내기의 일상도 한때는 유채색으로 칠해졌던 때가 있었다. 알콩달콩 연애사였으면 신나서 얘기하겠지만, 그렇게 되면 이 글의 장르가 수필에서 소설로 바뀌기 때문에 패스. 내용은 다름 아닌 내가 수강했던 강의에 대한 이야기다. 내 대학생활의 즐거운 기억. 수년이 지나도 아직 생생히 살아있는 소중한 추억을 회상해 볼까 한다.

그러니까 2년 전, 내가 헌내기 타이틀을 갓 걸어 올릴 때쯤이었다. 수강 신청 기간에 단번에 내 이목을 잡아끄는 과목이 있었는데, 이른바 강의명 「World of Musical」. 뮤지컬하면 무대 위를 미쳐서 날뛰는 고양이 복장을 한 인간들밖에 떠올리지 못했던 (중학교 음악 시간에 지루함에 허벅지를 꼬집어가며 캣츠를 시청했던 기억이 난다.) 내게 막연한 충격을 안겨주었다. 뮤지컬을 세계와 연관 짓다니! 자못 황당한 반응으로 보일지 모르겠다. 그렇지만 당시 나에게는 뮤지컬 따위에 세계를 운운하는 저의가 무척 궁금했다. 도대체 그 따분함 속에서 어떤 세계를 발견할 수 있단 말인가? 그와 동시에 이중적인 감정이 생겼다. 뭔가 있으니까 그렇게 지었겠지. 말인즉 뮤지컬이라는 활동의 배후에 깔려 있는 뭔지 모를 것의 당당함을 느낀 거다. 내게는 그렇지 않고서는 이해되지 않을 다소 도전적인 강의명이었다. 뭔지 한 번 보러 가자 마음먹었다.

그렇게 홀린 듯 이끌려 찾아간 첫 수업. 이미 많은 학생들이 와 자리를 메우고 있었다. 허겁지겁 강의실 문을 박차고 들어오는 지각생들도 있었지만, 아무도 그들에게 눈길을 주지 못했다. 온 시선이 강단에 줄 서서 차례로 노래를 뽑아내는 학생들에 쏠려 있는 탓이었다. 일종의 오디션이 펼쳐지고 있었다. 다만 기존의 오디션 개념과 다른 것은 노래를 부르기만 하면 합격이라는 점이었다. 목적은 노래를 잘하느냐를 감별하는 것이 아니었다. 사람들 앞에서 부담을 덜어낼 수 있는가를 보기 위함이었던 것 같다. 다른 사람이 아닌 나 자신과의 경쟁을 시험했다는 점이 강한 인상으로 남았다. 자신을 남들 앞에 용기 있게 드러내 보이는 무대 위에서는 더 이상 따분함 따위의 감정을 찾을 수 없었다. 그렇게 뮤지컬 수업을 듣기로 결정했다.

이후에도 수업은 아주 파격적이었다. 한참 강의를 진행하시던 교수님이 돌연 앉아 있는 학생들에게 외치는 식이었다. "모두들 일어나! 다들 일어나서 박수 치면서 강의실 돌아!" 갑작스런 요구에 어쩔 줄 몰라 하는 학생들에게 한 마디 더 쏘아 올리셨다. "왜 이렇게 기운이 없어! 자 소리도 지르면서!" 학생들이 하나둘씩 발을 옮겼다. 그렇게 조금씩 활기가 감돌았다. 눈치를 살피던 학생도 적극적으로 움직이기 시작했다. 이제는 신나게 안 걷는 사람이 이상한 사람이 되었다. 어느 순간부터 미치광이처럼 강의실을 돌며 소리를 지르는 게 재미있어졌다. 나만 그런 게 아니었나, 같이 걷는 학생들의 묘한 표정 속에서 즐거움을 보았던 것 같다.

대개 공연에서 관객은 현실과 연극을 무의식중에 구분해 받아들임으로써 편안함을 느낀다. 극이 사실적으로 표현될수록 몰입도가 더 높다 말하지만, 그 실제 같은 상황 역시 연극이라는 인식이 바탕이 되어야 한다. 따라서 배우는 연기를 연기해야 한다. 쉽게 말해 상황을 과장해 표현할 필요가 있다. 미묘하게 과장된 상황이 관객에게는 자연스럽다. 그 자연스러움을 전달하기 위해 배우는 감정의 증폭을 자유롭게 제어할 수 있어야 한다. 수업이 요구하는 것은 음악적 지식의 축적뿐이 아니었다. 자신의 감정을 해방시켜 감정의 높낮이를 조절 하는 것. 배우의 기본을 갖추는 것이었다.

이쯤에서 수업이 왜 그런 식으로 진행되나 궁금할 것이다. 왜 뮤지컬 음악의 종류나 형식 따위의 것들을 안 배우고 배우로 만들려고 하나? 배웠다. 다만 비중이 적을 뿐이다. 뮤지컬 수업은 일반 강의와는 달리 공연을 준비해 학기 말에 무대에 올라야 한다는 것이다. 25분짜리 짧막한 뮤지컬 한 편을 만들어 사람들 앞에 내놓는 것. 강의의 마지막 과제이자, 뮤지컬이라는 수업의 명성을 있게 한 규모 있는 프로젝트였다. 매시간 진행되는 수업도 어떻게 보면 마지막 공연을 위한 하나의 과정에 불과했다. 모든 수업 활동의 초점은 마지막 공연으로 향하고 있었다.

뮤지컬은 다른 사람들과 같이 듣는 수업이었다. 당연하지 혼자 듣는 수업이 어디 있어? 라고 묻겠지만, 그런 뜻이 아니다. 공연을 위해 대략 열 명의 인원으로 한 팀이 구성되어 팀 단위로 수업이 진행된다. 다시 말해 공연 준비를 위해 선곡, 시나리오 구성, 대본 작성 등 모든 수업 활동에 개인이 아닌 팀의 일원으로서 임하게 되는 것이다. 무대 위에 혼자 설 수는 없는 법이다.

나는 내 의지와 상관없이 팀에 배정됐다. 그건 다른 수강생들에게도 마찬가지일 것이다. 지금도 나는 그때를 회상할 때면, 팀 배정 과정에 어떤 불가사의한 힘이 개입했을 거라 생각하곤 한다. 그렇지 않고서는 만나기 어려웠을 좋은 사람들을 알게 되었기 때문이다. 그것만으로도 나는 뮤지컬이라는 수업에 큰 빚을 졌다.

기억은 흐려지면서 동시에 미화되는 것이 일반적이지만, 그럼에도 불구하고 순탄치 못했던 점이 있었다는 것은 분명히 기억하고 있다. 사실 처음부터 이 팀에 속한 게 정말 행운이야 라고 생각했던 것은 아니었다. 오히려 첫인상이 나쁘면 나빴지 좋지는 않았다. 춤 동아리 출신, 합창 동아리 출신, 무슨 출신 타이틀이 붙은 능력자들이 속한 다른 팀과는 대조적으로 내가 속한 팀에는 그런 능력자가 턱없이 부족했다. 개개인의 역량을 봤을 때 내가 그리고 있던 신나고 멋진 공연을 보여 줄 수 있는 실력 있는 팀과는 거리가 멀었다. 게다가 언제나 과잉된 감정으로 주변을 부담스럽게 만드는 녀석, 메트로놈을 켜고 연습을 했나 싶을 만큼 리드미컬하게 웃는 이상한 녀석까지 이 팀에는 웬 이상한 녀석들이 이리 많나 꼬투리를 잡으려 했었다. 지금 생각해 보면, 그들과 마찬가지로 능력자가 아닌 나의 마음속에서 남에게 기대려는 나약함이 반향으로 나타난 단순한 심술이었던 것 같다.

다른 사람들과 공동 작업을 수행하는 것은 굉장히 피곤한 일이었다. 대개 사람들의 의견을 모아 합의를 이뤄내는 과정이 그랬다. 가령 공연 장면에 삽입될 노래를 정한다든가, 대본을 작성하는 과정에서 주로 이견이 발생했다. 나는 이 부분이 이렇게 쓰였으면 좋겠는데, 다른 사람은 정반대의 생각을 갖고 있는 거다. 대척점에 놓인 두 의견을 하나로 모으는 건, 선분 사이에 점을 쿡 찍는 것처럼 쉬운 일이 아니었다. 의견이 갈리는 것은 그 자체로 상당한 짜증을 유발하는 일이었다.

하지만 풀꽃은 자세히 보아야 예쁘고, 오래 보아야 사랑스럽다. 사람도 그렇다. 연습에 연습을 거듭하고, 공유하는 시간이 쌓여갈수록 조금씩 생각이 바뀌었다. 내가 이런 생각을 갖고 있듯이 다른 사람도 그 사람만의 고유한 생각을 갖는다는 생각을 하게 되었다. 그 생각들에는 옳고 그름을 떠나서 가치의 우열을 매길 수 없다. 의견이 갈렸을 때도 틀린 말은 없었다. 각자의 경험에 비추어 생각했을 때 최선의 길로 이를 것 같은 선택지들을 말했을 뿐이다. 의견이 갈리는 것은 당연한 일이었고, 그것 때문에 사람을 미워한다는 건 가당치도 않은 일이었다.

연습 시간을 조율하는 것, 연습 장소를 정하는 것 등, 단 한 번도 어떤 사안에 대한 결정도 독단적으로 이뤄진 적이 없었다. 언제나 결정하기에 앞서 구성원들의 의견을 묻는 일이 수반되었다. 요구 사항이 많아 각자의 소리를 듣는 데 시간이 오래 걸릴지라도 모두들 귀를 기울였다. 팀은 또 하나의 사회였다. 그리고 그 작은 사회가 평탄하고 매끄럽게 굴러갈 수 있었던 이유는 다른 사람을 위하는 배려였다고 믿는다. 배려가 짙게 깔린 무대 위에서는 어떤 소동도 즐겁게 받아들여질 수 있었다.

눈을 가리는 흑막을 걷어내고 나니, 좋은 점들이 보이기 시작했다. 우선 팀에 노래를 잘 부르고, 춤을 잘 추는 사람이 있는지 따위는 신경 쓰지 않게 되었다. 따지고 보면 공연의 맛을 좌우하는 것은 대본의 완성도나 장면 연출이었다. 노래나 춤 실력은 공연을 좀 더 맛있는 것으로 만드는 양념 정도에 불과하다고 생각하게 됐다. 우리 팀의 강점은 구성원들의 높은 참여도와 남을 배려하는 마음이었다. 작은 대본 수정에 있어서도 이견이 자주 발생한다는 건, 그 만큼 공연에 대해 갖고 있는 애정과 관심이 크다는 말이었다. 그런 점에서 보면 우리 팀은 배려 깊은 능력자들로 구성된 셈이다.

공연 연습이 있던 날은 매일이 즐거움의 연속이었다. 한 번은 연습 시간에 잠깐 쉬는 시간을 보낼 요량으로 간단한 게임을 한 적이 있다. 게임은 이른바 웃음참기놀이. 웃는 사람은 허벅지를 맞는 간단한 규칙의 게임이다. 간단한 규칙에 비해서 꽤나 어렵다. 웃음을 참기로 마음 먹은 사람에게 우스운 얘기 따위는 통할 수 없다. 웃음을 본능적으로 유발시키는 것이 포인트인데, 그러려면 자신의 밑바닥까지 남에게 드러내 보이는 용기가 필요했다. 격을 버린 게임의 룰 아래서 각자의 가면을 벗어 던지고 서로의 맨얼굴을 마주하며 우리는 점점 가까워졌다.

페트병 뚜껑으로 축구를 하던 것도 잊히지 않는다. 그 조그만 연습실에서 의자 두 개를 골대삼아 페트병 뚜껑을 차고 놀았다. 20대 장정들 여럿이 땀 뻘뻘 흘리면서 벌레만한 페트병 뚜껑을 발로 차러 이리 저리 뛰어 다니는 모습을 상상해 보라. 가관이다. 드리블이니 패스니 제대로 된 축구가 될 리가 없다. 그럼에도 정말 즐거운 활동이었다. 세상 모든 즐거움이 그곳에 있었다. 아직도 뮤지컬 팀원들과 만나면 빠지지 않고 등장하는 단골 에피소드다.

눈을 감고 뮤지컬 수업에 대해 회상해 보면, 주로 떠오르는 것은 물리적인 기억들이다, 환기가 잘 안 되던 강의실의 퀴퀴한 먼지 냄새. 연습 장소였던 다용도실의 차가운 바닥의 감촉들. 비가 세차게 내리던 날 다 젖어버린 눅눅한 운동화. 재미있게도 그 기억의 필름은 언제나 사람을 담고 있다. 내 기억의 렌즈가 조망하려던 건 어쩌면 당시에 나와 함께하던 사람들일지도 모른다. 뮤지컬은 수업이 독특하고 유익했지만, 나를 가르치고 만든 진짜 수업은 좋은 팀원들과 함께한 시간들이었다고 생각했다.

사람의 기억이란 것은 유한하기 때문에 새로운 사실에 자리를 내줘야 하기 마련이다. 시간이 지날수록 기억이 흐려지는 것은 지극히 자연스러운 일이다. 그러나 그중에는 오히려 시간이 갈수록 더 또렷해지는 기억도 있다. 나에게는 공연 당일 무대 위에 오르던 때다. 신기하게도 그 찰나의 기억은 순간의 감흥부터 연관 없어 보이는 주변의 풍경까지도 고스란히 담고 있다. 정리되지 않은 채 소품으로 어지럽혀진 무대 보조실. 손 쓸 수 없을 만큼 엉켜있던 마이크 줄. 눈이 조금 아플 정도로 밝았던 조명. 떨림과 기대로 뒤섞여 빠르게 뛰던 가슴. 무대 위로 오를 때 들리던 사람들의 환호성, 그리고 나와 함께 무대를 장식한 사람들과의 기억이 아직도 선명하다.

공연의 환희에 이르는 한 학기 동안 누군가는 뮤지컬이라는 예술 분야에 대한 세세한 지식을 알아갔을 테고, 누군가는 남들 앞에 당당하게 자신을 드러내 보이는 법을 알아갔을 테다. 누군가는 아무것도 얻어가지 못했을지도 모른다. 수강생들 모두 뮤지컬의 이미지에 저마다의 방식으로 자신의 감상을 담았을 것이다. 그리고 나는 그런 뮤지컬이라는 기억의 공간에 사람을 담는다. 사람들과 함께하는 것의 소중함을 뮤지컬의 세계에서 찾았다.

5년차 학교의 묵은내기인 나는 가끔 동기들이나 후배들에게서 들을 만한 수업이 뭐가 있냐는 질문을 받곤 한다. 앞으로 알게 될지도 모르는 새내기들도 심심치 않게 던지게 될 물음이다. 들을 만한 수업은 잘 모르겠으나 가장 기억에 남는 수업이라면 확실하게 하나 있다, 지금의 나라는 사람을 다듬은 수업. 그 질문에 나는 주저 없이 뮤지컬이라고 말할 준비가 되어 있다.

인문학적 사고를 펼치다
「읽기와 토론 특강 〈역사/경영Ⅱ〉」

생명과학과 11 박언삼

대학교 3학년 혹은 4학년쯤 되는 친구들이라면 대부분은 인상 깊게 들었던 명강의가 하나쯤 있을 것이다. 그것은 전공수업일 수도 있고 교양수업일 수도 있다. 좁은 강의실에 학생들이 인산인해를 이루는 유명한 교수님의 강의일 수도 있고 아무도 모를 법한 작은 강의실에서 조용히 진행되는 강의일 수도 있다. 나에게 있어 그러한 명강의는 2012년 봄학기에 아무런 예고도 없이 찾아왔다.

2011년 가을학기 당시 나는 화학과와 생명과학과 사이에서 진로 문제로 고민하고 있었고 그로 인해 늦어진 수강 신청으로 애를 먹고 있었다. 수업 듣기 편하고 학점도 받기 쉽다고 소문난 '꿀교양'들은 이미 학생들로 가득 차 신청할 수 없었다. 내가 학점을 채울 수 있을 만한 강의들은 모두 수강 신청 경쟁률이 1도 안 되는 교양들이었다. 이렇게 경쟁률이 낮은 과목들은 과제나 프로젝트가 많거나 학점을 낮게 준다고 소문난 경우거나 혹은 아직 들어본 사람이 별로 없어 아무런 정보 없이 모험을 해야 하는 경우들이 대부분이었다. 수강 신청 학점을 채우기에 급급했던 나는 목록에 있던 모든 교양 강의들을 신청했고 결국 들어본 적도 없는 1학점 수업인 「읽기와 토론 특강 〈역사/경영Ⅱ〉」라는 강의를 듣게 되었다.

전공을 정하고 2학년이 된 첫 학기에 들었던 이 강의는 내가 카이스트에 와서 처음 듣게 된 교양 강의였다. 고등학교를 과학고등학교로 진학하고 난 뒤로 인문학이나 역사에 대해 한 번도 진지하게 공부해본 적이 없었던 나는 이 수업에 꽤 큰 기대를 품었다. 「읽기와 토론 특강 〈역사/경영Ⅱ〉」 과목의 김종우 교수님은 독서와 등산을 좋아하시는 중소기업 사업가로 카이스트의 초청을 받아 매 수업시간에만 대전에 내려와 강의를 하시는 분이셨다. 교수님의 조곤조곤하신 말투와 둥그런 안경, 인자한 웃음이 책을 정말 좋아하실 것 같은 인상을 주었다.

첫 수업이 시작되자마자 교수님은 모든 학생들이 교실 정중앙을 바라보도록 책상 배치를 바꾸었다. 보통 대부분의 강의에서 학생들과 교수님이 마주앉은 상태로 일방적으로 진행되었다면 이 수업은 교수님과 학생들이 서로 동등한 위치에서, 모든 구성원이 평등하게 마주앉아 토론하는 방식으로 진행되었다. 내가 그 전까지 들어온 강의들은 교수님에 의해 주도되었지만 이 강의는 수업에 참여하는 모든 사람들에 의해 진행되었다. 강의의 내용을 모두가 함께 만들어 나가는 이런 수업 진행은 나에게 신선한 충격을 주었고 이후 수업에 열심히 참여하게 된 계기가 되었다.

읽기와 토론 특강은 1학점인 것에 비해 꽤 해야 할 과제들이 많은 강의였다. 강의는 격주로 2시간에 걸쳐 진행되었고 매 수업마다 새로운 인문학 서적을 주제로 자유롭게 말하고 토론하는 형식으로 구성되었다. 격주마다 해당 서적을 읽어가야 하는 것은 물론이고 독후감을 A4 한 장 내외로 써가는 과제도 있었다. 한번은 600장에 달하는 『역사』라는 책을 주제로 수업을 했는데 그전 주말을 이 책을 읽는 데 다 써버렸던 기억이 난다.

어찌 보면 이 수업은 강의라기보다는 일종의 모임이나 클럽과 비슷했다. 일반적인 강의가 지식의 전달에 주된 목적을 두었다면 이 강의는 우리로 하여금 인문학적으로 사고할 수 있는 능력을 기르는 것이 그 주요 목적이었던 것 같다. 교수님이 말씀하시는 시간보다 학생들이 발언하는 시간이 더 많았고 교수님도 수업 시간 내내 학생들에게 질문을 하시면서 끊임없이 생각하도록 유도하셨다. 가끔은 서로 먹을 것을 사와 시험이 끝난 것을 자축하기도 했고 술자리도 가졌다. 학생 수도 12명밖에 되지 않다 보니 수업 참여도도 훌륭했다.

기말 고사가 끝나고 마지막 강의가 남았을 때, 교수님으로부터 메일을 한 통 받았다. 매 학기마다 수강 인원 중 1/3 혹은 반 정도 뽑아 모은 교수님만의 클럽이 있다는 것이었고 내가 그 클럽의 6기 멤버로 선정되었다는 내용이었다. 마지막 수업이 끝나고 이번 학기에 뽑힌 5명과 함께 교수님을 따라 술자리를 가졌고 난 그 모임의 일원이 되었다.

Facebook을 기반으로 한 이 모임은 교수님을 중심으로 학생들이 모여 같이 등산을 가거나 인문학 관련 행사에 참여했고 술자리도 자주 가졌다. 내가 6기였고 보통 한 기마다 2~3명 정도가 활발하게 활동했던 것으로 보아 총인원은 15명 정도 되었던 듯하다. 그 모임에는 정말 성실하고 좋은 사람들이 많았기 때문에 많은 사람을 사귈 수 있는 좋은 기회가 되었다. 하지만 그 이후로 모임 활동을 잘 하지 않다 보니 지금은 연락이 끊겼다. 지금 생각해 보면 꾸준히 활동해서 사람들과 계속 친분을 이어나갔어야 했는데 하는 아쉬움이 많이 남는다. 그 모임에서 활동했던 시간은 내게 신선한 경험으로 남아 있다.

그 강의를 수강한 지 1년이 지났지만 여전히 「읽기와 토론 특강〈역사/경영Ⅱ〉」'은 나에게 있어 최고의 강의로 기억되고 앞으로도 그럴 것이다. 김종우 교수님은 우리에게 단순한 인문학 지식을 가르쳐 주시기보다는 인문학에 대해 근본적인 접근을 할 수 있도록 사고력을 길러 주셨다. 카이스트 학사 시스템을 통해 확인해 본 결과 저번 가을학기를 마지막으로 김종우 교수님의 강의는 더 이상 찾아볼 수 없었다. 아마 신청한 학생 수가 너무 적어 폐강되지 않았을까? 그토록 학생들의 강의 만족도가 높았고 유익했던 강의가 폐강된 것은 카이스트에 있어서 큰 손실이 아닐까 생각해 본다. 강의 평가의 모든 항목에서 만점을 받게 될 강의는 앞으로도 찾기 힘들리라.

최근 과제가 없거나 학점을 받기 쉬운 과목만 찾아 수강하려는 학생들의 행동들이 자주 지적되고 있다. 대학교는 더 이상 배움의 장소가 아닌 학점을 받기 위한 장소가 되었다. '로드가 많은', 즉 과제가 많은 교양 과목들은 수강 정원조차 채우지 못하는 경우가 비일비재하다. 이런 현상은 개개인들이 높은 학점과 평점을 받을 수 있어 좋을지는 몰라도 좀 더 장기적으로 볼 때 우리 학교 강의의 질을 떨어뜨리고 다양성을 해칠 우려가 있다. 물론 유명하고 인기 많은 강의가 덜 유익하다는 것은 아니다. 하지만 학생들은 좀 더 주체성을 가지고 스스로가 진정으로 원하는 강의를 선택할 필요가 있지 않을까?

CHAPTER 6

일주일 만에 오만 원으로
백만 원 만들기 「경영학개론」

신소재공학과 10 박은지

"호빵 사세요, 수면 양말 사세요. 핸드폰 액정 소독해 드립니다."

대학생으로 보이는 사람들 여러 무리가 길가에서 또는 강의실 건물에서 수업을 가는 학생들에게 각자 호객 행위를 하고 있다. 그들이 파는 상품엔 아침식사 대체를 위한 베이글부터 여성 구두굽을 갈아주는 서비스까지 특별한 공통점이 없어 보인다. 그들의 공통점이라고는 물건을 팔고 있는 사람들이 내 또래 대학생 정도밖에 안 되어 보인다는 것이다. 교내에서 물건을 팔기 위해선 학교의 허가를 받아 정해진 곳에서 해야 하는데, 저렇게 자유롭게 아무 곳에서나 소위 '장사'를 하는 사람들은 누구일까?

학기가 시작하고 두 달 반쯤 지나면 캠퍼스 내에서 이러한 광경을 쉽게 볼 수 있다. 보통 두 명에서 세 명이 짝을 지어 함께 물건을 파는데, 가끔 길을 가다 보면 물건을 팔고 있는 사람이 내 친구들인 경우도 있다. 바로 성광제 교수님의 「경영학개론」을 수강하는 학생들이다. 첫사랑의 추억을 배경으로 한 영화, 「건축학개론」의 영향으로 '~학개론' 하면 다들 수지와 한가인, 그리고 첫사랑의 풋풋한 느낌을 떠올릴 것이다. 아쉽게도 「경영학개론」에는 첫사랑의 풋풋함도, 수지도 한가인도 없다. 하지만 수지와 한가인보다 더 매력 있으신 '성광제 교수님'과 돈도 벌고 공부도 하고 님도 보고 뽕도 따고 도랑치고 가재도 잡을 수 있는 '사업 프로젝트'가 있다.

팀 프로젝트 과제로 사업을 한다? 조금 생소하게 들릴 수 있지만 카이스트의 학생들에게 '경영학개론 사업 프로젝트'란 익숙한 개념이다. 매학기 수강 인원에 따라 다르지만 보통 5~6명씩 20~30개 조로 편성되어 각 조별로 사업을 진행하는 프로젝트이다. 교수님께서 초기 자본 5만 원을 각 조에게 주시면 그 5만 원을 이용하여 직접 조원들이 머리를 맞대고 아이디어를 내서 사업 아이템 구상, 계획 설계, 실행까지 모두 직접 하는 형태로 진행된다. 물건을 파는 등 실제로 사업을 실행할 수 있는 기간은 1주일로 주어지며 이익을 최대화하는 것이 목표다. 사업 분야는 불법적인 사업을 제외하고는 자유이지만 해를 거듭하며 복권, 도박, 양담배 판매 등의 곤란한 사업 아이디어들이 나오자 이와 비슷한 종류의 사업들은 금지 항목으로 추가 되고 있다.

이렇게 해서 벌어들인 수익은 모두 경영학개론 수업에 반환하고 프로젝트가 끝나면 총 수익 중 일부를 필요한 곳에 기부한다. 그리고 남은 수익으로는 경영학개론 수업에서 주최하는 비어파티를 연다. 그러고도 남은 수익은 학생들의 아이디어를 반영하여 사용되는데 교내 스터디룸의 모니터, 화장실의 가글액 등을 구입하는 데에 쓰였다. 프로젝트가 모두 끝나고 나면 수익으로 조 순위를 매기는데 1등과 꼴등은 사업 계획부터 실행 과정까지 모두 담은 조별 발표를 준비하여 학생들 앞에서 발표를 하게 된다. 교수님께서는 수익만큼 창의성도 중요하다고 항상 강조하셨기 때문에 학생들이 직접 투표를 통해 창의적인 아이디어 순위를 매기고 마찬가지로 1등과 꼴등은 조별 발표를 하게 된다. 또한 조가 20~30개가 되다보니 비슷한 아이디어가 나올 수밖에 없는데, 이런 경우엔 비슷한 아이디어를 낸 조들끼리 수익과 사업 방법을 비교하는 조별 발표를 준비하게 된다.

나는 2011년 가을학기에 경영학개론을 수강하였는데, 당시에 우리 조는 기숙사 방청소 대행, 음식 판매 등 많은 아이디어들과 고민하다가 '뻔한 것 말고 새로운 사업을 벌여보자'하면서 '쿠폰 달력'이라는 아이템을 가지고 사업 계획을 짜기 시작하였다. 학교 주변 음식점들의 쿠폰을 달력에 담아서 팔자는 것이 우리 조 사업의 대략적인 틀이었다. 육체적 노동을 필요로 하지도 않고 사업 계획 및 실행 과정이 많이 복잡하지도 않을 것 같은데, 수익은 높을 것이라고 생각하며 조원들은 모두 꿈 같은 기대에 차 있었다.

달력을 300부 정도 제작하기로 하고 계획을 짜 나가기 시작했다. 교수님께서 주신 초기 자본이 5만 원이었기 때문에 달력을 먼저 제작해서 파는 것은 불가능했다. 따라서 달력에 쿠폰을 실을 업체들로부터 홍보비용으로 10만원씩 받아 달력 제작비용을 마련하기로 했다. 달력의 디자인은 돈을 주고 업체에 맡기는 대신 조금 고생하더라도 우리가 직접 하기로 했고, 달력에는 근사한 학교 사진을 넣기로 했다. 각자 친구들에게 미리 홍보도 해서 달력 예약도 받아놓고 이벤트도 준비하기로 했다. '달력 제작비용 전액을 업체들의 홍보비로 마련하니 달력을 1원으로 팔아도 우리에겐 이득이다'라며 다들 성공적인 사업 결과에 대한 김칫국부터 마셨다. 이때까지만 해도 평균 한 개조의 수익인 20~30만원보다 약 70~80만원 높은 100만원을 목표로 잡을 만큼 다들 자신감은 이미 1등이었던 것이다.

계획한 300부를 제작하기 위해선 총 10곳을 섭외해야 했고 우리는 카이스트와 붙어 있는 어은동부터 조금 더 떨어진 궁동까지를 섭외 범위로 정하였다. 하지만 우리는 시작부터 난관에 봉착했다. 카이스트 학생들에게 가게를 홍보하기도 정말 좋은 기회이고, 10만원은 한 달 매출 중 극히 일부일 것이니 가게에서도 흔쾌히 OK할 것이라는 우리들의 착각은 계획을 실행한 첫 날부터 산산조각 난 것이다.

"안녕하세요. 저희 카이스트에서 경영학개론 수강하는 학새……."
"사장님 안 계세요. 저희 그런 거 안 하니까 나가세요."

궁동까지 가 본 결과 흔쾌히 승낙을 받기는커녕 잡상인 취급을 받으며 설득할 기회조차 얻지 못하는 경우가 수두룩했고, 하기로 했다가 계약이 파투나는 경우도 여럿 있었다. 결국 업체 탐색 범위를 더 넓히고 찜질방과 미용실, 심지어 웨딩샵까지 방문하며 가게를 찾아다녀야 했다.

이 뿐만 아니라 달력 열두 장을 각자 예쁘게 디자인하기 또한 쉬운 일이 아니었다. 포토샵을 할 줄 모르는 조원들과 함께 포토샵을 공부하며 달력 칸을 디자인하였고, 달력 칸 뒷면에 싣기 위한 고화질의 사진을 얻기 위해서 사진의 주인들에게 모두 연락을 해야 했다. 또한 우리는 달력 구매자들에게 추첨을 통해 패밀리 레스토랑 식사권을 증정하기로 했는데 이를 위해 직접 여러 레스토랑을 찾아다녀야 했다. 근데 레스토랑의 매니저를 만나기란 쉬운 일이 아니었다. 한 레스토랑에 매니저를 만나기 위해 3번이나 방문했는데 매니저를 만나지도 못한 적도 있었고, 3시간의 설득 끝에 거절이라는 비극적 결말을 맞이하기도 했다. 판매할 때에도 고충은 끊이지 않았다. 판매 명단 또는 달력 예약자 관리가 제대로 되지 않아 중복되거나 빼먹는 경우가 발생하기도 하고, 판매한 날 나간 달력과 들어온 돈이 맞지 않는 등 난감한 상황도 많았다.

무엇보다도 힘들었던 것은 오후 4시부터 모여 다음날 아침 8시까지, 총 16시간에 달하는 긴 조모임 시간이었다. 다른 과목 공부할 시간은 당연히 없었고 숙제가 있는 조원이 있으면 그 조원을 제외한 나머지 조원들이 그 조원의 몫을 나누어 일하는 방향으로 서로 도우며 사업을 진행했다. 같이 있는 시간이 길었던 만큼 조원들끼리 많이 가까워졌지만 서로의 생각이 모두 다른 만큼 갈등도 있을 수밖에 없었다. 한번은 왜 일을 찾아서 하지 않고 시키는 일만 하냐며 조장 오빠가 나와 조원에게 한마디 했다. 맞는 말이었는데 뭐가 그리 서러웠는지, 나는 우리도 나름 열심히 하고 있다며 차갑게 받아쳐서 분위기를 냉랭하게 만든 적도 있었다. 조원 싸움은 '칼로 물 베기'라 했던가, 10분 만에 다 풀긴 했지만 말이다.

우여곡절 끝에 업체 섭외 및 달력 디자인을 제때 마치고 달력 300부를 제작하였다. 우리는 제작한 달력을 모두 판매하며 100만원이 넘는 매출을 올렸고, 경영학개론 역사상 전무후무한 1,001,000원이라는 순이익을 달성하였다. 당시에 봉투에 수익금을 넣어서 수업 시간에 교수님께 제출했는데 두꺼운 봉투를 제출하는 다른 조와는 달리 우리 조는 100만 원 수표 한 장과 1000원 지폐, 단 두 장만을 넣어서 제출하였다. 조장 오빠가 적은 봉투의 글귀는 아직도 선명하게 기억난다.

"몇 장 못 넣어서 죄송합니다."

우리는 예상대로 수익 1위를 했고, 그 어느 조모임 때보다 기분 좋게 조별 발표 준비를 해서 발표까지 성공적으로 마쳤다. 신기하게 해당 학기에 전체적으로 평균 수익이 높았고 다른 학기 수익의 3배인 약 900만 원의 수익을 올렸다. 처음 계획대로 그 수익 중 1/3은 기부하고, 나머지 금액 중 일부를 비어파티에 사용하기 위해 파티 계획팀을 꾸렸다. 파티 계획팀의 계획 하에 대전의 한 라운지바에서 즐겁고 호화스러운 종강파티를 즐길 수 있었다.

경영학개론의 수업 방식은 내가 중고등학교 때부터 꿈꿔오던 수업 방식이었다. 꼭 앉아서 하는 공부만이 공부가 아니라 실제로 겪고 부딪히며 얻는 것들이 모두 공부가 될 수 있다는 것을 알려준 수업이었다. 가만히 앉아서 렉처노트를 넘기며 '아, 사업은 이런 순서로 이렇게 하는 것이구나.' 했다면, 난 아마 우리가 처음 생각했던 것처럼 사업을 쉽게 생각했을 것이다.

사업을 계획하고 진행하는 과정에서 계속 여러 사람들과 만나야 했고, 그렇게 사람들과 부딪히며 많은 것을 배웠다. 우선 업체를 섭외하면서 사람들에게 아쉬운 소리를 하는 것이 정말 쉬운 일이 아니라는 것을 깨달았다. 길거리에서 전단지를 나눠 주거나 설문조사를 부탁하는 사람들을 별생각 없이 무심하게 지나쳤는데, 내가 그 입장이 되니 자연스럽게 지난 나의 행동들이 떠오르며 내 잘못들을 반성하게 되었다. 또한 일을 추진할 때에는 가장 잘되었을 때를 예상하고 일을 준비할 것이 아니라 혹시라도 일어날 문제들에 대해서 대비를 하는 것이 더 중요하다는 것을 느꼈다. 우리는 당연히 일이 잘될 것이라고 생각하고 날짜 계획도 빠듯하게 짰는데, 달력 제작을 맡겨야 하는 날 직전에 업체 섭외와 디자인을 완성됐었다. 만약 업체 섭외가 하루라도 늦어졌더라면 달력 제작 기간 때문에 달력 판매 기간을 하루하루 까먹었을 것이다. 그리고 '어떤 일을 하던 최선을 다해야 한다'는 상투적인 표현을 온몸으로 실감할 수 있었다. 업체를 섭외할 때 처음엔 '어떻게든 잘 되겠지' 하며 마음을 놓고 있다가 나중에 절실한 상황에 처하고 나서야 최선을 다하게 되었다. 처음엔 사업계획서도 없이 업주들을 설득하러 다니다가 상황이 급해지자 사업계획서를 작성하는 등 쓰지 않던 모든 방법을 총 동원하게 되고 그에 따라 성과도 훨씬 좋아졌던 것이다. 업체 섭외 외에도 안 될 것 같은 일인데 최선을 다하다 보니 조금씩 그 길이 보이는 경우가 있었다.

무엇보다도 조원들과 함께 하나의 목표를 갖고 함께 일을 하면서 많은 것들을 느끼고 배울 수 있었다. 어떻게 보면 서로 최소 20년 넘게 다른 배경에서 자라오며 서로 다른 생각을 가진 사람들이 하나의 목표를 두고 함께 일한다는 것 자체가 넌센스였다. 하지만 서로의 의견을 존중하고 이해하며 그 격차를 좁혀 나갔고, 중간에 삐걱거린 적도 있었지만 그런 문제를 해결하는 방법도 배울 수 있는 좋은 기회였다. 평소에 나는 내 생각이 제일 옳은 것 같고 뭐든지 내가 해야 속이 편했다. 그런데 조모임을 하며 서로 의견을 나누고 다른 사람의 이야기에 귀 기울이자 내가 아는 세상보다 훨씬 넓은 세상이 보였다. 내가 최고라는 생각에서 내려오게 된 것이다. 그러자 내 마음도 더 편해지고 우리의 일도 더 수월하게 진행되었다. 그 어떤 것보다도 중요한 협동심을 배울 수 있었던 기회였다.

종강파티까지 끝나고 남은 돈을 어떻게 쓸까 궁리할 때였다. 전처럼 학교에 필요한 비품을 살지 아니면 기부를 할지 수업시간에 열띤 토의가 벌어졌다. 여러 의견이 오가고 있는 도중, 한 경영학개론 수강생의 이야기가 나왔다.

당시에 이미 휴학을 해서 경영학개론을 수강하는 상태가 아닌 신소재공학과 김요섭 학생이었다. 김요섭 학생은 수원역 앞에서 몸싸움을 하던 행인을 마주쳤고 그들을 말리기 위해 가까이 다가갔을 때, 그중 한 명이 품 안에서 흉기를 꺼내 휘둘렀다는 것이다. 김요섭 학생은 그 흉기에 손을 깊이 찔려 신경까지 상하는 중상을 입게 되었다. 손을 다친 상태에서도 계속 그들을 말렸고 경찰이 와서 상황이 종료된 뒤, 그는 병원으로 가서 2시간에 걸친 대수술을 받아야 했다. 흉기에 신경이 다쳐 수술 후에도 감각이 완전히 돌아오긴 힘들 것이라고 했다. 하지만 김요섭 학생은 가해자의 어려운 상황을 듣고는 그를 용서하고 피해보상마저도 포기했다. 김요섭 학생의 이야기를 들은 수강생들은 만장일치로 남은 돈을 그의 수술비에 보태자고 하였고, 경영학개론의 남은 수익은 마땅히 향해야 할 곳으로 향했다.

그 어느 때보다도 많은 수익을 올리고 창의적 아이디어도 넘쳤던 2011학년도 가을학기 「경영학개론」. 교수님과 학생들이 모여 수업이 이루어지던 창의관 301호만이 강의실이 아니라 세상 전체가 강의실이었고, 눈이 가는 곳에 있는 모든 사람들과 물건들이 교과서가 되었다. 표면적으로는 경쟁이었지만 모두가 한마음 한뜻으로 같은 목표를 위해 노력했고, 그 결과 900만 원어치 그 이상의 결실과 배움을 얻어갈 수 있었다. 경영학개론은 내가 카이스트에 와서 가장 열심히 그리고 역동적으로 참가했던 수업이며, 그렇기에 기억에 많이 남는 수업이고 경영학개론을 거쳐 간 많은 학생들이 나와 마찬가지일 것이라고 생각한다. 마지막으로 이 글을 빌어 학생들에게 큰 배움의 기회와 가르침을 주신 성광제 교수님께 다시 한 번 감사의 말씀을 올린다.

성광제 교수님 (기술경영전문대학원)

너털웃음에 옆집 아저씨 같은 서글서글한 인상, 카이스트에서 「경영학개론」을 가르치시는 성광제 교수님이시다. 교수님께선 남다른 방법으로 팀 프로젝트를 진행하신다. 학생들에게 초기 사업 자본을 주고 1주일 동안 돈을 벌어오는 것. 바로 '사업'이다.

Q 어떻게 이러한 프로젝트를 시작하게 되셨나요?

A 2007년에 처음으로 카이스트에서 경영학개론을 가르치게 되었어요. 처음 두 학기 동안은 수업만 진행했는데 서로 남는 것이 없다는 생각이 들더군요. 역시 비즈니스는 'try'를 해야 하는구나라는 생각이 들었어요. 돈을 벌어 보면 비즈니스에 대한 직접적인 느낌이 오거든요. 경험이 중요하다고 생각해서 학생들에게 직접 기회를 주자는 생각이 들었어요.

Q 가장 창의적이었던 아이디어를 들고 나온 팀은 어떤 팀이었나요?

A 기억에 남는 팀은 '땡큐 릴레이'를 하는 팀이었어요. 한 명에게 가서 고마운 분께 핫초코를 전해드리겠다며 "핫초코 가격은 알아서 주세요"를 한 거죠. 일명 'Custom prizing'이에요. 주는 사람도 고마운 사람에게 마음을 전할

수 있어서 좋고, 받는 사람도 좋고, 중간에서 돈도 벌고 일석삼조인 셈이죠.

Q 가장 엉뚱하거나 적자가 난 팀도 있었나요?

A 프로젝트를 진행할 때 인건비를 책정하지 않기 때문에 적자가 쉽게 날 수가 없어요. 그런데도 한 팀은 적자가 났었죠. 기억에 남는 엉뚱한 팀이라면 물방개 경주라던가 야바위, 로또 등을 하는 팀도 있었어요. 하지만 이젠 도박 같은 불법적인 것이나 학교 행정처에서 전화가 올 만한 것은 하지 말라고 미리 학생들에게 말합니다.(하하)

Q 학생들이 「경영학개론」 수업에서 꼭 이것만큼은 배워갔으면 좋겠다하는 것이 있으신가요?

A 너무 학교 수업에만 집중하다 보면 현실 감각이 떨어질 수밖에 없어요. 나중에 무엇을 전공해서 어떤 제품을 만들어내던 간에 현실 감각이 중요하죠. 진짜 사람들과의 interaction이 필요하다고 생각해요. 세상 돌아가는 것도 경험해 보고, 후에 사업이나 기술을 개발할 때에도 시장에 대한 감을 익히는 데에 도움이 되었으면 좋겠어요. 그리고 학생들이 직접 사업을 경험해 보면 공부가 가장 쉽다는 것도 배우더라고요. ^^

Q 마지막으로 학생들에게 해주고 싶으신 말씀이 있으시다면?

A 학생들이 자유롭고 창의적이었으면 좋겠어요. '나는 꼭 창의적이어야 해!' 라는 생각도 어떻게 보면 틀에 박힌 생각이거든요. 지금 하고 있는 모든 공부가 나중에 background가 되므로 열심히 공부하고, 많은 분야로 진출했으면 좋겠습니다. 무엇보다 자유롭게 사는 것이 중요하고 좋은 것 같아요.

내가 만드는 실내악 공연 「Chamber Music Class」

건설및환경공학과 09 조정우

때는 2011년도 봄. 카이스트 합창단으로 활동하던 나는 동아리 친구들과 김정진 교수님의 「Chamber Music Class」라는 실내악 수업을 들었다. 개인이 좋아하는 악기를 하나씩 가지고 와서 학기 내내 연습을 하고 학기말에 공연을 하는 것이 수업의 목표였다. 두 명이 팀이 되어 나란히 앉아 한 피아노를 치는 듀엣 피아노 팀이 세 팀, 플루트 팀이 한 팀, 악기 연주 없이 사람의 목소리만으로 화음을 내는 아카펠라 팀이 세 팀, 바이올린 현악 팀, 통기타 팀, 색소폰 솔로, 사물놀이 팀 등 다양한 학생들이 서로에게 익숙한 악기를 가지고 팀을 꾸렸다. 합창단이었던 나는 동아리 친구들 6명과 함께 아카펠라를 하기로 결정했고 동아리에서 연습했거나 공연했던 곡이 아닌 새로운 곡으로 세 곡을 공연하기로 했다.

첫 번째로 선택한 곡은 'All is Well'로 성당에 울려 퍼질 것 같은 잔잔한 노래였다. 느린 템포에 소프라노, 알토, 테너, 그리고 베이스의 화음이 돋보이는 곡으로 서로 음을 맞추다 나오는 완벽한 화음에 마음이 저절로 치유되는 음악이었다.

두 번째 곡은 'The Tower of Eternity'란 제목으로 '아이온' 게임의 OST였다. 한국과 일본의 유명한 피아니스트이자 뉴에이지 음악 작곡가인 양방언 씨가 작곡한 음악을 우리 나름대로 아카펠라로 재해석해서 부르고자 했다. 본래 악기가 내는 소리를 목소리로 표현해야 한다는 것이 어려웠지만 게임 OST답게 빠르고 중독성 강한 멜로디가 매력적인 곡이었다.

마지막 곡으로 'live your life with love'란 뜻의 'Vive L'Amour'를 연습했다. 이 곡은 특이하게도 '남성' 아카펠라 곡이어서 활기차고 익살스런 표현을 살리고 서로간의 호흡을 잘 맞추어야 했다.

이렇게 우리는 서로 다른 성격의 세 가지 곡을 선택하고 험난한 연습의 길에 올랐다. 다른 팀의 학생들도 음악 밴드나 오케스트라, 아카펠라, 기타 동아리 등에서 손발을 맞춰 왔던 사람들이었기에 동아리간의 대결 같은 느낌이 없잖아 있었다. 첫 연습 때는 타 학생들 앞에서 우리가 연습할 것을 보여 줘야 했었기에 마치 「슈퍼스타 K」나 「보이스 코리아」 같은 오디션 프로그램에 참가하는 듯이 더더욱 긴장이 되었다.

강의 수강생이 수강 신청 제한 인원수를 훌쩍 넘어 교수님께서 한 팀 한 팀 자세히 봐주시기 어려운 상황임에도 불구하고 대망의 첫 연습을 맞이했다. 교수님은 학생들이 기가 눌릴 정도로 카리스마가 강하셨고 말씀 한 마디 한 마디에 전달하고자 하는 바가 뚜렷이 드러나는 분이셨다.

세 곡 중 먼저 교수님께 지도받고자 한 곡은 잔잔한 'All is Well.' 긴장 때문에 조금은 위축된 상태로 시작했다.

"All is well, All is……."

첫 한 마디를 부르자마자 교수님께서는

"Stop. 다시."

다음 번 시도도 마찬가지로 처음 시작하는 한 마디를 벗어나질 못했다. 긴장하긴 했지만 음정도 맞았고 화음도 나름 괜찮았는데 왜일까. 이유는 A 발음이 사람마다 모두 다르기 때문에 소리가 일치하지 않는다는 것을 시작으로, L 발음도 팀원마다 차이가 있어서 통일감이 없었다는 것과 음을 박자 표기대로 끝까지 채우지 않아 소리가 텅 비어 버린다는 것이었다. 또한 A를 발음할 때 속에 있는 공기를 터뜨리듯이 불러서 잔잔한 노래라고 힘없이 들어오지 말라는 지적도 덧붙이셨다. 노래의 전반적인 부분을 결정하기 때문에 처음이 가장 중요하다고 하셔서 그날 첫 연습은 그렇게 처음 시작 한 마디만 연습하다가 끝이 났다. 솔직히 의기소침해질 수밖에 없었던 것이 중간에 끊으실 줄 예상은 했지만 한 소절도 아니고 한 마디만에 끝이 나다니. 다른 아카펠라 팀이 우리 팀 말고도 두 팀이나 더 있었기에 합창단 동아리를 대표해서 더 열심히 연습해야겠다는 생각뿐이었다.

다른 팀은 기본적으로 다뤄 봤던 악기들이기에 첫 연습이라도 어느 정도 소화를 했지만 역시 처음 한 마디를 넘은 팀은 별로 없었다. 강의에서 새로 팀을 꾸린 플루트도, 오케스트라 동아리 활동하면서 평소에서로 자주 맞춰보던 현악 팀도 마찬가지로 교수님의 날카로운 지적에서 자유로울 수 없었다.

연습은 계속되었다. 음악에 있어서는 초짜인 나도 교수님의 단 한마디가 팀 전체의 퍼포먼스를 180도 바꾸면서 음악 자체를 다르게 만드시는 것을 느끼고는 감탄하지 않을 수 없었다.

"어깨에 힘을 빼."

"고개를 살짝 들어."

교수님은 학생들이 노래를 시작하면 한 순간에 학생들의 상태를 파악하시고는 말씀 한 마디로 제어하셨다. 앞에서는 지휘를 하시면서 강약 조절부터 박자 하나하나 맞추는 것까지 도와주셨다.

"약할 땐 들릴 듯 말 듯, 강할 땐 강의실이 떠나갈 듯."

"너희에겐 목이 악기다."

2년이나 지난 지금도 생생하고 또렷이 기억이 날 정도로 주옥같은 조언을 많이 들을 수 있었다. 이제까지 음과 화음을 맞추는데 신경을 썼지 그 외의 박자나 가사 전달, 음을 얼마나 끌어야 하는지 등 노래의 기본적인 요소들을 놓치고 있었다. 그리고 교수님께서 지적하신 점을 하나씩 고쳐나갈 때마다 달라지는 퍼포먼스에 우리 스스로도 놀라기 일쑤였다. 점차 나아지는 모습으로 우리 7명의 목소리가 어우러져 좋은 소리가 나올 때면 정말 소름이 끼쳤다.

학기말 공연을 얼마 안 남기고 공연에 무언가 2% 부족하다고 느낄 즈음, 강의의 일환으로 카이스트 문화 행사인 마임 공연을 보러가게 되었다. 마임은 무언극으로 말없이 표정과 행동만으로 진행되는 연극이다. 이와 같이 비언어적 의사소통으로만 이루어진 연극이 어떻게 사람들에게 감동을 줄 수 있을까 생각하는 사람들도 있을 것이다. 그래도 왜 가끔은 상대방의 손을 잡거나, 살짝 미소를 짓거나 어깨를 쓰다듬으며 격려를 해준다거나 하는 행동이 백 마디 말을 대신해 줄 때도 있지 않은가. 또 말로 대화할 순 없지만 온몸으로 누구보다 반갑게 주인을 맞아주는 반려동물들이 있지 않은가.

공연에서 세계적 마임가인 야마모토 코요는 한 사람이 태어나서 죽을 때까지의 장면을 잔잔한 음악과 간단한 소품 외에 몸짓만을 사용하여 실감나게 표현했다. 드라마나 노래, 뮤지컬과는 다르게 언어의 전달이 누락되어 있는 마임은 시각이라는 요소에만 의존하기에 1차원적이고 관객과 소통이 보다 어려운 것이 사실이다. 하지만 그런 우려와는 다르게 그는 공연을 시작한지 단 몇 초 만에 나를 비롯한 관객들을 공연에 완전히 몰입하게 만들었다.

마임 공연은 일상생활에서 보디랭귀지를 통한 대화의 중요성을 다시 한 번 깨닫게 해준 계기가 되었고 나는 마임 공연으로부터 우리들의 학기말 공연을 더 빛나게 해줄 한 가지 요소를 찾을 수 있었다. 나는 마임에서 쓰이는 보디랭귀지가 우리 공연에도 필요한 재료일 것이라 생각했다. 활기차고 신나는 'Vive L'amour' 곡에 간단한 안무를 넣어 중간에 갑자기 템포가 늦어지는 부분에 서로 어깨동무를 하고 익살스런 연기를 하기로 했다. 'Live your life with love', '사랑을 하며 살라'라는 메시지를 잘 살리기 위해서는 가만히 서서 노래만 부르고 있으면 안 되었다. 노래함에 있어서 박자와 가사 전달, 음정이 중요하듯, 공연에서는 밖으로 보이는 공연자의 얼굴 표정이나 몸짓과 같은 퍼포먼스, 공연자의 공연 몰입 정도가 그대로 관객에게 전달된다는 점을 깨닫게 되었다.

우리 아카펠라 팀은 학기말 공연에서 마지막에서 두 번째 순서를 배정받게 되었다. 공연 당일 날인 주말 저녁에 인문사회과학동 곳곳에서 같이 수업을 들었던 친구들의 공연이 시작 되었다. 마임 공연에 영감을 받아 넣은 'Vive L'amour'의 가벼운 안무는 공연 때만 선보였는데 관객들의 웃음을 자아내며 대성공했다. 같이 팀을 이뤘던 7명 모두가 최선을 다했고 모두의 하모니가 어우러지던 그 공연을 나는 평생 잊을 수 없을 것이다. 이렇게 카이스트의 음악 시간은 강의와 함께 끝났지만 함께 만들었던 하모니는 내 마음 속에서 아직까지 계속되고 있다.

TIP

카이스트에 입학하는
다양한 방법들

과학고 조기졸업 – 김건하

안녕하세요! 저는 과학고에서 조기졸업하고 카이스트에 06년에 입학한 김건하라고 합니다. 제 이야기는 너무 예전 이야기라서 지금 카이스트를 목표로 하고 있는 학생들에게는 도움이 되지 않을 것 같아요. 게다가 저는 조금 특이하게 진학한 케이스이기도 하고요. 그냥 이렇게 카이스트에 진학한 학생도 있구나 하는 이야기로 들어주세요.

당시에는 카이스트에 입학하는 방법이 수시와 정시 두 가지였는데, 과학고 학생이 정시로 카이스트에 입학하는 일은 거의 없었어요. 아무래도 과학고 학생들은 언어 영역에 대한 준비를 일반고 학생들에 비해 덜 하고, 또 내신을 받는 데도 불리하거든요. 과학고도 지역별로 조금씩 다르지만, 제가 다닌 과학고에서는 내신 성적이 50% 안에 들어가면 별다른 입상 실적 없이도 카이스트에 진학했었어요.

저는 선행학습 없이 시골 중학교에서 과학고에 진학했어요. 그러다보니 과학고에서 수업 내용을 따라가기가 힘들었고, 결국 내신이 70% 정도가 되었죠. 카이스트에 가고 싶었지만 갈 수 있는 성적이 아니었고, 정시로는 도저히 카이스트에 갈 자신이 없었어요. 그래서 저는 자신 있는 수학경시에 올인했어요. 과학고에 진학할 때도 중학교 수학경시대회에서 입상해서 들어올 수 있었거든요. 하지만 시험을 준비하면서 많이 힘들었어요. 경시대회는 한 번의 시험으로 모든 것이 결정되는데, 문제 수가 적어서 운이 크게 작용해요. 그만큼 '상을 받지 못하면 어쩌나' 하는 불안이 너무 컸어요. 지금 생각해 보면 힘들고 부담되는 만큼 그 시간을 더 열심히 살았던 것 같아요. 어쨌든, 결과적으로는 2학년 때 KMO(한국수학올림피아드)에서 전국 단위 상을 받고, 카이스트에 합격할 수 있었어요. 그리고 저는 학교에서 그 해에 카이스트에 가장 드라마틱하게 입학한 학생이 되었어요. 합격한 학생들 중에 제 내신이 가장(그리고 월등히) 낮았거든요.

아참, 합격한 뒤에는 3학년 때 배워야 할 과목에 대한 시험을 치르고, 조기졸업 자격을 획득해야 해요. 이 시험까지 통과하고 나면 바로 졸업하고, 고3 없이 대학에 가는 거죠. 그러고 나면 신나는 대학 생활이 시작되죠. 실험에 보고서에 과제에 치이는 신나는 카이스트 신입생, 야호!

일반고 2학년 조기졸업 ─박은지

일반고에서도 조기졸업을 한다? 아마 일반고 학생들 대부분은 이 사실을 모르고 있을 것이다. 일반고에서 2학년 때 대학을 갔다고 하면 거의 같은 대답이 돌아온다.

"일반고 2학년 때 대학을 가는 게 가능해?"

내가 고등학교 2학년 때에 우연히 KAIST에서 일반고 학생들을 대상으로 하는 캠프가 있다는 것을 알게 되었다. 창글리(창의적 글로벌 리더)라는 캠프였는데 카이스트에서 모여 과학실험도 하고 학교 탐방도 할 수 있는 좋은 기회였다. 나는 그런 캠프가 있다는 것을 알고 바로 지원을 했고, 바로 그 캠프에서 멘토 언니를 통해 일반고 학생도 2학년 때 입학할 수 있다는 것을 알게 되었다. 일반고 2학년 학생도 일반 전형에 지원을 해서 다른 과학고, 외고 학생들과 함께 경쟁을 하게 되는데 그 전에 입학지원자격을 받아야 한다. 입학지원자격은 내신을 환산하여 일정 점수가 넘으면 받을 수 있고, 자격을 부여 받은 후엔 똑같이 일반전형에 지원하게 된다.

나는 고등학교 1학년 때엔 반장과 학년장을, 2학년 때엔 전교부회장을 맡았었다. 또한 1학년 때부터 화학실험 동아리에 들어가 활동을 했었다. 나는 수시와 정시를 모두 생각하고 있었기에 내신도 열심히 관리해 놨었다. 캠프는 초여름쯤에 갔었는데 캠프를 다녀온 직후 8월 초에 원서를 접수하여 입학지원자격을 부여 받았다. 카이스트에 지원할 당시 주변에서 많은 반대가 있었다. 시험 기간과 면접 준비 기간이 겹쳤기 때문이었다. 하지만 일반 전형에 결국 서류를 냈고 1차 서류 전형을 통과하였다. 아무도 기대하지 않았던 일이었다. 나조차도 떨어질까 두려워 아무에게도 말하지 않았었다. 그 이후 면접 준비에 올인하였다. 거의 한 번도 뺀 적 없던 야간자율학습과 보충수업을 모두 빼고 면접을 준비하여 최종 합격에 도달하였다.

일반고 2학년 학생이 KAIST에 갈 경우, 정확하게 말하면 조기 졸업이 아닌 2학년 수료이다. 매년 뽑는 기준이 조금이 변하고 있긴 하지만 개인적으로 가장 중요한 것은 내신점수라고 생각한다. 2학년은 수능을 보지 않기 때문에 그 학생의 학업 성취 수준을 평가할 수 있는 것이 내신뿐이기 때문이다. 그 외에도 자기가 하고 싶은 공부(학과)와 관련된 활동을 해놓는 다면 금상첨화일 것이다. 또한 추상적인 말일지 모르지만 자기 자신을 믿고 한번 결정한 것을 끝까지 밀어붙이는 추진력과 그러한 본인을 믿고 추천서를 써주시는 선생님들의 도움도 필수적이라고 생각한다. 흔치 않은 입학 경로이기 때문에 개인의 노력과 주변의 도움이 더욱 절실하기 때문이다.

내가 설마 될까? 했던 일들이 실제로 일어난다. 나도 이런 비슷한 글들을 읽으며 '자기는 붙었다고 속편한 소리하네.'라고 생각한 적이 있었다. 그런 생각을 했던 고등학생이 지금 이러한 글을 쓰고 있는 것을 보면, 마찬가지로 이 글을 읽는 학생들이 후에 이런 글을 쓰게 될 것이다. 일반고 2학년 학생이 대학을 간다는 것은 불가능한 일이 아니다. 기회는 준비된 자에게 정말로 찾아온다.

일반고 3학년 졸업 ─박희정

안녕하세요! 저는 KAIST 생명과학과 학부과정에 재학 중인 09학번 박희정 학생입니다. 저는 KAIST에 진학하고자 하는 일반고 친구들에게 전하고 싶은 메시지가 있어서 이렇게 글을 쓰게 되었어요. KAIST에서 공부하고 싶은 마음은 있지만 '과연 내가 합격할 수 있을까?' 하며 지원을 주저하고 있는 학생 여러분! 제 이야기를 한번 들어보세요.

2008년 여름, 저는 여느 고3 학생처럼 수능 준비로 바쁜 나날들을 보내고 있었습니다. 제 꿈은 과학자였습니다. 줄기세포를 연구하여 새로운 암 치료법을 개발하고 싶었습니다. 방학이 끝나갈 무렵 부모님과 담임선생님 께서 제게 KAIST에 지원해 보길 권하셨어요. 저는 말도 안 된다며 기겁했죠. 한국에서 뛰어난 영재들만 모이는 그 학교에 아무런 준비도 하지 않은 제가 갈 수 있을 리 없고, 수능을 앞둔 중요한 시점에서 불합격이 분명한 입시에까지 굳이 힘을 쓸 필요가 없다고 생각했거든요. KAIST는 제가 감히 다가갈 수 없는 미지의 세계 같았습니다. 저는 주변에서 KAIST와 관련이 있는 사람을 본 적도, 들어본 적도 없었어요.

하지만 KAIST에 대해 생각할수록 가고 싶다는 마음이 점점 커져갔습니다. 부모님과 담임선생님 말씀대로 훌륭한 과학자가 되기에 더할 나위 없이 좋은 곳이었죠. 제가 하고 싶은 공부에 마음껏 전념할 수 있을 것 같았고 장학제도가 잘 갖추어져 대학원에 진학하는 것도 수월하리라 생각했습니다. 그렇지만 지원해 보겠다는 용기는 차마 낼 수 없었어요. 아무리 생각해 봐도 가능성이 없는 일이었으니까요. 제가 망설였던 가장 큰 이유는 바로 실패에 대한 두려움이었어요. 떨어질 것을 알고 지원하더라도 막상 불합격 이라는 결과를 받으면, 제가 과연 그 상처와 좌절감에서 일어설 수 있을지. 자칫하면 그 영향으로 그동안 해왔던 노력들이 모두 물거품이 되진 않을 까. '한번 해보지 뭐!' 하며 도전하기엔 그 두려움이 너무나 컸어요.

하지만 몇 주간 고민하던 끝에 저는 용기를 내어 KAIST에 지원하기로 했습니다. 저에게는 내세울 만한 대외 수상 경력이나 활동 경력이 없었기 때문에 저의 모든 것을 우수성 입증 자료로 제시했어요. 1학년부터 3학년 까지의 모든 전국모의고사 성적표, 크고 작은 상장들, 장학증서, 심지어는 헌혈증서까지. 1차 합격 소식을 들었을 땐 '합격했다!'는 기쁜 마음보단 '2차 면접은 어떡하지?' 하는 당황스런 마음이 앞섰습니다. 면접날, 저는 수많은 특목고 학생들 사이에서 잔뜩 위축되어 머리부터 발끝까지 긴장했어요. 하지만 시간이 지날수록 '이곳은 내가 올 수 있는 곳이 아니다.'라는 생각이 들기 시작했고 제 마음은 오히려 편안해졌습니다. 그리고는 '어차피 떨어질 건데 내가 하고 싶은 말 다 하고 떨어지자!'는 마음으로 남은 면접을 보았죠. 저는 교수님들께 제가 얼마나 끈기 있는 사람인지, 이곳에 와서 얼마나 열심히 할 각오가 되어 있는지를 보여드리려 했어요. 그리고 KAIST는 저에게 기회를 주었습니다.

저는 KAIST를 꿈꾸는 사람이라면 누구든 꼭 도전해 보라고 말해주고 싶어요. '나는 준비가 되어 있지 않아', '내가 어떻게 갈 수 있겠어!', '떨어지면 어떡하지?' 하는 생각에 주저하고 있나요? 두려워 말고 도전해 보세요! KAIST는 열정과 용기가 있는 사람이라면 그 누구에게든 기회를 준답니다. 실패보다 후회가 더 괴롭습니다. 훗날 '그때 한 번 도전해볼걸.' 하며 후회하지 말고 용기를 내서 문을 두드려 보세요. 문이 열릴지, 열리지 않을지는 두드려 보지 않으면 절대 모르니까요. 수능 공부만 해왔던 저도 수시 1차 모집에서 특목고 학생들 틈을 비집고 이렇게 들어왔잖아요? 요즘엔 입시제도가 많이 바뀌면서 일반고 학생들이 들어오는 문이 더 넓어졌다고 들었어요. 여러분도 할 수 있습니다! 모두들 용기를 내요! 파이팅!

일반고 3학년 입학 사정관 제도 - 엄민영

나는 전교 일등은 아니었다. 하지만 남들보다 수학과 과학에 열정을 가지고 고등학교를 다녔다. 고3이 되면서 다들 대학 입시에 불안함을 갖는다. 나도 마찬가지로 깜깜한 밀실에 들어온 것처럼 답답함을 느꼈다. 내가 좋아하고 잘 할 수 있는 이공계 쪽의 대학을 중심으로 대학을 찾아보았다. 마침 카이스트에서 신입생을 모집하는 소식을 들었고 새로 생긴 전형이라 더욱 눈길이 갔다. 처음으로 시행되는 전형이다 보니 선배들은 물론 선생님들도 어떤 전형인지 알 수 없었다.

카이스트에서 시행하는 입학 사정관 제도의 첫 번째 관문은 우리 학교에서의 경쟁이었다. 학교장 추천으로 단 한 명의 학생이 선발되어 지원할 수 있었고 나는 다른 친구들보다 어떤 면이 나은지 고민해 보았다. 다행히 학교에서 소개받은 몇 군데의 경시대회에 나가서 상을 탄 것이 도움이 많이 되었다고 생각된다. 성균관 수학경시대회, 한국정보올림피아드 등 몇 가지 상들 덕분에 후보에 오를 수 있었다.

후보에 오른 나 말고도 경시대회에서 상을 받은 친구들이 있었다. 나는 두 차례의 학급의 장을 맡은 경험이 있다고 강력하게 어필하고 꼭 대학을 가고 싶다는 표현을 선생님께 하였고 선생님의 허락하에 지원하게 되었다.

원서를 작성하게 되는 것은 먼 여정의 첫걸음뿐이었다. 일차 서류 심사를 거치고 입학사정관님이 학교에 찾아와 면접을 보고 그것까지 합격해야 최종 면접을 볼 수 있다. 처음 입학사정관님이 학교에 찾아와 질문을 하였는데 생각하지 못한 질문들을 많이 받았다, 그중 하나 기억에 남는 것은 '역사상 위대한 발명품을 세 가지 고른다면?'이라는 질문도 받았다. 딱히 정답이 있는 질문은 아니었지만 순발력도 많이 필요하고 평소의 인성에 관한 질문도 많이 받았다.

그렇게 2차 합격이 발표가 나면 마지막으로 카이스트에 직접 찾아가 면접을 하는 기회가 생긴다. 처음 시행되는 입시제도라 정보도 부족하였고 준비하는 사람들끼리 카페를 만들어서 가입하고 여기저기 정보를 공유하면서 준비하였다.

최종 면접에는 카이스트 교수님들이 다들 모여서 우리를 지켜보았다. 최종 면접에서도 크게 나누어 2번의 면접이 진행되었다. 1부에는 다 같이 모여서 토론을 하였다. 아무런 개입도 없이 우리끼리 사회자를 뽑기도 하고 서기도 정하여 정리를 하였다. 주제는 다양하게 있었다. 선진국과 후진국의 발전에 관한 주제도 있었고 당시 유행한 컴퓨터 바이러스 DDOS에 관한 질문도 있었다.

2부에는 내가 얼마나 과학에 관한 지식이 있는지 물어보셨다. 학교에서 과학 공부를 성실하게 하면서 지식을 쌓은 사람보다는 정말 과학을 좋아해서 직접 찾아보고 알려고 노력한 학생들에게 더 유리했던 면접이었다고 생각한다. 일반고에서 공부를 하면서 과학이 좋았고 더 공부하고 싶다는 생각을 했다면 꼭 한번 지원해보라고 권유하고 싶다. 국어 사회를 못해서 고민이 많았던 나는 대학에 와서 공부가 더 즐거워졌다고 생각이 들기 때문이다. 하고 싶은 과학을 하기에 카이스트는 좋은 학교라 자부할 수 있다.

자율형 사립고등학교편 — 윤지환

최근 전교생이 축구하며 노는 산골학교라며 언론에 홍보된 자율형 사립고가 화제다. 매년 수능이 끝나면 높은 명문대 진학률로 상위권에 오르곤 하는 한일고등학교(이하 한일고)가 그 주인공이다.

한일고는 전교생 남학생 기숙사학교이며 산골에 위치해 있다. 핸드폰 반입은 금지되어 있고 컴퓨터와 TV도 제한적으로 이용할 수 있다. 축구와 공부만이 한일고 학생들의 유일한 낙인 것이다. 자율형 사립고의 특징은 전국의 인재들이 한자리에 모인다는 것이다. 서로에게 동기 부여가 되어 학습 성적이 상향평준화가 된다. 뿐만 아니라 전교생 기숙사이다 보니 미리 사회의 축소판을 경험해 볼 수 있다.

자율형 사립고도 수능에 우선적으로 중점을 둔다. 다만 수업은 다른 일반고등학교와 다르게 과목이나 수업시간 편성이 유동적인 편이다. 수능과 입시에 특화되어 집중적인 교육을 받을 수 있다. 내신이 좋다면 수시에서 많은 혜택을 누릴 수 있다. 2009년도 카이스트가 수시와 정시전형으로 나뉘었을 당시, 내신 석차가 높은 학생들은 수시에 붙기가 수월했다.

또한 선생님들의 통제보다는 학생들의 주도적인 활동으로 학교생활이 이루어진다. 사교육을 받을 수 없기 때문에 자기주도적 학습을 얼마나 잘 활용하느냐가 관건이다. 입시에 준비하기 위해 수학, 과학 탐구 동아리를 만들어 리포트 형식으로 하나의 주제에 대해 조사하고 토의하기도 한다.

특별히 카이스트를 목표로 준비하진 않았지만, 한일고등학교 생활 동안 수능을 목표로 공부하며 친구들과 토의하고 자율적으로 공부했던 영역들이 카이스트 인성·전공 면접에서 도움이 되었던 것 같다.

카이스트 부설 고등학교가
있다? 없다?

부산에 위치한 한국과학영재학교가 2009년부터 '카이스트 부설 한국과학영재학교'가 되었다는 사실, 알고 계신가요? 카이스트 부설 고등학교로서 한국과학영재학교가 가지는 특별함은 무엇인지 알아봅시다.

1. 대학교에 다니는 고등학생, 'Honors' Program.'

생명학과 2학년 A양 "개강하고 나서 전공 수업을 들으러 갔는데 보니까 1학년 학생이 같이 수업을 듣고 있는 거예요. 카이스트 학생들은 2학년부터 전공 수업을 들으니까 신기했죠. 그런데 알고 보니 카이스트 학생도 아니었어요. 고등학교 3학년이었어요! 학교에서 3학년 2학기를 카이스트에 와서 수업을 듣게 해주는 프로그램이 있대요. 잘 적응할 수 있을까 했는데 저보다 중간고사 점수가 높은 걸 보고 그냥 웃음만 나왔죠."

한국과학영재학교 3학년 학생들은 Honors' Program(이하 HP)을 통해

2학기를 카이스트에서 보낼 수 있답니다. 여느 대학생들과 똑같이 수강 신청도 해보고 다양한 수업도 듣는데요, 무엇보다도 캠퍼스 생활을 미리 경험해볼 수 있는 좋은 기회입니다. HP로 수강한 학점은 카이스트로 진학할 때 카이스트 학점으로 인정이 된다고 하니, 카이스트 진학을 생각하는 학생이라면 많은 도움이 되겠죠? 고등학교 생활이 바르고 성적이 중상위권인 한국과학영재학교 학생들이라면 누구든지 이 프로그램에 지원할 수 있답니다.

2. 고등학교 학점이 카이스트에서도 인정이 된다, 'AP제도'

무학과 1학년 B군 "같은 새터반 친구 중에 한국과학영재학교에서 온 친구들이 있는데 걔네는 1학년 무학과 수업을 안 듣고 바로 전공 수업을 듣더라고요. 그래서 기초필수과목 안 들어도 되냐고 물었더니 고등학교 때 이미 일반물리학, 일반화학 등등 다 듣고 왔대요. 1학년 수업을 거의 다 듣고 오니까 조기 졸업한다는 애들도 있고…… 신기해요."

AP제도란 고등학교 때 들었던 수업을 카이스트에서 학점으로 인정받을 수 있는 제도랍니다. 카이스트의 '미적분학', '일반물리학' 같은 기초필수과목뿐만 아니라 일부 전공과목들까지도 AP 과목에 포함됩니다. 한국과학영재학교에서 '미적분학' 수업을 들었었다면 카이스트에서 '미적분학'이라는 같은 이름의 과목을 또 듣지 않아도 학점이 인정되는 것이죠. 하지만 한국과학영재학교에서 수강할 때 어느 기준 이상의 성적을 받아야 AP로 학점이 인정된다고 하네요.

카이스트 부설 한국과학영재학교는 카이스트 출신 선생님들을 포함한 홀

류한 선생님들이 수업을 하시기 때문에 AP제도로 학점이 인정되는 과목이 다른 학교보다 많답니다. 게다가 성적을 잘 받은 과목들은 'S(과목 이수, 학점 계산에 포함 안 함)' 학점이 아닌 받은 성적을 그대로 인정받을 수 있습니다.

이 외에도 한국과학영재학교 학생들에게는 R&E(Research & Education), KAIST HRP (KAIST High School Research Program) 프로그램과 같이 카이스트의 좋은 연구 시설과 환경을 활용할 수 있는 기회가 많이 주어진다고 합니다. 역시 카이스트 부설 고등학교답죠?

1학년 새내기 생활 엿보기

무학과 제도?

학교에는 수많은 다양한 과들이 있지만 1학년 새내기들은 모두 '무학과' 라는 점, 아시나요? 1학년 때는 각 과의 기초적인 지식을 쌓을 수 있는 '기초 필수 과목'과 '기초선택 과목'을 듣습니다. 1학년 동안 여러 분야의 과목을 들어보고 2학년이 되기 전에 자신의 과를 정하게 됩니다. 과 인원에 제한이 없어 부담이 없고 선배들이 후배들을 위해서 과 설명회도 준비하니 자신의 적성과 흥미에 맞게 알맞은 과를 찾을 수 있답니다.

1. '즐거운 대학생활'과 '신나는 대학생활'!

1학년 때 무학과로 입학하는 카이스트 학생들은 30명 정도의 학생들이 모여 한 반이 됩니다. 반을 대표하는 반장, 부반장도 뽑고 반 친구들끼리 같이 수업도 듣습니다. 그중 우리학교만의 특별한 수업은 바로 봄학기에 열리는 '즐거운 대학생활(이하 즐대생)'과 가을학기에 열리는 '신나는 대학생활(이하 신대생)'입니다. 학교에서 처음 대학교에 입학한 새내기 학생들을 위해 설계된 교과목으로 학교생활에 잘 적응해나갈 수 있도록 2011년도부터 운영되었답니다.

▲학사 2013 즐대생 뮤지컬 공연

2012 즐대생 명사 특강▶

사진 출처: freshman.kaist.ac.kr 새내기 홈페이지 중 새내기 앨범

반별 지도교수님과 만남도 갖고 반별로 예쁜 반티도 맞춰 입고. 학생들에게 꿈과 희망을 선사할 멋진 특강들과 반 친구들과 친해질 수 있는 다양한 게임, 문화공연, 콘서트까지. 게다가 우수한 반으로 뽑히면 학교에서 반끼리 여행도 보내준다는데, 멋지지 않나요? 재학생들이 직접 프로그램 기

획에 참여하여 새내기들을 위해 준비합니다. '즐대생'과 '신대생'은 필수 교과목으로 목요일 7시부터 9시까지 격주로 진행됩니다. 새내기들을 위한 프로그램을 통해 친구들과 좋은 추억 쌓으시길 바라요.

2. 새내기들의 지도선배, 'Proctor'와 '조교'!

대학교 생활은 중고등학교 때와 많이 달라 당황스럽죠? 어떤 수업을 들어야하는지, 교수님은 어떠신지, 수강 신청은 어떻게 하는 건지. 너무 걱정하지 마세요. 기숙사 생활부터 진로 상담까지 새내기 학생들 곁에서 도와주는 선배들이 있습니다. 각 반마다 'proctor'와 '조교'가 각각 한 명씩 배정이 됩니다. 한 달에 한 번씩 정기 상담도 하고 '즐대생'과 '신대생' 수업도 선배들과 같이 듣는답니다.

대학교 생활 중에 궁금한 점이나 고민이 생기면 바로 상담해 줄 든든한 선배들이 있으니 학교생활이 훨씬 편리하겠죠? 기숙사 방도 새내기 학생들 옆방에 배정되니 선배들의 조언이나 도움이 필요할 땐 부담 갖지 말고 연락하세요.

PART 4

강의에 얽힌
이야기들

강의실 침입 작전

물리학과 12 이우솔

내가 이야기하고자 하는 인사동은 서울 종로구에 맛집 많기로 유명한 그 인사동이 아니다. 카이스트의 북측에 자리 잡은 '인문사회과학동'을 줄인 그 인사동을 말하는 것이다. 인사동 건물은 IT 관련 건물과 연결되어 있으며 산업디자인학과 건물과도 이어져 있다. 그 건물들이 대략 200m 반경에 있으니, 그 연결된 건물들까지 생각한다면 인사동에는 굉장히 긴 복도가 있다. 또한 층도 어지간히 있고 강의실의 수도 무시할 수 없을 만큼 많다. 평소 낮에는 수업의 열기로 가득 차 있지만 밤에는 대부분의 강의실을 쓰지 않아 어둑어둑하다. 중간에 간간이 있는 교수 연구실과 휴게실에서 빛이 새어나오기는 하지만 대체로 어둑

한 분위기를 유지한다.

하지만 시험 기간이 되면 이곳은 성화와 같은 밝은 빛으로 주위를 가득 메운다. 건물이 뱀처럼 연결되어 있어 중앙에 텅 빈 마당을 사방의 빛이 감싸고 있는 모양을 띤다. 수많은 방에 불이 켜지고 복도 앞에 놓여 있는 탁자 곳곳에 사람의 발길이 닿지 않는 곳이 없을 정도로 꽉 꽉 들어찬다. 사실 인사동 각 방에는 비밀번호가 걸린 잠금장치가 있다. 평소에 저녁이 지나면 학생들이 들어올 수 없게 문을 잠그도록 지시가 내려진다. 그럼에도 불구하고 강의실에는 사람이 들어찬다.

여기서 나는 이해할 수 없는 부분이 생겼다. 카이스트는 학생 전원이 기숙사 생활을 하는 학교다. 각자 배정된 방이 있고 공부할 자리도 충분하다. 도서관 외에도 '교양분관'이라는 건물이 있어 공부하고자 하는 학생들을 약 1000명 정도 수용할 수 있다. 사람들이 몰래 잠금장치를 뚫고서라도 인사동의 강의실을 차지해야만 할 이유가 있을까. 그들이 비밀번호를 어떻게 풀었고, 왜 강의실을 점령하여 공부를 하는지 알아내기 위해 나는 아주 간단한 사실을 정리해 보았다. 중간고사 기간의 일이었다.

1. 수많은 사람들이 시험 공부를 하러 이곳 인사동을 찾는다.
2. 인사동 비밀번호가 누설되었다.
3. 교분에서 공부하는 사람 수는 최대 수용 인원의 절반 안팎을 돈다.
4. 창의학습관(창의관)의 많은 강의실에도 사람이 차기 시작했다.
5. 기숙사나 전체적인 공부 수용 공간이 모자라는 것은 아니다.

나는 다시 생각해 보았다. 카이스트의 시험 기간에 많은 학생들이 예루살렘을 찾아 떠난 동방박사들처럼 공부할 곳을 찾아 여행을 떠난다. 어떤 이는 공부 방법을 침해받지 않는 안정된 공부 공간을 찾아서. 어떤 이는 집중하기 좋은 공간을 찾아서 길을 헤맨다. 공부의 효율은 집중력에서 비롯되는데 집중력을 좌우하는 것은 주위 분위기와 환경이기 때문이다. 카이스트 학생이라면 본인의 공부 방법에 대해 잘 알고 있을 테니, 본인에게 적절한 공부 환경을 찾아 여정을 떠났을 확률이 높다는 것이 나의 결론이었다.

이 가정은 일차적으로 간단한 상황은 설명해 주었다. 첫째, 기숙사에서 벌어지는 소음과 적당하지 못한 분위기에 불만을 가진 많은 학생들이 인사동과 창의관으로 공부 공간을 옮겼다. 그리고 둘째, 교양분관에 사람들이 어느 정도 차기 시작하면 소음과 어수선함으로 다른 사람들을 불편하게 만들고 이에 따라 최대 수용 인원의 절반에도 미치지 않는 사람들만 교양분관을 이용하게 된다. 공부할 만한 장소를 찾지 못한 다른 학생들은 대항해를 시작했다. 이런 '전체적인' 가정은 아주 명료할 뿐만이 아니라 예상 반론이 나오기 힘들 정도로 '일반적'이라 괜찮은 설명이라고 생각한다. 하지만 여전히 모든 상황을 설명해주기 힘들며 더 자세한 설명이 필요하다.

기말고사 기간이었다. 나는 공부에 집중하다가 잠시 쉬는 시간에 창의관에서 공부하는 사람들의 모습을 둘러보고 싶었다. 1층에서 5층까지 나는 창의관에 머무는 사람들을 작은 창문을 통해 확인해 보았다. 예상대로 개개인의 방랑자들이 교실 하나를 차지하고 있었다. 서로가 단순한 친구 사이 이상으로 믿음이 가는 사이거나 돈독한 선후배 관계가 아닌 이상 공부의 자유를 찾아 떠났다면 혼자여야 한다고 생각했었다. 하지만 나는 여기서 예상치 못한 변수를 발견했다. 바로 연인들이다. 나는 연애를 하지 않아서 깊게 생각하지 못했는데, 그 비율이 굉장히 높았다. 다른 성별의 사람들이 같이 공부를 하기 위해 기숙사 외부로 나왔다는 이유 외에는 다른 이유를 찾기 힘들었다. 하지만 내가 직접 물어보기도 쑥스럽고 해서 더 분석하지 않았다. 그래서 나의 초점은 좀 더 새로운 곳으로 옮겨졌다. 바로 인사동 비밀번호 누설이다.

오직 나 자신, 단 한 사람만을 위해 에어컨, 히터, 칠판, 정수기가 구비되어 있고 게다가 타인은 멋대로 들어올 수 없는 비밀스러운 공간이라면 누구나 혹할 만하다. 공부 환경만 봤을 때 유토피아에 견줘도 문제없을 정도인 곳이 바로 인사동의 강의실이다. 만약 사람들이 그 강의실 비밀번호를 우연히 손에 넣었다면? 중동에서 석유를 수입해 오던 시대에 갑자기 샌드-오일 시장이 개척된 것과 같은 느낌일 것이다. 비유해 보자면 샌드-오일을 채취하는 기술이 바로 강의실 비밀번호를 손에 쥐는 방법인 것이다. 정보는 어디에서 오는가. 비밀번호는 어디에서 누출되는가. 이 모든 사건의 내막을 파헤쳐보자.

정보의 흐름은 트리로 구성된다. 정보전달자를 parent라 부르고, 정보수용자를 child라고 하자. 지금 상황에서 parent의 종류에는 두 가지가 있다. 비밀번호의 규칙을 알고 있는 사람이거나 단순히 방 하나의 비밀번호를 아는 사람으로 나뉘는 것이다. 그 이유는 다음과 같다. 강의실 문을 여는 주체는 그 강의실에 수업이 있는 교수님이나 조교일 것이다. 혹은 인사동 관계자일 수도 있다. 인사동 내에 강의실은 수십 개가 되는데 도저히 규칙 없이는 외울 수가 없을 것이다. 나는 방의 비밀번호를 풀고 인사동에서 공부를 했던 사람을 만났다. 그의 말에 따르면 그 당시 규칙에 대한 다양한 정보가 난무했다고 한다. 그는 child의 입장으로서 parent로 생각되는 사람이 둘 이상 있었다고 본다. 하지만 분명 규칙은 하나다. 곧 빛이 보이기 시작했다.

Parent에서 child로 정보가 이어지는 접점이 어딘지 짐작이 가기 시작했다. 즉, 비밀번호의 규칙이 전달되는 과정, 그 과정은 바로 비밀번호를 누르고 강의실로 들어갈 때 이루어진다. 한 인물이 비밀번호를 누른다. 이때 그 인물과 동행하던 다른 인물은 그 장면을 목격한다. 한 강의실의 비밀번호로 다른 강의실의 비밀번호를 유추할 수도 있지만, 유추할 수 없을 수도 있다. 그리고 결과적으로 완벽히 규칙을 유추할 수 있을 제3의 방법이 있어야만 한다.

나는 여기서 독자들의 이해를 돕기 위해 둘리라는 인물을 가정하고자 한다. 둘리는 20살로 갓 대학에 입학한 불타오르는 청춘이다. 그는 높은 학점을 받고 싶어 눈에 불을 켜고 공부를 하지만 그의 학업에 제동을 거는 것이 있었으니. 그것은 바로 공부 환경이었다. 한창 'LOL'이라는 게임이 유행하는 시기였기 때문에 많은 친구들이 공부를 하기는커녕 게임에 몰두해 한심하게 시간을 보냈다. 둘리는 친구들의 분위기에 휩쓸릴까 걱정되어 결국 공부할 장소를 찾아 떠나기로 했다.

그는 교양분관으로 향했다. 하지만 상황은 마찬가지였다. 연애를 해본 적이 없기 때문인지 그는 연인들이 꼴 보기 싫었다. 그런데 교양분관에는 그런 연인들이 잔뜩 자리를 잡고 있었다. 조용해야 할 공간이 그들의 희희낙락거리는 소리로 가득 찼다. 게다가 너무 따스하게 조절되어 있는 실내 온도 때문에 졸음이 몰려왔다. 그의 끓어오르는 피는 역동적인 공부를 갈구했다. 그렇다. 스스로 강의하면서 공부해 보고 싶다. 나만의 강의실이 필요하다! 그는 그 생각에 새로운 여정을 떠난다. 하지만 창의관도 상황은 마찬가지였고 과학도서관과 교양분관의 study room은 이미 예약이 꽉 찬 상태였다. 그는 콜럼버스에 대한 환상을 품게 되었다. 만약 카이스트에도 신대륙이 있다면 그곳은 어디일까! 나의 지적 호기심을 충족시켜줄 만족스러운 공간은 어디일까! 많은 곳을 떠돌던 도중 그의 아메리카는 북측 기숙사와 인접한 인사동이라는 사실을 깨달았다. 그의 눈앞에 펼쳐진 수많은 강의실 중에 열린 곳이 있으리라. 그는 믿었다.

두 시간 정도 흐르자 콜럼버스를 동경한 둘리는 그의 괴로움마저 이해하게 되었다. 모든 방문은 철통같은 보안 속에 잠겨 있었다. 그의 신대륙은 나타나지 않았다. 그는 깊은 수렁에 빠진 듯이 우울해졌다. 그리고 고독해졌다. 이 세상은 나를 왜 괴롭히는가. 자신의 꿈을 향해 나아가기 위해 여자도, 친구도, 놀이도 포기한 채 살아왔건만……. 둘리는 초능력이라도 쓰고 싶은 마음이었다. 그 순간 그의 뇌리 속에 '호이' 스친 것이 있었으니 바로 지문을 이용한 비밀번호 역 추적이었다. 「미션 임파서블」, 「내셔널 트래져」, 「007 시리즈」와 같은 영화에서 스파이들이 선보인 그 기술을 자신이 할 수 있을까 미덥지 못했지만 게임 소리가 난무하는 기숙사 방에서는 공부를 할 수 없었다.

그는 1220호의 비밀번호 버튼들을 훑어보았다. 1에 한 자국, 2와 6에 한 자국 있었지만 나머지는 찾아볼 수 없었다. 1310호의 전자장치를 훑어보았다. 1에 한 자국 6에 한 자국 0에 한 자국이 있었다. 교수님들이 이 많은 전자장치들 비밀번호를 하나하나 기억하지 못할 것은 확실했다. 분명히 비밀번호에는 모종의 규칙이 존재하지만 그의 능력으로는 찾아내기에 역부족이었다. 찍힌 부분도 있겠지만 잘못 찍힌 부분도 물론 존재할 것이며 희미하게 찍혀서 보이지 않는 지문도 있을 것이기 때문이었다. 이렇게 해서 언제 규칙을 찾을지 막막하던 둘리였다.

둘리는 1층 복도 의자에 앉아서 지친 그의 영혼을 치료했다. 그리고 잠에 들었다. 잠에 아름다운 여인의 모습을 한 천사가 나타나 그에게 속삭였다.

"깨어나세요. 용사여."

그는 놀란 마음에 꿈에서 깼다. 그 동안 시간은 흘러 깊은 밤이 되었다. 주변을 둘러보니 사람들은 모두 나간 상태였다. 그는 이 기회를 놓치지 않았다. 시선이 사라진 틈을 타서 비밀번호를 마음껏 눌러볼 수 있다는 생각에 그는 신이 났다.

'하늘이 주신 기회다!'

문득 책에서 암호에 관해서 배운 내용들이 생각났다. 튜링 아저씨가 눈앞에서 춤을 추는 듯 했다. 셜록 홈즈도 덩달아 눈앞에서 춤을 췄다. (사실 셜록 홈즈는 '춤추는 사람' 암호를 해독했었다.) 둘리는 고민하다가 1111호 강의실 앞에 갔다. 번호판을 살펴보니 1과 6에만 지문이 묻어 있었다. 순간, 어떤 규칙을 짐작할 수 있었다. 1111은 1로만 이루어진 숫자. 1과 6에만 묻어있는 지문. 6은 공통으로 지문이 묻어 있던 숫자. 짐작이 맞는다면…. 1111이란 숫자가 그대로 이용될 가능성이 다분했다. 그는 1117호 강의실 앞에 서서 지문이 묻은 곳을 자세히 들여다보았다. 그 결과 그의 짐작은 정확했다. 1과 7과 6에 지문이 묻어있었다. 1116호는 역시 1과 6만이 흔적이 남았다.

그는 생각했다. 강의실 호수번호 X에 비밀번호가 걸려 있다면, X에 6이 추가되는 형태의 비밀번호 일 것이 분명했다. 세 강의실에 6X와 X6을 눌러보았지만 아무 효과가 없자, 그는 66X와 X66을 눌러보았다. 원래 비밀번호는 5자리보다는 6자리 같은 짝수 형태가 많기 때문에 가능성이 있었다. 그리고 111166을 누른 순간 그의 아메리카가 눈앞에 펼쳐졌다. 오! 이 강의실은 나의 인도, 화이트보드는 나의 후추. 그는 신대륙에 대한 설렘과 지난날의 고생이 한꺼번에 터져 기쁨으로 환원되는 순간 묘한 쾌감을 느꼈다. 그리고 무릎을 꿇고 경배했다. 그 앞에는 영화 속 스파이들과 셜록 홈즈가 춤을 추고 있었다. 세상을 다가진 느낌에 시험공부를 못해도 좋았다. 그는 무언가 해낸 것이다. 조직시스템을 농락한 기쁨에 심취했다.

둘리는 친구인 마이콜을 불렀다. 둘리는 마치 마법처럼 강의실 문을 열고 들어갔다. 이때 마이콜은 둘리가 어떤 번호를 누르는지 목격한다. 둘리는 무턱대고 비밀번호 규칙을 가르쳐주면 인사동 강의실이 남용될 것이므로 마이콜에게 비밀번호 규칙을 가르쳐주지 않는다. 마이콜은 스스로 규칙을 유추할 것이다. 만약 이후에 마이콜이 다른 사람에게 인사동 비밀번호에 대해 이야기를 한다면 자신이 생각했던 비밀번호 규칙을 말할 것이다. 그리고 둘리는 마이콜 외에도 고길동과 같은 제3자에게 같은 모습을 여러 번 보여주게 되면서 결과적으로 다른 종류의 parent들이 나타나게 된다.

많은 사람들의 출입을 허용하게 된 인사동은 비밀번호 규칙을 수정해야 할 필요성을 느꼈을 것이고 비밀번호를 바꿈과 동시에 끊임없이 방 잠금을 확인했을 것이다. 바뀐 비밀번호와 관리인의 잦은 확인에

난감하게 된 대다수의 학생들은 결국 인사동을 떠나게 된다. 글쓴이는 이번 중간고사 기간에 인사동에서 빛나던 불빛이 기하급수적으로 급감한 사실이 여기에 있다고 결론지었다. 하지만 그에 굴하지 않고 밤에 빛나던 단 하나의 강의실 불빛은 둘리일 것이다. 비밀번호는 바뀌더라도 비밀번호를 설정하는 알고리즘 자체가 바뀌기는 어려운 법. 둘리는 같은 방법으로 비밀번호를 풀었을 것이고 한 번 더 바뀌는 성가신 일이 없도록 자신 외에 다른 사람에게는 알리지 않았을 것이다. 둘리는 영악하니 그 정도 조심성도 있지 않을까?

이 이야기가 시사해 주는 바는 무엇일까?

1. 카이스트 보안 의식의 취약
2. 비밀번호 알고리즘 의존의 폐해
3. 깨끗이 손을 닦아서 지문 노출 방지에 힘쓰자
4. 글쓴이가 수상하다

그 어느 것도 아니다.

사실 중요한 것은 우리들이 스스로 공부 환경을 열악하게 만드는 데에 있다. 서로를 배려하여 공부할 환경을 만들어 준다면 가상의 인물 둘리를 비롯한 많은 학생들이 새로운 카이스트의 아메리카를 찾기 위해 고생하지 않을 것이다. 또 차라리 지정된 강의실들을 개방하여 학생들이 자율적으로 공부하도록 하고 감독을 두는 형식으로 관리한다면 비효율적인 강의실 이용과 강의실 무단 침입 행위를 미연에 방지할 수 있을 것이다.

카이스트에 모인 최고의 학생들! 그런 학생들 역시 시험기간이 힘든 건 다른 학교의 학생들과 다르지 않다. 카이스트 학생들의 공부하는 모습에서 치루는 시험의 종류까지, 카이스트의 시험기간 모습을 살펴보자!

Q 시험 기간의 모습

A 카이스트는 학기의 첫 8주 수업이 진행되면 9주차에는 중간고사를 치루고, 그 뒤로 다시 8주의 수업을 한 뒤 기말고사를 보게 된다. 다른 학교의 경우 시험기간에 수업을 진행하는 경우도 있지만, 카이스트에서는 절대 시험 기간에 수업을 하지 않는다. 시험 기간에는 시험공부뿐만 아니라 개인 혹은 팀 단위 프로젝트의 제출 기한이 겹치는 경우도 많아서 시간이 부족하기 때문이다. 시험 기간에 도서관에 가보면 좀비같은 표정으로 졸음 깨는 음료수를 쌓아놓고 공부하는 학생들을 쉽게 발견할 수 있다.

Q 시험공부 장소

A 카이스트는 모든 학생이 기숙사 생활을 하기 때문에, 학교 안에 학생들이 공부할 만한 장소가 필요하다. 물론 기숙사에는 개인용 책상이 있다. 하지만 방에는 컴퓨터도 있고, 보는 사람도 없기 때문에 쉽게 풀어지고 공부가 잘 되지 않는다. 따라서 학생들은 학교 여기저기로 공부할 장소를 찾아다니게 된다.

학생들이 공부하는 대표적인 건물인 도서관과 교양분관(열람실과 스터디룸만 있는 독서실 건물)을 보자. 두 건물의 열람실 좌석 숫자는 1393석, 스터디룸은 12실이 있다. 카이스트 학부생(대학원 학생이 아닌 대학생)의 숫자는 약 4천 명 가량이다. 수치만으로는 도서관과 교양분관의 열람실은 학부생의 약 1/3가량을 수용할 수 있다. 하지만 학생들이 모르는 사람 옆에 잘 앉지 않는다는 사실을 생각하면, 실제로 수용할 수 있는 인원은 절반 정도가 된다.

그래서 학생들이 공부할 자리를 찾아 학교 여기저기를 떠돌게 된다. 학교 건물 여기저기에 마련된 조그만 의자와 테이블을 차지하기 위해 아침부터 나서기도 하고, 강의가 없는 강의실을 찾아다니기도 한다. 심지어 앞의 글에서처럼 잠겨 있는 강의실에 몰래 숨어들어 공부하기도 한다. 하지만 이런 장소들도 구하기가 참 어렵다.

결국 포기하고 방에서 공부하기로 마음먹은 학생들이 생긴다. 공부하면 다행이지만, 그날의 뉴스를 확인하거나 웹툰을 보기 시작한다면…… 이런 비극이 더 이상 발생하지 않기를.

Q 오래보는 힘든 시험

A 모든 과목이 다 시험을 보는 것은 아니다. 교수님의 재량에 따라 팀 프로젝트나 개인 과제로 시험이 대체되기도 하고, 시험 기간이 변경되기도 한다. 예를 들어, 경영학 개론 수업은 매년 특이한 프로젝트를 평가에 이용하기로 유명하다. 경영학 개론 수업을 듣는 학생들은 팀별로 아이템을 선정하여 정해진 기간 동안 교내에서 물건이나 서비스를 판매하고, 발생한 이익을 평가에 반영한다.

시험보다 부담이 적은 프로젝트도 많으므로, 학생들은 교수님이 시험 대신 프로젝트를 내주시기를 바라는 경우도 많다. 하지만 간혹 교수님이 재량껏 시험 시간을 끝없이 늘리기도 한다. 전기및전자공학과의 S교수님, 수학과의 K교수님 등은 기말고사를 시간 제한 없이 진행한 적이 있다. 이런 경우는 교수님이 조교를 강의실에 남겨두며 '학생이 한 명이라도 시험을 보고 있다면 시험을 끝내지 말라.'고 하시는데, 덕분에 오후에 시작한 시험이 다음날 아침 6시까지 진행된 적도 있다. 이런 경우에는 학생들 모두가(그리고 대학원생인 조교까지도) 지옥을 맛볼 수 있다. 시험 기간엔 모두가 그저 교수님의 자비를 바랄 뿐이다.

CHAPTER 2

운수 좋은 날

전산학과 11 이재훈

주변이 너무 밝다. 아침인가보다. 눈곱도 떼지 않고 실눈을 뜬 채 시계를 본다. 시계 바늘은 9시 20분을 가리키고 있다. 잠깐, 오늘이 무슨 요일이더라? 어제 동아리 정모가 있었으니 화요일, 아니 수요일이구나. 머리가 좀처럼 돌아가지 않는다. 정신을 차리기 위해 일어나서 기지개를 펴고 커튼을 활짝 연다. 뜨거운 직사광선을 쬐자 조금씩 정신이 돌아온다. 아, 그러니까 지금은 수요일 9시 20분, 아니 23분이구나. 수요일? 수요일이라고? 수요일이면 9시부터 10시까지 전공수업이 있을 터다. 아 그렇구나, 지각이구나. 폭격이라도 맞은 듯 사방팔방 뻗쳐 있는 머리를 가리기 위해 모자를 푹 눌러쓰고, 가방에 전공 책을 허겁지겁 쑤셔 넣는다. 마지막으로 자전거 열쇠를 책상에서 낚아채듯이 챙긴 후 기숙사 복도를 쏜살같이 달려간다. 수업은 전산동이다. 자전거로 죽어라 페달을 밟으면 6분, 7분 안에는 전산동에 도착할 수 있다. 부리나케 자전거를 주차해 놓은 곳으로 뛰어간다. 어라? 근데 자전거가 없다. 며칠 전에 아라(카이스트 인터넷 커뮤니티)에서 봤던 자전거 도난이 유행이라는 글이 뇌리를 스친다. 도둑맞은 게 분명하다. 아니 왜 하필이면 5만 원밖에 안하는 낡아빠진 자전거를 훔쳐가는 걸까? 범인이 누군지는 몰라도 분명 간이 콩알만 한 놈이렷다. 솟구치는 짜증과 함께 범인에 대한 묘한 동정심까지 느끼며 어쩔 수 없이 전산동을 향해 전력질주를 시작한다.

반의반도 못 왔는데 숨이 턱까지 차오른다. 이대로 계속 달리다가는 강의실에 도착하기도 전에 심장마비로 죽을 것만 같다. 다리에 힘이 풀린다. 달리고 싶어도 육체가 완강하게 거부한다. 어쩔 수 없이 거칠어진 숨을 고르며 터벅터벅 걷는다. 걸음이 느려지자 패배감이 엄습해 온다. 카이스트는 너무 넓다. 강의를 한번 들으러 갈 때마다 진이 빠진다고 해야 할까. 나도 스쿠터나 차가 있다면 편하게 수업을 들으러 다닐 수 있을 텐데…… 이런 생각을 하자마자 옆으로 번쩍번쩍한 오토바이가 굉음을 내며 지나간다. 멋지다. 감탄을 하며 몇 초간 바라보고 있자 바로 시야에서 사라진다. 빠르다. 저거라면 아마 강의실까지 3분, 아니 2분이면 충분할 거다. 하지만 한 달 내내 학자금으로 겨우 연명하고 있는 내가 저런 걸 살 수 있을 리가 없다. 더 이상 이런 생각을 하다가는 아침부터 기분이 우울해질 것이 분명해 다시 슬슬 페이스를 올린다.

드디어 전산동에 도착했다. 심장은 터질 것 같고, 입 안은 바짝바짝

타들어가고, 온 몸은 땀으로 축축하다. 씻지도 못한 데다가 모자까지 눌러써서 찝찝하기 이를 데 없다. 저 멀리 강의실 문이 보인다. 시계는 9시 43분을 가리키고 있다. 죽어라 뛰어온 결과가 이거라니. 5분 지각, 10분 지각도 아닌 43분 지각. 망했다. 한 시간짜리 수업은 보통 50분에 끝나니까 지금 들어가 봤자 수업은 7분밖에 듣지 못한다.

아니 그 이전에 인간적으로 지금 들어가는 건 교수님에 대한 예의가 아니다. 이건 내 양심이 허락하지 않는다. 게다가 다른 학생들에게도 민폐다. 내가 들어가면 수업 흐름이 끊기고 산만해질 게 분명하다. 그리고 내 몸에서 나는 땀 냄새 때문에 수업에 집중하지 못할 수도 있다. 들어가지 말아야 할 이유가 산더미다.

하지만 사실은 그게 아니다. 마치 남을 위해서 들어가지 않는 거라며 잘난 듯이 생각했지만, 사실은 내가 들어가기 싫은 거다. 들어갔을 때 강의실에 흐를 어색한 정적이 싫다. 다른 사람들이 씻지도 않고 모자를 푹 눌러쓴 내 초라한 모습을 보는 게 싫다. 수업이 끝날 때 와서 지각처리 받는 얌체 같은 놈이라고 수군댈까 겁이 난다. 교수님이 나를 무책임한 학생으로 생각할까 두렵다. 그래서 들어갈 수 없다. 들어갈 용기가 없다.

전산동 로비 소파에 몸을 기댄다. 긴장을 풀고 천천히 생각에 잠긴다. 애초에 기숙사에서 나올 때부터 이렇게 될 것은 어렴풋이, 아니 확실히 알고 있었다. 내가 9시 20분에 일어난 그 순간부터 정해져 있던 것이다. 어차피 지금 달려가 봤자 수업은 들을 수 없다는 걸 알고 있었다. 그런데도 나는 왜 내 몸을 그토록 혹사하면서까지 무리해서 뛰어온 것일까? 그래도 이렇게 하면 늦잠을 자서 수업을 빠진 것에 대한 죄

책감을 조금이라도 덜 수 있어서였을까? '늦잠을 잔 건 맞지만 최소한 수업을 들으려는 노력은 했어. 그러니 내가 그렇게 잘못한 것은 아니야.'라고 스스로 합리화를 하기 위해서임이 분명하다. 하지만 인정할 수 없다. 인정하기 싫다. 자전거만 있었더라면 이렇게까지 늦지는 않았을 거고 난 수업을 들었을 것이다. 내 자전거를 훔쳐간 놈이 잘못한 것이다. 갑자기 누군지도 모르는 자전거 도둑에게 분노가 치밀어 오른다. 수많은 자기합리화 속에 나는 어느새 피해자가 되었다.

　이런저런 생각을 하면서 공지사항이나 숙제라도 물어보기 위해 수업이 끝나기를 기다리고 있는데 55분이 다 되도록 강의실에서 나오는 사람이 없다. 뭔가 이상하다. 원래대로라면 50분쯤 수업이 끝났어야만 한다. 설마하며 스마트폰으로 교과목 홈페이지에 접속한다. 어제 아침쯤 올라온 짤막한 공지 글이 보인다. '이번 수요일은 교수님 출장 관계로 휴강합니다.' 이럴 리가 없다. 당장 강의실로 향한다. 문을 조심스레 열자 학생으로 가득 차 있어야 할 강의실 안은 텅텅 비어 있고 칠판에는 대문짝만 하게 '휴강'이라고 적혀 있다. 자전거 도둑에 대한 분노는 이제 안중에도 없다. 망치로 머리를 얻어맞은 듯이 얼이 빠진 채로 한참을 서 있다가 정신을 차리고 다시 터벅터벅 기숙사로 향한다.

　결석처리 될 일도 없다. 수업 진도를 놓치지도 않았다. 기뻐야 정상이다. 하지만 왠지 허무하기만 하다. 생각해 보면 오늘 아침 일어나자마자부터 지금까지 별의별 생각들을 다했다. 오토바이를 보고 돈이 없는 내 처지를 비관하기도 하고, 죽어라 뛰어왔는데도 늦은 거라며 자기 합리화를 하고, 도착해서도 강의실에 들어가지 않을 핑계들을 만들어내고, 자전거 도둑 때문에 늦은 거라며 분노하기도 했다. 그제야 내가 얼마나 비굴하고 비겁한 생각들을 했는지 뚜렷이 보이기 시작했다. 그렇게 자기 합리화를 하고, 핑계를 만들고, 분노를 하면서까지 지키려던 것이 고작 내 알량한 자존심이었구나. 한걸음 물러서서 보니 모든 것이 명확하게 보였다. 결석 한 번. 사실 내 인생에서 보면 모래알보다도 작은 사건이다. 그런데도 내 잘못을 인정하기 싫어서 그렇게 스스로를 속이면서까지 노력을 했나 생각을 하니 헛웃음이 나왔다.

기숙사 입구에 다다랐을 때 누군가가 뒤에서 어깨를 툭 친다. 돌아보니 같은 동아리 친구가 히죽히죽 웃으면서 나를 바라본다.

"야, 너 어제 기숙사에 어떻게 들어왔는지 기억은 나냐? 인마, 내가 어제 너 들어다 옮기느라고 팔이 빠지는 줄 알았다. 나중에 밥이나 한 번 쏴라."

그러고 보니 어제는 저번 주에 끝난 중간고사의 뒤풀이로 어은동에서 동아리 술자리가 있었다. 중간까지는 기억이 나는데 내가 어떻게 기숙사에 들어왔는지는 기억이 없다. 분명 기분 좋다고 술을 과하게 들이켜다가 뻗었겠지. 그래서 날 부축해서 기숙사까지 데려온 고마운 녀석이 이 녀석인가 보다.

"자기 몸도 못 가누는 놈이 내일 아침 수업 있다고, 자전거 타고 들어가야 한다고 어찌나 고집을 부리던지. 어휴, 내가 다 쪽팔려 죽는 줄 알았다."

차라리 몰랐으면 좋았을걸. 친절하게 하나하나 다 말해주는 게 더 잔인하다. 잠시만, 자전거? 아, 어은동 나갈 때 자전거를 타고 갔었지. 근데 들어올 때는 걸어서 들어왔다는 건 아직 쪽문에 자전거가 있다는 소리인가? 어젯밤 내 생명의 은인에게 인사를 하는 둥 마는 둥 하고 급하게 쪽문으로 달려갔다.

정말 자전거가 있다. 도난의 흔적은 당연히 없다. 아까까지만 해도 자전거 도둑을 생각하며 이를 바득바득 갈고 있었는데 정작 자전거 도둑은 있지도 않았다. 실재하지도 않는 자전거 도둑을 생각하며 분노하고 있던 내 자신을 떠올리자 너무 우습다. 그래도 마음은 한결 가벼워졌다.

생각해 보니 난 정말 억세게 운이 좋은 사나이다. 도둑맞았다고 생각했던 자전거는 사실 내 손에 그대로 있고, 결석처리 될 거라고 생각했던 강의는 휴강이라니. 이렇게 생각하자 아침부터 줄곧 나를 지배하던 부정적인 감정은 마음에서 전부 사라지고 어느새 긍정적인 감정으로 넘실댔다. 평소라면 별 생각 없이 지나쳤을 익숙한 풍경들도 오늘따라 너무 아름답다. 꽥꽥거리는 시끄러운 오리 울음소리도 지금 이 순간만큼은 평화로운 클래식처럼 들린다.

기숙사로 돌아와 땀으로 범벅인 몸을 깨끗이 씻고 옷도 갈아입으니 정말 새 사람이 된 것 같다. 거울을 보니 오늘따라 나도 꽤 괜찮게 생긴 것 같다. 오늘은 정말이지 뭐든지 할 수 있을 것만 같은 날이다. 만일 다시 태어난다는 것이 있다면 아마 이럴 것이다. 콧노래를 흥얼거리며 11시 수업에 갈 준비를 하고 나온다. 낡아빠진 자전거를 타고 강의실로 향한다. 체인에 기름칠이 제대로 되지 않아 나는 삐걱거리는 소리도 정겹다. 항상 누렇게 보이던 잔디도 황금빛으로 찬란하게 빛난다.

수업 시작까지 10분이나 남았는데 벌써 강의실에 도착했다. 강의실에 있는 사람은 나를 포함해서 3명. 뭔가 뿌듯함을 느끼면서 어디 앉을지 생각한다. 매번 맨 뒷자리에만 앉던 나였지만 오늘만큼은 맨 앞에 앉기로 한다. 책을 펴고 오늘 배울 내용을 예습한다. 기분이 좋아서 그런지 공부도 잘 되는 것 같았다. 읽는 족족 머릿속에 차곡차곡 채워진다. 교수님이 들어오고 수업이 시작되고 나서도 내 능률은 떨어질 줄을 몰랐다. 평소였으면 수업을 집중해서 들어도 항상 이해가 안 되는 부분이 있었는데 오늘은 교수님이 말씀하시는 모든 것이 그대로 이해됐다. 모든 것이 이상할 정도로 순조롭게 흘러갔다.

수업이 끝나기 직전 교수님은 황색 서류봉투를 뒤적였다. 어쩐지 불길한 침묵이 흐르고, 얼마간 천국을 날아다니던 나는 교수님의 한 마디로 지옥의 나락으로 떨어졌다.

"자 여러분, 저번 주에 본 중간고사 결과가 나왔습니다. 채점된 시험지를 지금 배부할 테니 점수 확인하시고, 클레임이 있으시면 오늘 오후 4시에 조교 사무실로 찾아오기 바랍니다."

이게 무슨 소리인가. 중간고사를 본 지 일주일도 안 됐는데 벌써 결과가 나왔다니. 이럴 수는 없다. 하지만 정신을 차릴 새도 없이 교수님의 연타가 시작됐다.

"이번 시험은 상당히 쉬웠나 봅니다. 평균이 84점이네요."

불안함이 늘어난다. 84점이면 두 문제만 틀려도 평균 이하가 된다. 주위를 둘러보니 나처럼 불안해하는 사람들도 몇몇 보이지만 대체로 자신만만해 보였다. 교수님이 한명씩 호명을 하기 시작했다. 긴장해서 손이 오들오들 떨리기 시작했다.

아니야. 오늘은 뭐든지 잘 되는 날이다. 분명 좋은 점수를 받을 거야. 그렇게 스스로 전혀 근거 없는 암시를 걸며 한 줄기 희망을 기대하는 중에 내 이름이 호명됐다. 시험지를 받고 난 경악할 수밖에 없었다.

핏빛 붉은색으로 맨 앞장에 새겨진 66점. 완패다. 점수는 왜 또 재수 없게 66점인가. 6이 하나만 더 있으면 666, 악마의 숫자가 된다. '혹시 99점을 거꾸로 쓴 것이 아닐까?'라는 말도 안 되는 희망을 가지고 채점 내용을 몇 번이나 살펴보았지만 66점이 틀림없다. 그나마 간신히 정신을 붙잡고 있던 찰나 교수님이 마무리 어퍼컷을 날리셨다.

"70점 이하를 받은 학생들은 조만간 상담을 할 예정입니다. 그럼 오늘 수업은 여기서 마치겠습니다."

참담하다. 상담을 할 정도의 성적이면 하위 20%에 드는 것이 틀림없다. 이래서는 기말고사를 잘 보더라도 C 확정이다. 기말고사마저 이렇게 봤다가는 얄짤없이 D를 받게 될 것이다. 멍하니 기숙사로 돌아오면서 다시 시험지를 꺼내보았다. 혹시 클레임을 할 수 있는 문제라도 있는지 시험지를 처음부터 끝까지 찬찬히 살펴보았음에도 불구하고 단 1점도 올릴 거리가 없었다. 나는 완전히 넋이 나가 혼잣말을 중얼거렸다.

"으응, 이것 봐, 클레임 거리가 없네."

나는 황량한 스포츠 컴플렉스 옆길 한복판에서 애먼 시험지를 구겨대며 별안간 소리를 질렀다.

"이놈아, 채점이 완벽하단 말이냐, 왜 클레임 거리가 없어!"

"이 점수! 이 점수! 왜 99점이 아니라 66점이냐, 응!"

말끝에 별안간 목이 메었다. 그러자 내 눈에서 떨어진 닭똥 같은 눈물이 구겨진 시험지를 어룽어룽 적셨다. 문득 나는 미친 듯이 내 얼굴을 시험지에 비벼대며 중얼댔다.

"클레임을 하려 해도 왜 올릴 점수가 없니, 왜 올릴 점수가 없어……

괴상하게도 오늘은 운수가 좋더니만……."

※ 이 이야기는 저의 실제 경험을 바탕으로 새로이 각색한 '픽션'임을 밝힙니다.

스승의 날

전기및전자공학과 06 김건하

나는 지금부터 내 가장 재미있는 친구에 대해 이야기하려 한다. 지금도 나는 Y를 떠올리면, 그 밝은 에너지가 전염되어 새어나오는 웃음을 감추기 어렵다.

Y를 처음 만난 건 작년 봄, 그러니까 내가 군대를 다녀와 복학을 한학기였다. 복학을 한 남학생들이 으레 그렇듯, 나는 다시 학생이 되었다는 사실에 적응하지 못하고 있었다. 이전에 같이 다니던 친구들이 대부분 졸업해 버려서 같이 다닐 친구가 없었고, 또 예전에 배웠던 과목들이 하나도 기억이 나지 않아 공부가 막막하기도 했다. 게다가 군대에 가기 전에 기초과목을 수강했다는 기록은 분명히 있는데, 도무지

그 수업에서 뭘 배웠는지는 기억이 나지 않는 일이 많았다. 그런데 그 상위 과목을 들어야 한다니, 눈앞이 캄캄했다. 그리고 그중에도, 「아날로그 전자회로」수업은 어렵기로 단연 최고였다.

수업 이야기를 좀 해야겠다. 이 이야기는 대부분 강의실에서 있었던 일이니까. 아, 수업 내용이 뭐였는지는 설명하지 않을 테니 걱정하지 않아도 좋다. 나도 지금 그 내용을 설명할 자신이 없다. 2012년 봄의 「아날로그 전자회」로 수업은 젊고 잘 생긴 류승탁 교수님이 강의하셨다. 정말이지 젊고 잘 생겼다. 내가 내심 '전자과의 숨은 자랑'이라고 생각할 정도로.

그리고 보니 교수님 소개도 좀 해야겠다. 류 교수님은 이 이야기의 핵심인물이니까. 이 분은 서른셋의 젊은 나이에 교수가 되셨는데, 올해로 서른아홉이 되셨다. 정말이지 처음 뵈었을 때부터 지금까지 젊은 외모를 유지하고 계시는데, 정말로 대학원생들 열 명 중 세 명은 류 교수님보다 나이 들어 보인다. 몸매도 정말 좋은데, 밥 먹고 앉아서 연구만 하는 교수라고는 도저히 생각할 수 없을 정도다. 키도 크고 배가 정말 홀쭉하다. 옷도 꽤나 센스 있게 입으시는데, 나는 허리가 강조되는 셔츠나 니트 종류를 입으실 때가 특히 보기 좋았다. 류 교수님의 허리는 날렵하게 가늘고 길어서 정말 매력적이니까. 사실 고백하자면, 나는 가끔 수업 내용이 이해가 안 될 때면 넋을 놓고 이리저리 움직이는 교수님의 허리를 쳐다보고 있기도 했다. 스크린 앞을 이리저리 걸어 다니며 설명하는 교수님의 모습은, 그 에너지는 보는 사람의 마음을 빼앗는 어떤 마력마저 지니고 있다. 목소리도 좋고, 영어 발음도 좋고. 내가 만약 여자였다면, 젊고 능력 있는 데다 잘생기기까지 한 교수님의 수업을 듣고 있으면 마음을 빼앗겼을지도 모른다. 아니, 분명히 그랬으리라. 여학우들이 안타까워할 만한 사실이라면, 교수님은 유부남이라는 거다. 역시 괜찮은 남자는 다 임자가 있다니까. 이런, 어쩌다 보니 이건 교수님 소개라기보다 자랑이 되어 버렸다. 이 글을 읽는 독자는 부디 이해해 주시기를. 누구든 자신이 좋아하는 소재에 대해서는 말이 길어지는 법이니까.

이건 여담인데, 가끔 나는 이 젊은 교수님에게 '형이라고 불러도 돼요?'라고 묻는 상상을 하곤 한다. 다행히도 이런 미친 질문을 하지 않을 정도의 분별력은 있으니까 참고 있지만, 이런 상상을 할 때면 어김없이 키득키득 웃음이 나온다.

내가 이 수업에서 Y를 만난 건 3월 초, 그러니까 막 꽃이 피고 추위가 가시기 시작할 무렵이었다. 사실 만났다고 하기 보다는 내가 일방적으로 Y의 존재를 알게 된 시점이라고 해야 정확하다. 작년까지는 봄학기가 2월에 시작했으니, 강의 시작 후 한 달쯤 걸린 것 같다. 그 전에도 Y의 성격상 눈에는 띄었을 텐데, 아마도 내가 학교에 적응하느라 눈치를 채지 못했으리라. 또, 정신 차리고 공부한답시고 나는 맨 앞자리만 앉느라고 뒤에 앉은 후배들 얼굴은 거의 보지 못한 탓도 있다. 맹세코 교수님 허리를 보자고 앞에 앉은 건 아니었다. 오해하지 말길.

처음 내가 Y를 보게 된 날이 아직도 기억난다. 첫인상이 꽤나 강렬했다. 그녀는 친구들과 낮술을 먹고 수업에 들어왔기 때문이다. 맙소사! 낮술이라니. 평소에도 아마 시끌시끌 수업 전에 떠드는 목소리를 듣긴 했던 것 같은데, 그 소리에 뒤를 돌아본 건 처음이었다. Y에게는 그녀 특유의 전라도 사투리가 있다. 그래서 많은 사람들 사이에서도 Y

의 목소리를 구별하는 건 어렵지 않다. 그날엔 수업 중에도 키득키득 하는 소리가 들렸는데, 같이 술을 마신 친구들이랑 자꾸 장난을 치는 것 같았다. 나는 신경이 쓰이긴 했지만 티를 낼 수는 없었다. 나는 신입생 때 친구들과 강의실에 노트북을 가져와서 게임을 한 적도 있으니까. 후배들이 강의실에서 심지어 술을 마셔도 내가 뭐라 할 입장은 못되리라.

그런데 묘하게도 그날부터, 왠지 나는 그 술 마시고 떠들던 그룹에서도 말이 제일 많았던 Y가 신경 쓰이기 시작했다. 아! 걱정하지 마시길, 이 이야기가 간지러운 연애 이야기가 되려는 건 아니니까. Y에 대한 호기심도 인간에 대한 호기심일 뿐, 여자로서 끌렸다거나 한 건 아니다. 그냥, 당시에 나는 특이한 느낌을 받았던 것 같다. 처음에는 말로 설명하기 힘든 어떤 느낌뿐이었는데, 몇 번의 수업 동안 Y를 관찰 하고서야 내가 처음에 느꼈던 느낌이 뭔지 알 수 있었다. 그건 일종의 이질감이었다.

Y라는 아이는 좀 특이하기도 했고, 사람들 사이에 있으면 뭔가 '다르다'는 것이 느껴졌다. 나는 Y를 '아이'라고 느꼈다. 몇 번 관찰해 본 결과 Y는 쉬는 시간이면 꼭 큰 소리로 떠들면서 친구들이랑 장난치고 토라지고 하는데, 그 모습이 완전히 중학생 같았다. 그래, 보통은 고등학생만 되어도 저렇게 해맑지는 못할 거다. 장난치고 싶으면 장난치고, 떠들고 싶을 땐 떠들었다. 누군가는 집중력 장애가 있지 않느냐고 물을지 모르겠지만, 직접 보면 그저 자기 감정에 충실한 것 같았다. 조금의 구김도 없이 말이다.

분명히, 집중력 장애는 아니다. 누가 카이스트 학생에게 집중력 장애가 있다고 생각할 수 있을까. 하지만 그것과 조금 다른 문제로, 난 Y 같은 성격의 소유자를 카이스트에서 만나리라고는 기대하지 못했다. 인정하긴 싫지만, 나도 그때까지 카이스트 학생들에게 어느 정도 고정관념을 가지고 있었다. 어떤 모습을 기대하고, 상대에게서 그 모습을 찾고, 기대와 다르면 당황하고. 나 스스로도 군 복무 기간 동안 만난 사람들이 카이스트 학생에게 기대하는 이미지에 나를 맞추지 못해 불편해 했으면서 말이다. 그래도, 놀랍지 않은가? 나는 어느 정도 공부를 한 녀석들은 차츰 얌전해지고 자기의 감정을 드러내길 어려워하게 된다고 생각했다. 경박하게 표현한다면, 범생이가 된다는 말이다. Y는 그런 면이 전혀 없었다. 한 번도 힘들어 보지 않은 아이 같았다. 카이스트에 입학할 정도로 공부하고, 천재 같은 아이들과 경쟁하면서 힘들어 본 적이 없진 않았을 텐데. 그래서 난 저 아이가 어떤 삶을 살았는지, 어떤 생각을 하며 사는지 궁금해졌다. 그때부터였다, 내가 Y와 친해지고 싶었던 건.

하지만 내가 친해지고 싶다고 금방 친해질 수 있었던 건 아니었다. 난 그때 Y의 이름은커녕 학번도 모르고 있었으니까. 대체 왜 교수님은 출석을 부르지 않는 거지? 하긴, 학번이나 이름을 알아서 뭘 어쩌겠는가. 내가 '저기, 00학번 000씨죠? 안녕하세요. 친하게 지내고 싶어요.' 할 것도 아니지 않은가. 내가 수업에서 아는 사람이라곤 같이 수업을 듣는 친구 K와 홍 조교뿐이었다. 아, 홍 조교는 내 같은 학번 친구다. 내 친구들은 내가 군대에 간 사이 다들 대학원에 진학해 있어서 종종 내가 듣는 수업에 조교로 들어오곤 했다. 어쨌든 나는 Y와 연결고리도 없고, 아는 것도 없고 해서 친해지길 포기하고 있었다.

그대로 중간고사가 지나가고, 그러고도 한 달쯤 지났던가. 아마도 5월 초였던 것 같다, 내가 처음 Y와 대화할 기회가 생긴 건. 사실 대화라고 하기도 어려운 거지만 말이다. 내가 대학에 꽤 오래 다녔지만, 그런 걸 하려는 학생은 처음 보았다. 수업시간 시작 15분 전에 Y가 강의실 앞으로 나와서 이렇게 말했다. 스승의 날 행사를 하고 싶은데, 자발적으로 참여해 줄 사람에게만 오천 원씩 걷겠다고.

강의실엔 사람이 반도 채 안 모여 있었다. 카이스트 학생들은 강의가 시작하기 직전에 강의실에 우르르 몰려온다. 점심시간이 지난 오후 한 시 수업이라 그나마 이 정도 학생들이 모여 있었던 것 같다. 어쨌든, Y는 앞에서부터 한 명씩 찾아가며 아까의 설명을 반복하곤 오천 원을 줄 수 없겠냐고 물었다. 정말 당돌하고 패기 넘치는 후배다. 내 기억에 아무도 거절을 하지 않고 Y에게 순순히 오천 원을 내놓았다. 나도 내심 내 차례를 기다리며 지갑에서 미리 오천 원권 지폐 한 장을 꺼내 바지 주머니에 넣어 놓았다.

머지않아 내 차례가 되었다. Y는 다른 사람들에게 했던 설명을 그대로 나에게도 반복하려 했다. '저희가 스승의 날 행사를 하려고 하는데…….' Y 특유의 전라도 사투리로 이렇게 말하면서 스스로도 웃겼나보다. 아까 설명을 하기도 했고, 또 다른 사람들에게 돈을 받을 때도 똑같은 설명을 여러 번 했지 않은가. 내가 그 설명을 여러 번 들어서 다 알게 빤하니까 설명을 계속 해야 되나 하는 생각이 들었겠지. '다 알죠?' 하는 표정으로 웃으면서, 입으로는 설명 하면서도 두 손은 모아 나에게 내밀며 돈을 달라는 몸짓을 했다. 나도 어쩐지 웃음이 나와서 실실 웃으면서 주머니 속에서 잡고 있던 오천 원을 얼른 Y에게 전해주었다. 소심한 '여기요.' 하는 말과 함께. 이것이 우리의 첫 대화였다. 이런 건 대화로 칠 수 없다고 생각하는가? 음, 사실 내가 봐도 좀 그렇다. 하지만 우리, 사소한 건 넘어가기로 하자.

이 주쯤 흐르고, 드디어 스승의 날이 왔다. 내게는 그렇게 큰 의미의 행사가 아닌데도 꽤나 기대되었다. 후배들은 직접 그 돈으로 뭘 준비하는 과정이 있었겠지만, 나는 그걸 전혀 알 수 없었기 때문에 더 그랬던 것 같다. 수업에 가 보니 역시나 준비도 Y가 주축이 되어서 한 것으로 보였다. 하얀 케이크와 꽃다발, 그리고 색종이로 꾸민 넓은 종이도 가져왔다. 알록달록 예쁜 포스트잇도 함께. 학생들이 포스트잇에 자신의 마음을 적어서 넓은 종이에 붙이면, 그걸 교수님께 전달할 생각이었던 거다. Y는 미리 홍 조교를 포섭해서(나는 이때 홍 조교와 Y가 아는 사이란 걸 알고 깜짝 놀랐다.) 교수님이 조금 늦게 들어오시게 했다. 그리고 이전처럼 학생들 앞에 나와 이렇게 말했다. '스승의 날 행사를 준비했어요. 다들 나와서 교수님께 하고 싶은 말을 적어 주세요!' 나도 복학생이지만 수줍게 내 마음을 적어 붙인 것은 물론이다.

학생들이 메시지를 다 적어서 붙였을 때 쯤, 교수님이 강의실에 들어왔다. 우리는 Y의 지휘 하에 '스승의 은혜'를 불렀다. 나는 고등학교를 졸업한 뒤로 그 노래를 처음 불렀다. 교수님은 입을 다물지 못하셨다. 하긴, 왜 아니겠는가. 나는 우리 학교 어떤 수업에서도 학생들이 스승의 날 이벤트를 준비했다는 이야기를 들은 적이 없다. 노래가 끝나고, Y가 학생들의 메시지가 붙은 넓은 종이를 교수님께 전할 때까지 교수님은 미동도 없이 서 계셨다. 내가 준비한 건 아니었지만, 나도 거기서 노래를 불렀다는 생각에 지금도 그때를 생각하면 뭔가가 가슴에서

벅차오르는 것 같다. 내가 이
럴 정도니 교수님은 어땠겠는
가. 노래가 끝나고 조용한 강의
실에서 교수님은 차분한 움직
임으로 초에 붙은 불을 끄시고,
이렇게 말했다.

'여러분, 이거는 학점과는 무
관한 거 아시죠?'

학생들은 모두 웃었지만, 그
중에 교수님이 목소리를 아주
많이 떨고 있었다는 걸 눈치 못

챈 사람은 없었다. 아마 그 짧은 순간이 교수님에게, 또 그 자리에 있던
학생들 중 꽤 많은 수에게는 절대 잊을 수 없는 추억이 되었을 것이다.
아주 소중한 추억 말이다.

출처가 확인되지 않은 여담이지만, 누군가 학생이 류 교수님의 카카
오 스토리에서 한 장의 사진을 발견했다고 한다. 사진엔 우리가 만든
넓은 종이가 찍혀 있었고, 류 교수님이 쓰신 간단한 감사의 글이 적혀
있었다고 한다. 이 길을 걷게 된 것에 감사한다고.

또다시 시간이 조금 지나, 기말고사를 얼마 앞두고 전자과에서 파티
를 준비했다. 그 자리에서 비로소 나는 Y와 대화다운 대화를 해볼 수
있었다. Y는 성격 좋게도 나와 친구 K가 앉은 테이블에 와서 '선배님
들!' 어쩌고 하면서 말을 걸어 주었다. 그러고 보면 Y는 꾸밈이 없는 만
큼 사람들과 벽도 없다. 참 대단한 성격이다. 전자과 파티를 계기로 친

해진 지금도 난 이 녀석의 성격이 어떻게 이럴 수 있을까 하는 의문은 풀지 못했다. 지금은 그저 이렇게 타고났구나 하는 생각을 하고 거기에 만족한 것 같다. 결국 Y는 내게 '거리감 느껴지는 신비의 소녀'보다는 '친근하고 성격 정말 좋은 동생'이 된 거다. 지금은 누구보다 소중한 친구가 되었고, 참 재미있는 인연이라고 생각한다.

지금도 나와 Y는 학교생활을 잘 하고 있다. 내 친구 K군은 현재 취업 준비에 바쁘다. 홍 조교는 벌써 졸업 논문을 다 썼다는 소문이 들리기도 하고, 조만간 박사 병역특례를 위해 훈련소를 다녀와야 한다고도 한다. 다들 아직 오지 않은 미래를 위해 열심히 노력중이다. 학교란 곳이 그렇지 않은가. 뭔가 결말이 나기 보다는 긴 시간 동안 미래를 준비할 뿐이다. 나와 내 친구들, 그리고 그 강의실에 앉아 있던 모두가 결국은 자기 행복을 찾게 되면 좋겠다.

내일은 오랜만에 Y에게 연락을 해야겠다. 너를 소재로 글을 썼다고 말하면 믿으려나? 이 글이 책에 실린다면 나는 책을 Y에게 보여주며 술을 살 것이다. 그리고 우리는 또 한 번 웃겠지.

나는 아직도 그 강의실 앞을 지날 때면 문득 문득 그 봄 학기가 떠오른다.

류승탁 교수님 (전기및전자공학과)

Q 수상작을 읽으신 소감이 어떠셨나요?

A 하하, 글에서 나를 너무 멋지게 써 놓아서 인터뷰에 응하기가 부담스러울
정도였어요. 이렇게 이미지가 왜곡되거나, 아니면 사실을 모르는 사람들한
테는 이렇게 전달될 수 있겠구나 하는 생각을 했죠. 일단은 너무 좋게 써줘
서 고마웠고, 이 학생한테는 그렇게 좋게 보였다니 기분 좋았어요.

Q 학생들이 이벤트를 해드렸을 때 어떠셨는지?

A 보통은 스승의 날이 되면 꽃 하나 주거나 아니면 안 주거나 해요. 그래서 전
혀 생각을 못했었는데, 큰 종이에 학생들이 메모들을 많이 붙여서 줘서 놀
라기도 하고 상당히 고마웠어요. 또 한편으로 든 생각은 누가 이런 일을 시
켰을까 했어요. 왜냐면 내가 수업을 들었을 때를 생각해 보면 한 마음으로
이런 일을 참여하기가 어렵기 때문에, 어떤 파워풀한 사람이 이런 걸 강했
을까 하는 생각이 들었죠. 그런 걸 받아볼 수 있을 거라고 생각도 못했고,
너무 감격이었죠.

그 이후에도 아직까지 그런 이벤트를 받아본 적이 없어요. 그때 꽃도 되게
큰 거, 사이즈가 중요한건 아니지만, 되게 예쁜 꽃도 준비해주고 케이크도

있었고 너무 고마웠어요.

Q 학생들을 가르칠 때 가장 중요하게 생각하는 것?

A 카이스트 교수님들 보면 다들 되게 스마트하신데, 사실 나는 그런 편은 아니거든. 그래서 내가 공부할 때 뭐가 어려웠는지, 답답했었는지를 잘 기억하는 것 같아요. 어떤 분들은 들으면 금방금방 알지만, 돌이켜보면 나는 그런 스타일은 아니었지요. 그래서 어떻게 이해를 하면 쉽게 이해가 될지를 많이 고민했던 것 같아요. 공부 할 때는 답답한 부분, 또 설명의 중간 중간에 링크가 빠지는 것들이 많은데 그런 것들을 스스로 메우기가 어려워요. 내가 다시 학생으로 돌아간다면 어려워할 그런 것들을 스마트하지 않았던 학생의 하나로써 채워주려고 노력하죠.

Q 교수님이 몸담고 있는 분야의 매력은?

A 나는 아날로그 회로설계를 하고 있어요. 이건 트랜지스터 베이스, 그러니까 수많은 트랜지스터를 가지고 하나의 기능을 이루도록 조합을 만드는 분야에요. 트랜지스터의 재료가 되는 실리콘이 모래에서 채취하는 물질인데, 원래는 아무것도 아니죠. 그렇지만 내가 트랜지스터의 조합을 만들어서, 결국은 내가 입력을 줬을 때 거기에 반응하는 출력이 나오게 만드는 그 어떤 장치를 만들면 죽어 있는 아이를 살리는 것 같은 느낌이에요. 그런 면에서 매력이 있는 것 같고, 또 공학이 다 그렇겠지만 이때까지 없었던 것들을 내 이름을 달고 만들어서 사람들에게 공개할 수 있다는 것이 매력이죠.

잃어버린 것과
찾은 것

생명과학과 12 김도영

도서관에서 책을 빌리고 나와서 걷고 있는데 콧잔등에 물방울이 톡
하고 떨어졌다. 그제야 어딘지 모르게 허전했던 느낌의 정체가 무엇인
지 깨달았다.

"아, 맞다!"

내가 한심해지는 소리다. 오늘 아침은 밤인지 이른 아침인지 구분이
안 될 정도로 어두웠다. 알람 소리에 일어나서 커튼을 열어 보니 창밖
은 비구름이 잔뜩 긴 하늘로 꽉 차 있었다. 비가 오는 건 아닌데 안 오
는 것도 아닌 그런 어정쩡한 날씨는 내가 정말 싫어하는 날씨다. 펴지
도 않을 우산을 들고 다녀야 하기도 그렇거니와 괜히 우산만 밖에 두고

오기 십상이기 때문이다. 아니나 다를까 역시나 오늘도 똑같았다.

급하게 가방을 열어보니 안에는 막 도서관에서 빌린 책 두 권과 수업시간에 들고 갔던 필기노트 한 권이 날 빤히 쳐다보고 있었다. 가만히 보니 필기노트의 표지는 비가 오는 날의 거리 모습이 담긴 사진이었다. 마치 가만히 앉아 창문 너머로 계속 바라보고 싶은 그런 따스한 거리였다. 그러면 뭐해, 현실은 어정쩡한 구름만 가득인걸. 가방을 잠그고 생각해 보니 수업이 끝난 뒤 강의실에서 나올 때 두고 온 것 같았다. 강의실에서 나올 때는 비가 잠시 그쳤던 때라 정신없이 두고 나왔구나 하고 또 한심한 나를 자책하면서 강의실로 뛰어갔다.

강의실 앞에 가보니 막 수업이 끝나고 학생들이 나오는 중이었다. 주섬주섬 가방을 챙기는 학생들 틈으로 들어가서 바닥을 살피기 시작했다. 내가 항상 앉던 앞에서 두 번째 줄 자리부터 주위를 살펴보았다. 책상부터 의자 아래까지 구석구석 살폈으나 잡화점에서 샀던 검은색 우산은 보이지 않았다. 아주머니가 치우셨을까 누가 옮겨놨을까 하는 생각에 맨 앞부터 맨 뒤까지 살펴보았다. 누가 가져갔을까? 같이 수업 듣는 선배에게 연락을 했다.

"선배, 혹시 아까 수업 시간에 제 자리에 있던 검은색 우산 못 보셨어요?"

"네 자리가 어딘데?"

순간 제가 항상 앉던 자리요라고 말하려다가 아차 싶었다. 중고등학교도 아니고 대학교에 무슨 내 자리 네 자리가 있었나. 내가 수업시간마다 항상 앉던 그 자리도 지금까지 얼마나 많은 학생들이 거쳐 간 자리였을까 생각하니 이 학교에는 '내 자리'가 없다는 사실이 새삼스럽게

다가왔다. 대학교에 입학한 지 2년도 더 지난 지금까지도 내 자리 하나 없었단 것도 몰랐다니. 아니, 아직까지 '내 자리'를 찾는 학창 시절 태를 벗지 못했던 건가?

"앞에서 두 번째에 앉는데요."

"난 항상 뒷줄에 앉아서 잘 모르겠는데."

"네. 그냥 더 찾아봐야겠어요."

"그래, 수고해."

우산도 없고 이제 어떡하지 생각하니 눈길이 자연스레 창가로 갔다. 아까보다 빗방울이 좀 더 굵어지고 빗줄기도 세진 것 같았다. 차라리 아까 바로 기숙사로 달려갈 걸 그랬나 보다. 허탈한 마음으로 뒷줄에 있는 빈 책상 앞에 앉았는데 책상 서랍에 있던 무엇인가가 가방 모서리에 걸렸다. 꺼내보니 'TEPS'라고 적힌 노란색 공책이었다. 나처럼 정신없는 사람이 여기 또 있다고 생각하니 이유 모를 동질감에 배시시 웃음이 나왔다. 마치 친한 친구의 노트를 빌린 것처럼 당당하게 첫 장을 폈다.

괴발개발 갈겨진 글씨에 정리도 잘 되어 있지 않았지만 그 공책처럼 거의 다 써가는 공책은 처음 보았다. 다들 학기가 시작할 때 공책을 사면 학기가 끝나갈 때쯤엔 반 이상이 남기 마련인데. 얼굴도 이름도 알지 못하는 사람의 의외의 모습을 먼저 발견한 것 같은 신기한 느낌이 들었다. 공책 주인은 어떤 사람일까? 어딘가 이름이나 학번이 적혀 있지 않을까. 살펴보니 공책 뒤에는 이렇게 적혀 있었다.

'010-3219-XXXX 김정현'

김정현. 나랑 같이 수업 듣는 사람인가? 출석을 부를 때 이름을 들었던 것 같기도 하고……. 하긴, 같은 수업을 듣는다고 해도 나는 거의 앞자리에 앉기 때문에 뒤에 앉은 사람들의 얼굴을 기억하지 못한다. 이 사람도 나만큼 정신없이 사는구나. 내 우산은 누가 가져가 버렸지만 나는 남의 물건을 가져가는 그런 사람과는 다르다는 생각에, 또 공책 첫 장부터 끝까지 성실하게 악필인 이 사람이 궁금했기도 해서 전화를 걸었다.

"여보세요?"

"안녕하세요. 저 TEPS 영어 공책을 주웠는데 번호가 적혀 있어서 연락드렸는데요."

"아, 맞다!"

김정현이라는 이름을 봤을 때는 여자일거라 생각했는데 전화기에는 굵직한 남자 목소리가 흘러나왔다. 다 큰 남자가 전화기에 대고 '아, 맞다!' 했을 모습을 생각하니 실수를 곧이곧대로 보여주는 단순한 모습이 어딘지 모르게 나와 닮은 것 같기도 해서 괜스레 웃음이 나왔다. 위치를 알려주고 나서 남자가 올 때까지 강의실에 앉아 도서관에서 빌린 책들을 읽고 있을 생각에 가방을 열었다. '영화의 이해'랑 '노 임팩트 맨.'

'영화의 이해'는 영화 연출법이라든지 스토리, 편집까지 영화에 관련된 다양한 방면을 다룬 책이다. 영화 제작과 연출에 관심이 있어서 무언가 해보고는 싶은데 능력과 바탕은 없고……. 하지만 오랜만에 생긴 관심사를 묻어두기는 아까워서 관련된 책이나 빌려볼까 하고 찾은 책이었다. '노 임팩트 맨'도 비슷하다. 최근에 환경 관련 세미나에 갔다 온 뒤로부터 인간이 환경을 위해 할 수 있는 가장 큰 봉사는 아무것도 하지 않는 것이라는 생각이 계속 맴돌았다. 이 책은 마치 내 이런 생각들을 정리해 놓은 것 같았다.

하지만 이 두 책을 꺼내 책상 위에 두고 보자니 둘 중 무엇을 읽을까 하는 생각보다도 먼저 아직까지 버릇을 버리지 못했구나하는 생각이 문득 떠올랐다. 분명 도서관에서 이 책들을 빌렸을 때까지만 해도 새로운 분야를 접할 생각에, 그런 순수한 호기심만으로 두근거렸었는데…….

예부터 나는 마음을 한 곳에 정해둘 수가 없었다. 어렸을 때는 게임에 빠져 웬만한 또래 남자아이들을 게임 실력만으로 재패한 적도 있었다. 피아노에도 심취한 적이 있었다. 내 손가락 마디마디에 의해서 소리가 나고 화음이 만들어지고 연주가 탄생하는 그 일련의 과정이 아름답게 느껴졌었다. 하지만 피아노를 즐겁다는 이유만으로 치기에는 그 악기 하나에 필사적으로 매달리는 아이들처럼 할 수 없다는 생각에 단념해 버렸다. 난 그들처럼 한 가지에 매달릴 자신이 없었다. 그리고 피아노가 아니더라도 난 다른 여러 분야에 관심이 있었기 때문에 쉽게 버릴 수 있었던 것 같다.

그 못된 버릇은 대학교에 와서도 계속 되었다. 고등학교 때와 달리 더 다양하고 넓은 동아리들이 많았고 춤, 연극, 학술, 컨설턴트 등 새로운 세계들이 내 마음을 두드렸다. 우선 관심이 생긴다 싶으면 무작정 동아리를 들어가거나 부딪쳐보는 것이 제 성미라 그렇게 벌려 놓은 일만 여러 개……. 하지만 언제나 끝은 내가 적당한 관심만 갖고 버티기에는 그 하나에 파고드는 사람들이 너무 많아 항상 포기해 버리고 마는 것이다. 그렇게 대학교 2년을 보낸 뒤 지금은 또 영화 제작이랑 환경이다. 솔직히 내가 지금 이런 분야에 관심가져 봐야 어차피 카이스트를 온 이상 계속 공부를 할 테고, 그렇게 연구 분야로 일할 텐데. 지금 조금 관심 가는 것들, 다 어린 날의 짧은 일탈처럼 잊힐 뿐일 텐데. 바보 같다, 아직까지 방황만 하는 게. 내가 하고 싶은 것, 해야 할 것이 무엇인지도 모르면서 무작정 쫓아만 다니다가 비오는 날 우산이나 잃어버리는, 그런 나사 하나 빠진 상태라니……

두 책을 빌린 것도 정말 생각하지도 않고 저질러 버린 행동이었다. 이번 주만 해도 해야 되는 과제가 글쓰기 과제만 2개에 교양 독후감에 리포트에 전공 퀴즈까지. 책 읽을 시간이나 있을까? 아마 또 저번처럼 읽지도 못할 책 빌려서 방 안에 모셔놓고 다닐 것 같다. 도서관에서 관심 분야의 책을 빌려다 보면 엄청 교양인이 된 느낌이라도 드나 보지, 너? 정말 우울해 죽겠어……. 비가 오는 것도 아니고 안 오는 것도 아니라서 우산 펴기 민망한 그런 날씨처럼 이것도 아니고 저것도 아닌 게 꼭 내 꼴이야. ……그나저나 기숙사까지 어떻게 가지.

"저기요."

날 부르는 소리에 뒤를 돌아보니 한 남자가 물 묻은 우산을 막 접으면서 강의실 안으로 들어오고 있었다. 굵직했던 목소리와는 달리 유순하고 방긋방긋 웃고 있는 그런 소년다운 얼굴이었다. 처음 보는 사람들 앞에서도 자신의 실수를 천연덕스럽게 알려 버리는 그런 어린애 같은 얼굴 말이다. 남자는 내가 앉은 책상 위에 놓인 TEPS 공책을 보더니 통화할 때와 같이 '아, 맞다' 하는 미소를 지었다. 똑같이 우산 잃어버린 내가 그에게 뭐라 말할 처지는 아니겠지만 그가 바보 같이 보이면서도 또 동시에 귀엽다는 생각이 들었다.

"이 공책 주인이세요?"

"네, 감사합니다."

"되게 공부 열심히 하시나 봐요."

아, 맞다! 이렇게 말하면 내가 공책 안을 봤다고 말하는 거나 다름없는데. 혹시 내가 멋대로 봐서 기분 상하면 어떡하지. 그런데 내가 공책을 안 펼쳐 봤으면 어차피 주인을 못 찾았을 테니. 그래, 난 어쩔 수 없이 슬쩍 본 것뿐이야. 흠흠!

"누구 건지 확인하려고 좀 봤어요. ……기분 나쁘셨다면 죄송해요."

"아니에요. 제가 좀 오래 쓰던 노트라 잃어버렸으면 큰일 날 뻔 했어요."

"얼마나 오래 쓰신 거예요?"

"저번 방학 때 영어 학원 다니면서부터요. 지금은 혼자 공부하고요."

나랑 다르게 성실하고 진득한 사람이라고 생각했다. 나는 오랫동안 하나 붙잡고 있는 거 못하는데. 나는 지금까지 저렇게 한 공책을 오래 써 본 적도 없었는데. 정현이라는 남자는 처음 강의실에 들어왔을 때처럼 웃으면서 내 쪽을 바라보고 있었다. 막 도서관에서 빌려 온 책 두 권이 부끄럽게 느껴지면서 얼굴이 살짝 달아올랐다. 괜히 내가 당신이 가진 어떤 점을 부러워한다는 것을 들킨 것 같은 생각에, 또 '넌 왜 그러지 못하니'라고 쳐다보는 그 책들이 꼴도 보기 싫은 마음에 얼른 가방에 집어넣기 시작했다.

"혹시 영화 동아리세요?"

"아니요."

"아, 영화 관련 책이 있어서 한 번 물어봤어요."

"딱히 그 쪽으로 하는 일은 없는데요. 그냥 관심만 있어서……."

"그럼 막 찾아보기 시작하시는 건가 봐요? 대학 생활 즐겁게 보내고 계시네요."

"에이. 뭔가 하고 싶은 건 많은데 제 능력이 안 돼서 다 뭐 그저 그래요."

"하고 싶은 게 많아서 고민이라는 거예요?"

"그게 그렇게 되나."

"완전 행복한 고민이네. 전 제가 하고 싶은 거나 관심 있는 거? 잘 모르겠거든요."

아주 잠깐 이야기를 나누는 동안에도 이 사람은 근사한 웃음을 짓고 있었다. 이 남자의 눈에 비친 나는 대단한 사람처럼 나타나 있었다. 이 사람이 보기에 나는 인생에 한 번뿐인 대학 생활을 다양하고 새로운 일들로 채워나가고 있는 그런 멋진 여학생인가 보다. 그런 대단한 사람을 만나게 되어 영광이라는 표정으로 나를 바라보는 그 순수한 동경에 조금 부끄러운 생각이 들었지만 그래도 오랜만에 느끼는 좋은 기분이었다.

"근데 여기서 뭐하고 계셨어요?"

"아, 맞다!"

순간 잊고 있었던 잃어버린 내 우산이 갑자기 떠오름과 동시에 버릇처럼 한 마디가 튀어나왔다. 남자의 동그래진 눈에 괜스레 민망해져 나는 어정쩡하게 웃어버렸다.

"사실 저도 이 강의실에서 우산을 잃어버려서요. 좀 바보 같죠."

"저도 공책 두고 다니는 걸요, 뭐. 그럼 우산 없으신 거예요?"

"네."

"잘 됐네요. 바래다 드릴게요."

어떻게 돌아가야 할지 고민이었는데 다행이다. 감사하다고 말하고 마저 짐을 가방에 넣는데 '잘 됐네요.'라는 말이 마음을 휘저었다. 내가 우산이 없는 게 저 사람한테 잘 된 일인가? 내가 마침 우산을 잃어버려서 공책을 찾을 수 있게 된 게 다행이라는 건지, 공책 찾아준 은혜를 이렇게 갚을 수 있게 돼서 다행이라는 건지. 머리가 바쁘게 돌아가느라 그런지 가방을 챙기는 모양새가 좀 굼떴다. 짧은 침묵 속에 남자가 말을 꺼냈다.

"근데 제 공책을 용케 찾아주셨네요."

"우산 찾다가 찾은 건데 왜요?"

"항상 앞에서 두 번째 줄에 앉으시지 않으세요? 제 자리는 좀 먼데."

"어, 같은 수업 듣는 분이세요?"

"네. 뒤에 앉으면 다 보이거든요? 수업시간에 자지 마세요."

묘하게 행복한 기분이 몸을 감싸왔다. 이 남자와 나 사이의 공통점을 발견한 데서 온 설렘과 더불어 고마운 느낌이 들었다. 몇 년 뒤, 내가 이 학교를 떠나게 되더라도 이 사람은 이 강의실에 내가 있었다는 것을 기억해 주지 않을까? 이 넓은 학교에서 '내 자리'는 없었지만 이 학교에 다녔던 시절의 나를 기억해 주는 사람이 있다면 그걸로 충분하다는 생각이 들었다. 그 생각 하나에 마음이 봄바람처럼 살랑거리기 시작했다.

강의실을 나와 건물 밖으로 나서니 아침부터 껴 있던 구름이 계속 떠다니고 있었다. 하지만 빗방울은 그새 그쳐 또 다시 우산을 펴기 민망한 날씨가 되었다. 이것도 아니고 저것도 아닌, 딱 어중간한 내 모습을 닮은 그 날씨 말이다. 비가 오는 건지 아닌 건지. 우산을 펴야 할지 안 펴도 될지. 당황스러운 날씨에 우리 둘은 멍하니 서 있었다. 우산으로 바래다주기엔 괜히 민망한 그런 상황이었다.

"비가 그친 것 같기도 하고……. 어떻게 할까요?"

"근데 그러다가 가는 길에 또 쏟아지면요?"

눈을 동그랗게 뜨고는 그를 쳐다봤다. 한치 앞을 알 수 없는 변덕스러운 날씨가 고마웠던 적은 이번이 처음이었다. 그는 여전히 소년 같은 웃음으로 날 바라보았다.

"같이 가요."

사랑은 「댄스스포츠」를
타고 온다네

무학과 09 윤지환

　2012년 여름에 전역을 하고 한 학기를 휴학했던 나는 2013년 봄에 학교에 복학하게 되었다. 군대에서의 2년이란 시간은 나를 내적으로, 외적으로 삭막하게 만들어 놓았다. 반면 그 시간 동안 '카이스트'라는 학교는 전에 보지 못했던 새로운 건물들과 조형물들로 어딜 내놔도 손색없을 정도로 예쁜 캠퍼스 풍경을 자랑하고 있었다. 너무도 바뀌어 버린 학교의 모습과 기억에서 잊혀져버린 대학교 생활은 나를 얼이 빠지도록 하기에 충분했다. 09학번인 나의 친구들은 졸업을 하거나 대학원에 진학하여 학교 내에 만날 수 있는 친구들은 손에 꼽을 정도였다. 아무데서도 도움 받을 수 없는 상황에서 수강 신청 기간도 놓쳐 수강 변경 기간에나 수강 신청을 할 수 있었고 그것도 안 되면 교수님께 직접 사인을 받아서 신청하기도 하였다.

　복학하는 첫 학기는 무리하지 말고 워밍업 한다는 느낌으로 다녀야겠다는 결심을 했다. 학점도 욕심내지 않고 15학점을 듣고, 대신 상대적으로 부담감이 없는 AU(Pass or Fail 로만 성적이 나오는 과목) 과목들을 듣기로 하였다. AU 과목 중 하나는 리더십1과 댄스스포츠였다. 09학번이지만 일반 휴학과 군 휴학을 했기 때문에 리더십AU와 체육 AU를 아직 졸업이수 요건까지 채우지 못해 들어야만 했다. 내가 몸치인 편이라 체육AU로 춤과 관련된 과목을 들어서 이번 기회에 춤꾼으로 거듭나야겠다는 생각을 했다. 재즈댄스라는 단어가 클래식 하면서 가볍게 생활에서도 출 수 있는 유용한 춤일 것 같아 재즈댄스를 신청했다. 그러나……. '잠시만 기다려 주십시오!'라고 나오던 알림판은 수강 인원이 초과하여 수강할 수 없다고 바뀌었다. 절망했던 나는 숨을 고르고 그렇다면 같은 교수님이 가르치시는 댄스스포츠를 들어야겠다는 생각을 했다. 현재 룸메이트인 친구도 1학년 때 댄스스포츠를 들었는데 재미있다고 말해 주었고, 사교적인 댄스를 배우면 나쁘지 않을 것 같다는 생각이 들었다. 그래서 이번에는 댄스스포츠의 신청 버튼을 눌러 보았다. 다행히도 수강 신청이 됐다.

　그렇게 우여곡절 끝에 댄스스포츠 과목을 듣게 되었고 수업 첫날이 되었다. 매주 수요일 1시부터 3시까지가 수업 시간이었고 첫 수업은 수업 진행에 대해 설명하기 위해 무예실(댄스 수업할 때 쓰이는 강의실)이 아닌 인문사회동의 강의실에서 모였다. 교수님을 처음보고 강하고 도도할 것 같다는 인상을 받았다. 쉽지 않을 것 같다는 생각이 들었었다.

하지만 더욱 절망적이었던 것은 수강하러 온 인원이 나를 포함해 4명이었다. 4명 중 남자가 세 명이었고 한 명만 여학생이었다. 우리도 당황했고 교수님도 당황하셨다. 하지만 아직 수강 변경 기간이기 때문에 추가로 들으러 오는 학생들이 있을 수 있고, 우리가 노력해서 한두 명씩만 데려오면 수업하는 데는 지장이 없을 거라고 하셨다. 첫날 수업은 4명이었기에 한 책상에 옹기종기 모여 스포츠댄스는 무엇인지, 유래와 중요성 등에 대해 설명을 들었다. 그때 내 옆에는 홍일점인 여학생이 앉아 있었는데 순간 어! 라고 생각했다. 옆모습을 처음보고 '매력적이다'라는 생각을 했고, 다시 한 번 힐끔 봤을 때는 내 예전 첫사랑과 닮았다는 생각이 들었다. 첫날 수업은 그렇게 설렘과 불안감을 주고 끝났다.

두 번째 수업부터는 스포츠컴플렉스(카이스트에서 학생들의 건강 증진을 위해 운동 시설과 동아리방을 마련한 건물, 졸업식과 입학식 등 행사를 진행하기도 함)에서 한다고 하셨기 때문에 5분 전에 건물에 도착했지만 강의실이 어디인지 찾을 수 없었다. 교수님께서는 첫 시간에 미리 강의실에 음악을 틀어 놓고 있을 테니 찾아오라고 하셨는데 음악소리는 어디서도 들리지 않았다. 더군다나 스포츠컴플렉스는 내가 군 입대를 한 후에 완공되고 학생들에게 개방되었기 때문에 나는 난생 처음 스포츠컴플렉스에 와 보는 것이었다. 미로를 지나던 중 첫 번째 수업시간에 왔던 여학생을 만났다. 나는 이 미로를 빠져나게 해줄 구원자라고 생각하며 교수님께서 어디서 수업한다고 하셨는지 아냐고 물어보았다. 그러나 그 여학생도 모르는 건 마찬가지였다. 그러면서 내게 "이 지하 1층에 있는 모든 강의실의 문을 열어보면 되지 않을까요?"라고 무모한 물음을 했다. 나는 장난과 냉소의 어조로 "그러다가는 (안에서 수업하는 분들께) 뺨 맞을지도 몰라요."라고 말했다.

그 여학생과 조우하여 탐색한 결과 우리가 수업하는 106호 무예실을 찾을 수 있었다. 수업 시작하기 전 혹시나 수강생이 더 오지 않을까 했던 기대는 역시나 산산조각 났다. 4명이서 댄스스포츠 중 차차차의 기본 스텝을 배웠다. 샤세, 턴 등을 배웠는데 원래부터 몸치 박치인 내게, 기본 중의 기본인 그 동작들도 너무 버거웠다. 무예실에 걸린 전신거울에 비친 춤을 추는 나의 모습은 흡사 오징어가 꼼지락거리는 것 같았다. 스텝을 밟는 동작들도 설명을 들을 때는 할 수 있을 것 같지만 몸은 왜 그리 안 따라 주는지……. 머릿속이 하얘지는 것만 같았다. 교수님은 두 명의 남학생(이 둘은 친구였다)에게 잘한다는 칭찬을 연발하시며 집중적으로 그 학생들을 가르쳐 주셨다. 그리고 내가 춤추는 모습을 보시고는 내게도 작게나마 들리는 한숨을 쉬시고 동작을 다시 알려 주셨다. 나는 며칠 전에 그때의 한숨 사건을 여쭤볼 기회가 있었다. 제가 그렇게 구제불능이었냐고 여쭤보자, 교수님은 내가 춤추는 모습을 보고 정말 답이 없다고 생각하셨다며, 한숨을 쉰 것도 인정하셨다. 그러면서 한숨소리가 들렸냐고 되물으시기까지 하셨다.

두 번째 댄스스포츠 수업 시간에도 마찬가지로 4명으로 수업이 진행되었다. 최소 수강 인원이 채워지지 않으면 폐강될지도 모른다는 압박감도 있었다. 사실 나도 폐강돼서 쫓겨나느니 어차피 동작도 제대로 못 따라하고 구박만 받게 생겼는데 내 발로 걸어 나가는 게 낫지 않을까 하는 생각도 해보았다. 두 번째 수업은 그래도 첫날보다는 발 움직임 정도는 반 박자 늦게나마 따라 할 수 있었다. 수업이 끝나고 땀에 젖어서 문을 나갔는데 나보다 빨리 나갔던 여학생이 아직 신발을 신고 있었다. 신발을 신은 여학생이 내게 너무 어렵다며 말을 걸었다. 나는 살짝 들뜨며 "그러게요 저도 멘붕되서 드랍할까 생각했어요."라고 말하고 교양분관에서 공부를 하러 가려던 나는 기숙사에 간다는 여학생의 말을 듣고 나도 기숙사에 가는 척 데려다 주었다. 기숙사까지 가는 내내 시답잖은 말을 했지만 둘은 웃음이 끊이지 않았고, 그 여학생은 내게 너무 재미있다고 말해 주었다. 그날 나는 하루 종일 기분이 좋았다.

며칠이 지나고 미적분2 수업 시간에 그 여학생이 같은 수업을 듣고 있었다. 오 마이 갓, 이것이 바로 운명인가? 나는 이 기회를 놓치면 후회할 것 같다는 생각이 들었다. 어느 한가한 주말, 기숙사를 나서던 중 그 여학생이 걸어오는 게 보였다. 내게 먼저 인사를 걸어 주기에 나도 인사를 하고 몇 마디 대화를 했다. 그때까지만 해도 우리 둘은 이름도, 나이도, 전화번호도 몰랐었다. 나는 전화번호를 지금 알아내지 않으면 우연히 주어진 기회가 멀리멀리 날아가 버릴 것만 같았다. 그렇다고 무턱대고 알려달라고 할 수 없는 노릇이었다. 나는 전화 한 통만 쓰겠다고 말하고는 그녀의 휴대폰으로 내 휴대폰에 전화를 걸었다. 그리고 진동이 울리는 내 휴대폰을 귀에 대고는 이 번호 저장해도 되냐고 물어보았다. 그렇게 얼떨결에 그 여학생의 번호를 알게 된 나는 카톡으로 먼저 연락을 했다. 그러나 카톡 확인도 늦을 뿐더러 내게 아예 관심조차 없는 게 카톡 내용에서 느껴졌다. 댄스스포츠 시간이나 미적분2 시간에 만나도 별 다른 점도 없었고 그냥 수업을 같이 듣는 한 나이 많은 오빠 학생이구나라고 생각하는 듯했다. 다만 바뀐 점이 있다면 원래 4명이서 하던 댄스스포츠 수업에 2명의 남자가 수업을 쭉 나오지 않았다.(지금까지도 나오지 않고 있다.)

댄스스포츠 수업은 교수님, 나, 여학생 세 명으로 진행되어, 주로 나와 여학생이 짝을 이루고 미흡한 부분을 교정하고 끝나기 전에 교수님과 춤을 추는 방식으로 진행되었다. 차차차가 파트너와 손을 잡고 추는 춤이기 때문에 친밀해지는 계기가 될 수 있었지만 여전히 그 여학생의 나에 대한 태도는 중립적이었다. 2주간의 암흑기가 시작되었고 체념의 상태까지 갔다. "연애가 웬 말이냐 학생이 공부를 해야지", "룸메야, 난 너밖에 없어."라는 말들을 하며 중간고사가 다가왔기에 공부에 열중하고 있었다.

그러던 어느 날 학교지리에 밝지 못했던 그 여학생은 내게 약국이 어디 있는지 아냐고 문자로 물어보았다. 매우 오랜만에 온 연락이었지만 나의 눈은 매의 눈보다 날카롭게 진동이 울리는 문자 알림을 캐치해 낼 수 있었다. 나는 재빨리 동아리 단체 카톡방에 약국이 학교 안에 있느냐고 물었고 의과학동 1층에 있다는 것을 알려주었다. 그러나 복학생인 나도 의과학동은 처음 들어보는 건물이었기에 태울관의 건강 클리닉 센터에 가도 약을 준다고 알려주었다. 다행히(?) 학기 시작하자마자 두통으로 고생했던 나는 건강클리닉 센터에 가서 약과 쌍화탕을 처방받은 경험이 있었던지라 자신 있게 설명해 줄 수 있었다. 어제부터 두통과 몸살로 고생했다는 여학생과 함께 건강클리닉 센터에 같이 가서 약을 받아 왔다. +10점이 되었다.

그 다음 주 댄스스포츠 수업이 끝나고 나서, 그 여학생이 학생증을 잃어버려서 재발급을 받으러 가야 하는데 안전팀이 어디냐고 내게 물어보았다. 스포츠컴플렉스 앞에 서서 멀리 보이는 안전팀을 가리키며 "이렇게 이렇게 가서 1층에 있어."라고 말하고 뒤에 같이 가줄까라는 말을 덧붙이는 걸 까먹지 않았다. "시험도 얼마 안 남았는데 같이 가도 괜찮겠어요?(이때 중간고사가 일주일도 안 남은 시점이었다)"라고 물었지만 이미 내게 우선순위는 중간고사가 아니었으므로. '사람이 먼저다' 아니 '사랑이 먼저다'라는 말도 있지 않은가. +20점이 되었다. 그렇게 안전팀에 가는 동안, 학생증을 재발급 받고 오는 동안 도란도란 이야기를 하면서 왔다. 그리고 교양분관에서 공부를 잠시 하는데 둘이 옆에 앉아 공부를 했다. 도서관에서는 조용히 공부를 해야 한다는 것도 알고, 1학년 때 소곤소곤 속삭이던 커플들의 속삭임에 눈을 찌푸리던 나였지만, 이제는 내가 그 주범자가 되어 속삭이고 있었다.

물론 이때까지만 해도 수업을 같이 듣는 친구 사이였지만, 이후에 다른 스터디 룸에서 공부하더라도 찾아가서 얼굴도 보고 공부하다 지치면 나와서 산책을 하곤 했다. 댄스스포츠를 손잡고 추는 게 익숙했던 우리는 산책을 하다 누가 먼저 말하지도 않았지만 손을 잡고 걷고 있었다. 때로는 포옹으로 시험대비에 지친 서로를 격려하기도 했다. 그리고 나는 확신했다. 이제는 용기있게 말해야 할 시점이 왔다고. 그러나 그 시점이 중간고사 전이 될지 후가 될지 고민하고 있던 터였다. LTE 시대에 발맞추어 나도 더 이상 고민하며 시간을 끌면 안 되겠다고 생각했다. 어김없이 시험공부를 하다 머리를 식히러 나와 정문술 빌딩(바이오 및 뇌 공학과 건물)에서 담소를 나누던 중 조심스럽게 말을 꺼냈다. 중간고사의 본격적인 시험을 앞둔 주말 일요일에 우리의 1일은 시작되었다.

서로를 믿기에 그동안 말 못했던 것들을 다 얘기할 때 지금의 여자

친구가 내게 말했다. 처음에 댄스스포츠 강의실 찾아갈 때 내가 강의실 문을 모두 열어보면서 찾으면 "뺨 맞을지도 몰라요"라고 했을 때는 상스럽다고 생각했고, 전화번호를 순식간에 가져갔을 때는 뭐 이런 사람이 다 있지 생각했다고 말해줬다. 그녀는 나를 비호감이라는 한 단어로 정의하고 있었다. 그러나 서로의 눈을 바라보는 댄스스포츠를 추면서 몸으로 대화하고 마음을 느꼈던 것일까? 그 비호감이었던 남자는 이제 그녀의 남자가 되었다. 너무나도 변한 학교에서 삭막하게 부적응자로 살아가던 내게 댄스스포츠 수업을 통해 만난 여자친구는 봄날의 벚꽃처럼 피었고 내 가슴에 떨어지게 되었다. 중간고사 이후에도 같이 충대나 유성온천 역으로 걸어 다니며 알콩달콩 시간을 보냈다.

댄스스포츠 교수님은 우리에게 중간고사를 잘 보라고 응원해 주셨고, 시험이 끝난 다음 시간에는 피자를 먹으며 피크닉을 가자고 하셨다. (아직까지 교수님은 우리가 사귀고 있다는 사실을 모르신다. 아마 당분간은 비밀로 할 예정이다.) 그리고 약속하신대로 교수님께서는 비록 손수 만드신 김밥은 아니지만 마치 직접 싸신 듯 통에 옮겨 담은 김밥과 오렌지와 거봉을 싸오셨다. 학교 내의 피자가게에서 피자를 시켜 시험 후 몸과 마음이 지친 우리를 힐링해 주셨다. 수업 시간에는 할 수 없었던 이야기들을 할 수 있었고 특히 답이 없던 나의 춤 실력이 정말 정말 (이점을 특히 강조하셨다) 좋아졌다고 하셨다. 교수님은 댄스스포츠에 관련된 것 이외의 스트레칭과 자세를 올바르게 하는 법을 말씀해주시고 교수님 스스로의 철저한 자기관리법도 알려주셨다. 내가 처음 느꼈던 차가웠던 첫인상과 달리 교수님은 따뜻하게 학생들에게 신경을 많이 써주셨다. 이런 교수님 아래에서 댄스스포츠라는 과목뿐만 아니라 외적인 요소들을 배울 수 있어 여가활동으로나 생활적 측면으로나 도움이 되었다.

'차차차'에 대한 기본, 심화 과정을 막 끝내고 요즘은 자이브를 배우고 있다. 기존의 차차차와 비슷한 것 같기도 하지만 살짝살짝 다른 자이브만의 매력이 있는 것 같다. 앞으로 배울 삼바, 룸바와 같은 다른 춤들도 기대가 되고 무엇보다도 수업시간마다 사랑하는 여자친구와 함께 춤을 배울 수 있다는 사실에 감사하다. 수강 인원 4명에서 2명으로까지 줄어든 댄스스포츠 수업은 폐강될 위험도 있었지만 다행히 교수님이 학적팀에 말하여 수강 인원이 두 명이더라도 자신의 수업을 듣는 학생이 있다면 그 인원수가 몇 명이더라도 가르치는 게 자신의 철학이라고 설득하셨다고 한다. 그리하여 어떤 춤 수업보다 강도 높고 자세한 개인교습을 받을 수 있었다. 강도 높은 수업 덕분에 차차차를 소화하고 자이브에 도전하고 있는데 언젠가 이 땀방울들이 빛을 낼 순간이 올 거라 믿어 의심치 않는다. 얼떨결에 자의반 타의반으로 선택하게 된 댄스스포츠라는 과목이 춤과 사랑이라는 두 마리의 토끼를 잡게 해 줄 줄 누가 알았겠는가. 어떤 노래의 가사에 사랑은 은하수 다방 앞에서 홍차와 냉커피를 마시며 매일 똑같은 노래를 들으며 온다고 했다. 그러나 꼭 은하수 다방 앞이 아니더라도, 공부벌레들이 우글거리는 냉철하고 이성적일 것 같은 카이스트 강의실에서도 차차차를 추면서 낭만적인 사랑이 이렇게 찾아오기도 한다.

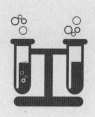

카이스트 체육 수업과 남녀비율 💡

Q 공부만 하냐고? 건강한 신체! 건강한 정신!

A 카이스트생하면 기숙사와 도서관에 틀어박혀 공부만 하는 모습을 떠올릴 것이다. 하지만 그것은 잘못된 착각! 카이스트의 운동 동아리들은 학기 초마다 지원 경쟁률이 동아리들 중에서 손꼽을 정도로 높다. 뿐만 아니라, 졸업하기 위해 최소 체육 4AU를 이수해야 하기 때문에 카이스트생들은 학업과 운동을 병행하면서 학교를 다니게 된다.

그렇다면 체육 수업에는 어떤 것들이 있을까? 2013년 기준, 배드민턴, 수영, 테니스, 농구, 스트레칭 운동, 댄스스포츠, 재즈댄스, 웨이트트레이닝, 조깅, 풋살, 골프, 축구 총 12개의 체육 수업이 열렸다. 일주일에 하루 2시간씩 진행되는 이 수업들은 카이스트의 스포츠 컴플렉스와 운동장에서 진행된다. 대부분 수강 인원이 꽉 찰 만큼 인기가 있기 때문에, 듣고 싶어도 못들을 때가 있다.

주변에는 이미 체육 4AU를 채웠지만 학기 중 꾸준한 운동을 위해 체육수업을 수강하는 학생들도 종종 발견할 수 있다. 건강한 신체에 건강한 정신이라는 말처럼 카이스트 학생들은 학업뿐만 아니라 운동도 즐길 줄 아는 멋진 학생들이다.

Q 세상의 남자와 여자는 50:50, 그러나……

A 태초에 조물주는 남자와 여자를 한 명씩 만드셨고, 세상의 절반은 남자, 절반은 여자라는데 왜 카이스트는 그렇지 못할까? 카이스트의 남학생들은 압도적으로 높은 남학생의 비율 때문에 한탄을 하곤 한다. 한 해 평균 신입생의 남녀 비율은 7:3이며, 남학생들의 체감 비율은 이보다 훨씬 높다고 한다. 표본 집합은 모집합의 비율을 따른다는 통계학의 이론처럼 강의실에 들어가도, 학과를 선택해도 남여 비율은 이대로 유지되곤 한다. 그렇기 때문에 이러한 척박한 환경 속에서 블루오션을 찾는 능력이 카이스트 남학생들이

갖춰야 할 필수 요건이라 하겠다.

여학생이 가장 많은 학과로는 생명과학과와 산업디자인학과가 뽑혔다. 70명의 정원에서 40명이 넘는 여학생으로 60%의 비율을 차지했으며 여학생이 가장 적은 학과로는 전산학과가 꼽혔다.

이렇듯 세상의 반은 남자, 반은 여자라고 하지만 카이스트 남학생들은 비정상적으로 남녀가 7:3의 비율을 이루는 캠퍼스 안에서 다른 이성의 사랑을 받기 위해 오늘도 고군분투하고 있다.

외국인 학생과 홍시

화학과 11 함영진

"Could you say that again in English, please?"

내가 우리 수업에도 외국인이 있다는 것을 알게 된 것은 바로 그때 였다. 유기화학 수업시간, 영어로 수업하시던 교수님께서 수업과 관련된 재미있는 일화를 한국어로 신나게 얘기해 주셨고, 꾸벅꾸벅 졸던 우린 언제 그랬냐는 듯 교수님의 재밌는 이야기를 눈을 반짝이며 듣고 있었다. 바로 그때, 그가 손을 들고 영어로 다시 얘기해주실 수 있냐고 물었던 것이다. 소리가 나는 쪽을 바라보니, 내가 생각해 왔던 푸른 눈과 금발의 멋진 백인과는 완전히 다른 아무렇게나 헝클어진 머리를 한 외국인이 앉아 있었다. 동양인인 나와 비슷한 황색 피부를 갖고 있어서 친근할 법도 한데, 전혀 그렇지 않은 서양인 느낌이었다. 한 달 넘게 같은 수업을 들으면서 내가 그의 존재를 몰랐다는 것이 신기할 정도였다. 아마 다른 친구들과 비슷한 피부색 때문이었던 것 같다. 한국어를 알아듣지 못하는 그로서는 교수님이 해주시는 경험담이 무척이나 궁금했을 것이다. 아니 어쩌면 그는 그것이 유기화학 내용이라고 생각했는지도 모르겠다. 그의 질문에 강의실은 시간이 멈춘 듯 조용해졌고, 모두의 관심이 교수님의 다음 말로 향했다.

"언제부터 카이스트 다녔어요?"

그가 대답했다.

"1년 됐어요."

그러자 교수님께서 이번에는 한국말로 혼잣말하듯 말씀하셨다.

"그렇게 오래 됐는데 이 수업에 아는 친구 없나?"

평소 학생들에게 무섭고 무뚝뚝하기로 소문나신 교수님의 말씀에 나는 충격을 받았다. 아무리 그래도 저렇게 직설적으로 말씀하시다니……. 나는 그 말을 들은 그의 표정을 잘 보지 못했다. 이 말을 듣고 웃는 친구들을 보느라 순간 내 시선이 그를 놓친 것이었다. 그는 분명 알아듣지 못했을 텐데, 자신을 향해 웃는 학생들을 보며 어떤 기분이 들었을까? 분명 당황한 표정을 지었겠지. 그렇게 그의 질문은 흐지부지 넘어가고 수업이 끝날 때까지 나는 멍한 기분으로 앉아 있었다.

그 다음 시간부터 나는 그에게 자꾸만 눈이 갔다. 영어강의 시간이라 수업의 대부분이 영어로 진행되지만 가끔 교수님께서 보충설명이나 수업 내용과 관련 있는 재밌는 이야기들을 한국어로 해 주실 때가 많은데, 그때마다 왠지 모르게 그가 떠올랐다. 그는 이 말들을 알아듣고 있을까, 혼자 다른 세상에 온 기분이 들진 않을까 걱정이 되고 그의 표정이 궁금해져서 강의실에 앉아 있는 학생들 사이에서 그를 찾아 눈을 열심히 돌린 적도 있었다. 그러나 그럴 때마다 그의 서양인 같은 큰 코가 그와 나 사이를 가로막았다. 그의 옆에 앉아 지금 교수님께서 무슨 얘기를 하고 계신 건지 설명해 주고 싶은 마음이 굴뚝 같았지만, 자신 없는 영어 실력과 친구들과 조금 다르게 생긴 그의 모습에 선뜻 다가가기가 어려웠다. 모르는 사람에게 말 한마디도 잘 못 거는 성격인데 상대가 외국인이기까지 했으니……. 숫기 없는 나는 매번 그를 외면했다.

그렇게 비슷한 하루가 반복되며 그에 대한 나의 걱정도 서서히 줄어들었다. 수업 내용이 어려워지고 다뤄야할 범위가 많아지면서 한국말로 가끔 해주시던 교수님의 재미있는 이야기 시간이 눈에 띄게 줄었기 때문이었는지도 모르겠다.

그러던 어느 날, 나는 탐스러운 붉은빛 감들이 가득히 열려 있던 감나무 아래에서 그를 다시 만났다. 그는 강의실과 기숙사 사이에 서 있는 감나무 위에 올라가 있었다.

"어머, 언니! 저 나무 위에 외국인 좀 봐! 저 사람 나랑 같은 수업 듣는 사람인데?"

수업을 마치고 기숙사로 가는 중이었던 나는 함께 가고 있던 언니에게 소곤거렸다.

"진짜? 저 사람 감 따고 있나 봐! 밑에서 친구가 감 주워주고 있네! 우와, 근데 진짜 신기하다! 저기를 어떻게 올라갔지?"

그는 감나무 위에서 감을 따는 듯 보였고, 그 아래에서 그와 같은 이

국적인 느낌을 풍기는 친구가 그가 위에서 던져주는 감을 받고 있었다. 나는 그가 그토록 밝은 표정을 하고 있는 것을 본 적이 없었다. 그는 무척 신나 보였다. 저 높은 곳에서 무섭지도 않은가? 나는 그를 힐끔거리며 감나무를 지나쳐 가고 있었다. 바로 그때 감나무 위에서 소리가 들렸다.

"Hey! Wait!"

그였다. 그가 우리를 보며 씩 웃더니 손에 들고 있던 감 하나를 우리 쪽으로 던져주었다. 그리고 또 하나를 따더니 다시 가볍게 툭 던져주고는 검지로 감을 가리키며 우리에게 하나씩 가지라는 시늉을 했다.

"때, 땡큐우우!"

나는 당황해서 아무 말도 못하고 있었는데, 다행히 언니가 옆에서 이렇게 고맙다고 인사를 했던 것 같다.

감을 손에 꼭 쥐고 돌아오는 길, 뜻하지 않게 깜짝 선물을 받은 나는 괜히 기분이 좋았다. 잘 익은 주황색 홍시가 햇살을 받아 더욱 반짝거렸다. 그 홍시를 보며 처음 산타에게 선물을 받은 것처럼 설레고 그냥 먹기가 아쉬웠다.

'이걸 그냥 먹어버릴 수는 없지! 사진으로라도 남겨야겠다. 히히.'

나는 감을 깨끗하게 닦고 그 예쁜 주황빛이 더욱 돋보이도록 내 새하얀 노트북 위에 감을 올렸다. 휴대폰을 꺼내서 어떤 각도가 제일 예쁠까 이쪽저쪽 카메라를 돌려가며 감 사진을 찍던 나는 그 순간, 감나무 위에서 환하게 웃던 그의 얼굴이 떠올랐다. 그는 그토록 순수하고 밝게 웃을 수 있는 사람이었는데, 수업 시간의 내가 본 그의 표정이라고는 딱딱하게 굳은 무표정과, 앞에서 하는 말을 잘 알아듣지 못해 수업에 흥미를 잃어버린 듯 멍하게 짓던 옅은 미소, 이 두 가지뿐이었던 것이다. 수업 시간의 그를 그렇게 무표정으로 만든 건 누구였을까? 교수님? 그 자신? 아니면 학생들? 나는 머리를 한 대 얻어맞기라도 한 듯 멍해졌다.

그는 우리 학교에서 공부하기 위해 가족과 떨어져 한국까지 왔는데, 나는 그와 같은 수업을 들으면서도 그가 조금 다르게 생겼다고 한국말을 못하기 때문에 도움이 필요한 그를 모른 척 지내왔다. 그런데도 그는 한국인에 대한, 특히 한국어를 못 알아듣는 자신을 향해 웃었던 카이스트 학생들에 대한 원망 없이 그렇게 해맑은 웃음을 지어 보였던 것이다. 매주 봉사를 다니며 어려운 이웃들을 돕는다면서 바로 옆에 있는 같은 반 친구에게는 손 한 번 내밀지 못하고 있었다니…….
봉사기관에서는 그토록 말도 잘하면서 왜 강의실에서는 단 한마디 꺼낼 용기도 없었는지 내 자신이 너무 부끄럽고 그에게 미안해졌다. 나는 결심을 했다. '이제부터 그 강의실에서 내 자리는 그 외국인 옆자리다!'라고.

다음날 나는 긴장된 마음을 안고 평소보다 조금 일찍 강의실에 들어섰다. 강의실이 아직 꽉 차지 않은 덕분인지 다행히 그를 바로 찾을 수 있었다. 나는 그가 앉은 자리에서 바로 한 칸 떨어진 자리에 앉았다.

'어떻게 말을 걸어야 할까? 지금 갑자기 인사하는 건 좀 그렇겠지? 일단 기다리다가 교수님이 한국말로 얘기하실 때 살짝 알려줘야지!'

나는 일단 수업을 들으며 때를 기다리기로 마음먹었다. 그런데 잠시 후, 교수님께서 어떤 남자분과 함께 들어오셨다.

"자, 오늘은 저번 시간에 예고했던 대로, MBC 김 프로듀서님의 강연을 듣도록 하겠어요. 큰 박수로 환영하겠습니다!"

'오잉? 강연이라고?'

이게 웬일인가. 하필 오늘 수업 대신 강연을 듣기로 되어 있었다니. 게다가 한국어를 알아듣지 못할 그를 위해 도움이 필요할 때마다 도우리라 다짐했던 바로 오늘, 1시간 30분 동안의 한국어 강연이라니! 강연을 들으며 동시에 그에게 통역관 역할을 해줄 정도의 자신 있는 영어 실력도 없을 뿐 아니라, 앞에서 강연하시는 내내 그에게 소곤소곤 얘기를 하고 있을 수도 없는 분위기였다. 나는 갑자기 용기를 잃었다. 그토록 굳게 다짐하고 온 강의실이었는데…….나는 너무나 허탈해 실소를 터뜨렸다. 그리고 1시간 30분 내내 혼자 다른 세상에 온 듯한 기분을 느낄 그가 너무 안쓰러웠다. 그런데도 나는 아무것도 할 수 없었다. 왜 하필 오늘일까? 나는 너무 슬퍼졌다. 그렇게 나는 울적한 기분으로, 또 그는 강연을 알아듣지 못해 소외된 기분으로, 1시간 30분이라는 긴 시간을 보냈다.

강연이 끝나고 연사를 향한 큰 박수 소리와 함께 내 울적한 기분도 와장창 깨졌다. 정신이 확 들었다. 이렇게 내 다짐을 아무것도 아닌 것으로 만들고 그를 외롭게 돌아가게 둘 수는 없었다. 나는 마음을 다시 고쳐먹고 강의실을 나서는 그를 붙잡았다. 그가 감나무 위에서 외쳤던 것처럼 나도 똑같이 그에게 외쳤다.

"Hey! Wait!"

나는 그에게 저번에 감나무 위에서 던져줬던 감 맛있게 잘 먹었다고 영어로 떠듬떠듬 말했다. 그는 기억난다는 듯 그때 그 감나무 위에서처럼 순수하게 웃어 보였다. 나는 그에게 오늘 강연 때 심심하지 않았는지, 수업시간에 한국어 때문에 어려운 점은 없는지 등등을 물어봤고, 그와 꽤 길게 이야기를 하게 되었다. 나는 그가 카자흐스탄에서 왔다는 사실과, 몇 주 전부터 한국어 공부를 시작했다는 것을 알게 되었다. 그리고 놀랐던 것은 그로부터 교수님에 대한 이야기를 들었을 때이다. 그에게 한국인 친구도 없냐고 했던 그 무뚝뚝했던 교수님께서 그를 자주 불러 많은 말씀을 해주셨다고 했다. 자신이 외국에 유학했을 때 똑같이 겪었던 언어의 장벽과 그로 인해 느꼈던 소외감에 대해서 말이다.

그가 행복한 미소를 지으며 말했다.

"교수님께서 한국인 친구를 많이 사귀라고 하셨어요. 그래야 한국 문화를 이해하고 여기서 공부하는 데에도 도움이 많이 된다고요."

내가 그를 도와야겠다고 생각만 하고 용기가 없어 망설이고 있던 그 순간에 교수님은 생각을 실천하고 계셨던 것이었다. 수업 시간엔 그에 대해 무관심하신 듯 보였던 교수님께서 그를 위해 그렇게 신경을 써주셨다는 것이 놀랍고 감동적이었다. 한때 실망했던 교수님이 갑자기 멋있고 존경스럽게만 느껴졌다.

'내가 그런 훌륭하신 교수님의 수업을 듣고 있었다니! 역시 수업 시간에 겉으로 보였던 모습이 다가 아니었구나!'

나도 모르게 뿌듯한 미소가 지어졌다.

그 대화를 시작으로 그와 나는 친구가 되었다. 수업 시간에 나는 그의 옆에 앉았고, 그가 알아듣지 못하는 것이 있을 때마다 노트에 영어로 적어 보여주거나, 소곤소곤 설명해 주기도 했다. 시간이 흘러 그는 수업 시간에도 무표정에서 벗어나 그 순수하고 깨끗한 미소를 지어 보이게 되었다.

우리는 강의실 밖을 벗어나 종종 함께 놀기도 했다. 날씨가 꽤 따뜻한 날이면 갑천에 자전거를 타고 나가 놀았고, 내가 친구들과 자주 가던 맛집을 함께 가게 되었다. 그는 어느새 한국음식 전문가가 되어 있었고, 나는 그런 그와 함께 노는 것이 정말 즐거웠다. 카이스트의 아름다운 잔디밭도 우리의 피크닉 장소가 되었다. 잔디밭을 왔다 갔다 하는 거위를 흉내 내며 웃기도 하고, 오리 연못 옆의 분수를 구경하며 여유를 즐기기도 했다. 그는 한국인과 비슷한 듯하면서도 한국인이 가질 수 없는 그 무언가를 가지고 있었다. 한국인의 모든 것을 신기해했고, 뭐든지 체험해 보는 것을 아주 즐거워했다. 그의 한국어 실력도 아주 많이 늘었고, 떠듬거리던 나의 영어 말하기 실력도 조금 늘어 이제는 그와 편히 이야기를 나눌 수 있게 되었다.

나는 예전의 용기 없던 내가 그가 감나무에서 따 준 감 하나에 용기를 내어 그와 친구가 된 것이 정말 감사한 일이라고 생각한다. 한국을 사랑해서, 카이스트를 사랑해서 이곳에 온 그를 통해 교수님의 훌륭하신 모습도 알게 되었고, 카이스트의 다른 외국인 친구들에게도 더 쉽게 다가갈 수 있는 열린 마음을 갖게 되었기 때문이다.

나는 아직도 그기 그때 준 탐스러운 주황빛의 홍시가 잊히지 않는다. 이제는 내가 먼저 마음을 열고 도움이 필요한 그 누군가에게 홍시를 건넬 수 있는 사람이 되고 싶다.

카이스트의 전공 수업을 들으면 영어로 수업하고 외국인들도 보여서 가끔 외국에 온 것 같은 기분이 든다. 현재 학교에는 70개국에서 온 600명이 넘는 외국인들이 같이 수업을 듣고 있다. 남자 기숙사에 살면 외국인들끼리 모여서 이야기하는 모습을 자주 본다. 외국인들의 적응을 돕기 위해 학교에서는 외국인을 위한 초급 한국어부터 고급 한국어까지 다양한 수업도 제공하고 있다.

다양한 국가에서 온 외국인들만큼 학교에서도 다양한 외국 대학으로 교환학생을 갈 수 있는 기회를 많이 제공한다. 이공계에 관심이 많고 외국으로 교환학생을 가보고 싶다면 카이스트에 오는 것을 적극 추천하고 싶다. 아시아, 중동 지역, 유럽, 아메리카, 오세아니아, 아프리카까지 거의 모든 대륙과 교류를 하고 있다.

외국대학과의 학생 교환 프로그램이 학생들에게 준비되어 있다. 6개월간 외국에 가서 배울 수 있고 파견대학의 학비가 면제가 된다. 또한 카이스트 장학금(150~250만 원)까지 지원해 준다니 차려놓은 밥상을 학생들은 잘 떠먹기만 하면 되는 것이다.

교환학생을 다녀온 학생들의 수기들을 읽어 보고 주변 친구들에게 선호 대학을 조사해 보았다. 학생들은 유럽과 미국을 가장 선호하였다. 유럽에서는 독일과 덴마크가 인기가 많았다. 영어권 대학은 최저 기준 학점 또는 최저 기준 영어 점수가 높아 열심히 공부하지 않으면 가기 힘들다는 이야기를 많이 들었다.

대부분 교환학생들은 학점을 많이 듣는 것보다는 그 나라의 문화를 이해하는 모습들이 많이 보였다. 학생들은 주중에는 수업을 열심히 듣고 주말에는 한국 친구들이나 학교에서 새로 생긴 친구들과 같이 여행을 다니는 모습을 보였다.

독일의 어떤 대학교는 절대적인 실력으로 학점을 매긴다고 한다. 다시 말해서 출석은 중요하지 않고 과제와 시험만을 통해서 A, B, C를 나눈다고 한다. 따라서 어떤 학생은 매일 열심히 나갔는데도 시험을 잘 못 봐서 C를 받았고, 어떤 학생은 수업은 나가지 않았지만 시험 성적이 좋아서 A를 받았다고 한다. 출석이 굉장히 중요한 부분인 우리나라 대학과 달리 독일은 좀 더 철저한 실력주의인가 보다.

프랑스에 다녀온 친구와 교환학생에 관한 이야기를 들었다. 프랑스 대학은 휴일이 한국보다 많다고 한다. 그래서 주변 국가들을 돌아다닐 시간이 많아서 좋았다고 한다. 프랑스까지 가서 방정식과 함수만 풀고 있는 것보다 세느 강 벤치에 앉아서 커피 한 잔 하면서 책도 읽고 사람들 구경하는 것이 교환학생의 묘미가 아닐까 싶다.

박은지

편집이 끝났다! 이 책에 내가 마지막으로 담을 수 있는 글이라니……. 어떤 내용을 써야 할지 몇 시간째 고민만 하고 있다. 내 이름이 들어간 첫 책의 마지막 글이라는 생각에 괜  히 긴장했나 보다. 그래서 처음 이 책을 만나게 된 때부터 천천히 되돌아보기로 했다.

편집팀원은 총 6명이었다. 그리고 편집장인 나는 6명 중에서 나이로 5번째였다. 다들 동안이라 처음엔 몰랐는데 모여서 이야기를 하다 보니 나는 막내뻘이었던 것이다. 이 사실을 알고 나서는 아, 언니오빠들에게 맡기는 것이 더 나았으려나 하는 생각이 들었다. 하지만 편집 과정 내내 팀원들은 그것이 괜한 걱정이었음을 알게 해줬다. 항상 나를 존중해줬고 할 일이 있으면 열심히 해서 보내주고 내가 힘든 시간을 보내고 있을 땐 개인적인 위로도 해주었다. 학생편집장은 그 어느 것보다도 가볍고 기분 좋은 감투였다. 편집 과정을 계속 함께해 온 고마운 팀원들이기에 이 책을 마치는 글을 쓰려니 가장 먼저 생각이 났다.

편집하는 과정에선 출판사를 방문할 일이 몇 번 있었다. 덕분에 예쁜 파주출판단지도 구경하고 출판사 건물도 구경하고 무엇보다도 책 만드는 과정을 가까이에서 볼 수 있었다는 것이 정말 좋은 경험이고 추억이었다. 그리고 책에 들어갈 내용을 위해 팀원들과 했던 회의들도 기억에 많이 남는다. 책에 학교와 우리의 이름을 걸고 들어갈 내용이라고 생각하니 평소엔 까불다가도 모두들 그 순간만큼은 무척 진지했었다. 이렇게 함께 보낸 시간들이 이 책에 모두 담겨 있다니 더욱 값지게 느껴진다.

마지막으로 여러 사람들과 함께 어떤 한 목표를 향해 달려가면서 함께 일한다는 것에 대한 기쁨을 느낄 수 있었다. 혼자 일할 때에는 절대 느낄 수 없는 벅찬 감정들이었다. 함께한 편집팀원들, 팀원들보다 더 연락을 자주한 것 같은 박희정팀장님과 국어과 조교님, 항상 학생들 챙겨주시던 든든한 지원군 시정곤 교수님과 전봉관 교수님까지, 내가 자유로이 쓸 수 있는 이 공간을 빌어 심심한 감사의 말씀을 전하고 싶다.

저에게 이런 소중한 경험을 선물해주신 분들 그리고 책이 나올 수 있도록 도움 주신 모든 분들께 진심으로 감사드립니다.

김건하

이렇게 우리들의 이야기가 책으로 나오게 되었네요. 재미있으셨는지요.

이야기를 사람들에게 들려준다는 것은 참 멋진 일이라고 생각합니다. 항상 막연하게 '언젠가 책을 쓸 기회가 오면 좋겠다.'라고 생각하곤 했지요. 그리고 저는 이 꿈을 최고의 방법으로 이루게 되었습니다. 최고의 대학 카이스트에서, 학우들이 쓴 훌륭한 글을 제 손으로 엮어 출판하게 되었으니까요.

이 책에는 스물세 명의 학생들이 각자의 스타일로 풀어나가는 카이스트 강의실 이야기가 있습니다. 모두 학생들에게 큰 재미를 주고 공감을 얻은 글들입니다. 또한 저희가 준비한 교수님 인터뷰와 TIP들이 부디 독자분들의 마음에 드셨으면 좋겠습니다. 어느 하나의 글이라도 책을 읽는 분의 마음에 인상을 남겼으면 하는 일념으로 편집에 임하였습니다.

책을 읽는 동안 행복하셨기를 바랍니다.

김도영

2013년 봄에 「식물학」 수업을 수강했을 때 김춘수 시인의 「꽃」이라는 시가 계속 생각났습니다. 수업을 듣기 전에는 시의 뜻이 잘 와 닿지 않았습니다. 하지만 풀의 이름을 공부하고 꽃의 이름을 불러주고 가로  등 같던 가로수가 살아 숨 쉬는 한 그루의 나무로 느껴질 때 비로소 이 시의 뜻을 알 수 있었습니다. 서로에 대해 알아가고 관심을 가지는 것에서 찾아오는, 그런 작지만 소중한 행복을 일깨워 준 수업이었습니다.

물론 수업시간에 배운 내용은 식물의 분류, 진화 과정, 영양, 구조와 같은 수많은 과학 지식들이 대부분이었습니다. 하지만 가장 오래 기억에 남는 것은 작은 행복에 대한 깨달음과 학생들에게 그 마음을 전해주고 싶어 하시던 교수님이었습니다. 잎이 지고 날이 추워지는 겨울이 오면 잊겠지만 다시 꽃피는 봄이 찾아오면 생각날 행복의 소중함을 배웠던 식물학 수업은 단연 명강의였습니다.

이번 책 편집에 참여하게 된 것은 그 행복을 다시 느낄 수 있었던 기회였습니다. 같은 학교에 다니면서도 서로 모른 채 그저 스쳐 지나갈 뿐이었던 사람들이 내 주위의 친구, 후배, 선배 들로 다가왔습니다. 가끔 성적이 노력에 따라주지 않았을 때 좌절도 느끼고, 훌륭한 강의를 들으면서 감동도 했었던 학생들의 모습은 내 친구들의 모습이었고 제 모습이기도 했습니다. 소중한 경험을 하게 도와주신 모든 분들에게 감사드립니다.

박희정

가장 먼저 저에게 소중한 경험을 할 수 있도록 기회를 주신 시정곤 교수님, 전봉관 교수님, 그리고 모든 출판사 관계자 분들께 진심으로 감사하다는 말씀을 드리고 싶습니다. 제가 사랑하는 카이  스트의 삶이 담긴 이 책과 함께 졸업하게 되어 정말 영광입니다. ^^

'내가 사랑한 카이스트, 나를 사랑한 카이스트' 대회의 수상작들을 편집하고 교수님을 인터뷰하며 정말 즐거웠습니다. 그리고 카이스트에서의 삶을 돌아볼 수 있었던 좋은 계기가 되었던 것 같습니다. 저와 카이스트는 서로 밀고 당기는 애증의 관계에 놓여 있었습니다. (물론 저의 일방적인 마음이었겠죠. ^^;;) 저는 이곳에서 최고로 행복했고 또 최고로 불행했거든요. 하지만 지금은 제가 짝사랑을 하고 있는 것 같네요. 이곳에서의 지난 5년의 시간이 얼마나 소중한지 모릅니다. 편집 활동을 하는 내내 추억에 잠겨 마음이 따뜻했습니다.

허나 한편으로는 안타깝기도 하였습니다. 카이스트 학생들의 희로애락이 녹아 있는 진솔한 이야기들을, 그리고 교수님들의 주옥같은 말씀을 이제야 듣게 되었다는 사실이 말입니다. 저는 이 책을 카이스트에 관심이 있는 어린 학생들이 많이 읽었으면 좋겠습니다. 앞의 글에서도 밝혔듯이, 저는 고등학교 3학년이 되고 나서야 카이스트에 진학하고 싶다는 생각을 했습니다. 하지만 주변에 카이스트와 관련된 사람도 없었고 학교생활에 대해 구체적으로 알려진 바가 많이 없어서 참 힘들었습니다. 그 학교에는 어떤 사람들이 있을까? 그 학교에 가면 어떤 공부를 하게 될까? 그 학교에서는 어떤 삶을 살게 될까? 기대와 설렘보다는 두려움과 걱정이 앞섰습니다. 이 책이 그런 궁금증들을 조금이마나 풀어줄 수 있지 않을까 생각합니다. 특히 한번쯤 카이스트를 꿈꿔봤던 학생이라면 누구나 궁금해 할 이곳의 강의와 학업 생활에 관한 이야기들이니까요. 학생들이 구체적으로 자신의 미래를 그리는 데 이 책이 많은 도움을 주었으면, 그래서 과학자로서의 열정을 품은 많은 학생들이 저희 학교에 왔으면 좋겠습니다.

카이스트! 사랑해요♡

엄민영

졸업을 2주 앞두고 문득 내 머릿속에 '마지막'이라는 단어가 떠오른다. 조별 과제를 하는 것도 마지막, 기숙사 생활도 마지막, 대전에서 강의를 듣는 것도 마지막이라고 생각하니 씁쓸한 감정이 든다. 초등학교를 다닐 때에는 친구들을 평생 자주 만날 수 있을 거라는 순수한 생각을 가졌었다. 하지만 시간이 지난 지금 그때의 생각은 어린 아이의 바람이었다는 것을 깨달았고 영원한 것은 없다고 생각이 들면서 마지막이 될 수 있다는 생각은 나를 더 슬프게 만든다.

돌이켜보면 아쉬움보다 행복한 기억이 더 많이 남은 대학생활이었다. 며칠 전 과제를 하려고 오랜만에 미니홈피를 방문했다. 2010년 겨울, 다이어리에 내가 쓴 글을 읽어 보는데 정말 힘들었던 모습이 눈앞에 생생히 보였다. 3년이 지난 지금 그때 무슨 고민을 했었는지 다이어리에 쓴 글이 없었다면 잊힐 뻔 했다. 이번에 책을 편집하고 글을 쓴 것을 보면서 카이스트에서의 대학생활을 떠올릴 수 있을 것 같아 참 기쁘다.

지금 생각해 보니 4년간 카이스트 기숙사 생활을 하면서 다사다난한 일들이 많아서 더 재밌었던 것 같다. 처음 편집부 일을 시작하면서 열심히 해보겠다는 다짐으로 시작했다. 막상 방학이 되고 편집부 일을 시작하면서 할 일도 많은데 글도 써야 하니 벅찬 생활이기도 하였다. 바쁜 와중에 일을 해서인지 더 기억에 남는 일이 된 것 같다.

윤지환

벚꽃이 캠퍼스를 수놓는 5월. 논술수업 과제로 낸 작품이 '내사카나사카'에 당선되었다. 시상식 날 "편집자로 활동 할 사람?"이라는 담당교수님의 질문에 무작정 손을 들었

다. 교열 작업을 해본 경험도 없었지만, 해야만 할 것 같았다. 그렇게 6개월간의 길고 긴 편집 일정은 시작되었다. 6명의 학생 편집자인 우리들에게 교열 과정이 쉽지만은 않았다. 카이스트 학생들이 수업 시간에 겪은 알차고 재미난 에피소드들을 독자들에게 어떻게 하면 그대로 전달할 수 있을까 머리를 맞대고 오래 고민했다. 카이스트라는 학교에 몸 담은지도 4년째가 되어 가고 있다. 익숙함을 넘어 무료해지고 있을 때쯤, 편집 활동을 통해 1학년 때의 내 모습을 떠올리기도 하고, 방황하며 힘들어 하던 날들이 파노라마처럼 지나갔다. 바깥사람들은 카이스트 하면 공부벌레들만 우글거리는 곳이라고 많이들 생각한다. 그러나 카이스트라는 캠퍼스 안에는 울고 웃는 이야기들, 사랑과 시련 같은 인간미 넘치는 이야기들이 곳곳에서 일어난다. 이번 책의 주제가 수업시간 중 기억에 남는 에피소드들이기 때문에 독자들이 '카이스트'라는 학교의 따뜻함을 느끼고 친숙해졌으면 한다. 또한 카이스트에

입학하기를 희망하는 학생들이라면, 각 장마다 실린 학습법, 고등학교 입시 등 실질적으로 도움이 되는 정보들이 도움이 되었으면 하는 바람이다.

주 단위로 내려오는 편집 일정들을 시간에 쫓겨 가며 소화해냈다. 부족한 시간임에도 더 열심히 임할 수 있었던 것은 작년에 출간된 『카이스트의 공부벌레들』보다 나은 모습을 보여 주어야겠다는 욕심 때문이기도 했다. 목차 선정부터 인터뷰 및 자료 조사, 최종 오탈자 교정까지 긴장을 놓을 수 없었다. 파주에 위치한 출판사에 가서 팀장님과 이야기하고 출간 전의 원고를 보았을 때의 설렘은 아직도 생생하다. 『카이스트 명강의』라는 책은 6명의 편집자들뿐만 아니라 담당 교수님들과 살림출판사 관계자분들의 도움이 없었다면 불가능했을 것이다. 눈이 내리고 찬바람이 부는 이 시점에서, 6개월간의 편집 활동이 막을 내렸다. 시원하면서도 편집 활동에 나의 시간과 열정을 온전히 쏟았나 하는 반성도 하게 된다. 이번 편집 활동을 마치고, 내년에도 카이스트의 공부벌레로 살아갈 테지만 오늘보다 내일이 더 기다려지는 이곳이 나는 좋다.

카이스트 명강의

펴낸날	초판 1쇄 2013년 12월 12일

지은이	박은지, 김건하, 김도영, 박희정, 엄민영, 윤지환 외 카이스트 학생들
펴낸이	심만수
펴낸곳	(주)살림출판사
출판등록	1989년 11월 1일 제9-210호

주소	경기도 파주시 문발동 522-1
전화	031-955-1350 팩스 031-624-1356
기획 · 편집	031-955-4665
홈페이지	http://www.sallimbooks.com
이메일	book@sallimbooks.com

ISBN	978-89-522-2817-8 43040

이 도서의 국립중앙도서관 출판시도서목록(CIP)은 서지정보유통지원시스템 홈페이지
(http://seoji.nl.go.kr)와 국가자료공동목록시스템(http://www.nl.go.kr/kolisnet)에서
이용하실 수 있습니다.(CIP제어번호: CIP2013026537)

책임편집	**박희정**